불치질병을 성령의 능력으로 완치하실 분의 책

불치질병 이리하면 완치된다

강요셉 지음

"뱀을 집어 올리며 무슨 독을 마실지라도 해를 받지 아니하며 병든 사람에게 손을 얹은즉 나으리라 하시더라."(막 16:18)

성령

불치질병
이리하면 완치된다

성령

들어가는 말

하나님은 만병의 의사이십니다. 필자는 지난 23년이 넘는 세월동안 말씀과 성령으로 성도들의 영-혼-육체에 찾아오는 불치의 질병을 치유하여 건강하게 살면서 하나님의 살아계심을 체험하게 하는 목회를 전문으로 했습니다. 치유하는 목회를 전문으로 하면서 체험한 것은 하나님의 말씀에는 불치질병이 없다는 것입니다. 그렇기 때문에 세상의사들이 말하는 이 병은 의학적으로 치료가 불가능한 불치병입니다. 라는 말을 듣고 낙심하지 말라는 것입니다. 하나님은 "이르시되 너희가 너희 하나님 나 여호와의 말을 들어 순종하고 내가 보기에 의를 행하며 내 계명에 귀를 기울이며 내 모든 규례를 지키면 내가 애굽 사람에게 내린 모든 질병 중 하나도 너희에게 내리지 아니하리니 나는 너희를 치료하는 여호와임이라."(출 15:26). 말씀하셨습니다.

자동차가 폐차할 정도로 고장이 났어도, 자동차를 만든 공장에 가면 고쳐서 움직일 수가 있습니다. 사람에게 찾아온 불치질병도 세상 병원에서는 고치지 못한다고 할 수가 있습니다. 그러나 사람을 창조한 하나님께 나오면 하나님께서 사람을 만드셨기 때문에 고쳐서 정상적인 삶을 살아가도록 하십니다. 이를 믿어야 기적을 체험합니다. 많은 성도님들이 병원에서 고치지 못하면 하나님께서도 고치지 못하는 병으로 생각하고 치료를 포기하고 지옥과 같은 삶을 살면서 고통을 당하다가 영원한 천국에 가시는 경우가 많습니다.

하나님은 만병의 의사이십니다. 예수님께서도 이렇게 말씀 하셨습니다. "뱀을 집어 올리며 무슨 독을 마실지라도 해를 받지 아니하며 병든 사람에게 손을 얹은즉 나으리라 하시더라."(막 16:18). 필자가 지난 23년이 넘는 세월동안 말씀과 성령으로 세상 병원에서 포기한 질병을 예수님의 이름으로 치유하여 건강하고 행복하게 살아가는 경우를 많이 체험했습니다. 믿고 나오셔야 기적을 체험합니다. 믿고 마음을 열어야 치유를 체험합니다. 단 자신의 영-혼-육체의 전인격이 하나님의 나라가 되어야 불치병이 치유가 됩니다. 전인격이 하나님의 나라가 되려면 성령으로 세례를 받고, 자신의 마음 안에 주인으로 계시는 예수님으로부터 성령의 불이 나와서 전인격을 장악하시면 세상의 어떤 병이라도 치유가 됩니다. 성령으로 전인격을 장악하시게 하려면 온몸으로 집중적인 기도를 하여 성령께서 자신을 점령하게 하시면 되는 것입니다. 믿고 인내하고 성령하나님께서 자신을 점령하시도록 마음을 여시고 인내하시면 기적을 체험하게 됩니다.

불치병으로 고통당하시는 독자들이여 이 책을 통하여 불치질병을 치유 받을 수 있다는 희망을 살리시고 하나님께 나와 불치질병을 완치하시고 살아계신 하나님을 전도하시기를 바랍니다.

주후 2022년 1월 28일
충만한 교회 성전에서
저자 강요셉목사

세부적인목차

1부 질병은 예수님께 자랑하면 완치된다.

1장 자랑하면 병원에서 손 뗀 병도 완치된다.

(막 5:25-30) "열두 해를 혈루증으로 앓아 온 한 여자가 있어 (26) 많은 의사에게 많은 괴로움을 받았고 가진 것도 다 허비하였으되 아무 효험이 없고 도리어 더 중하여졌던 차에 (27) 예수의 소문을 듣고 무리 가운데 끼어 뒤로 와서 그의 옷에 손을 대니 (28) 이는 내가 그의 옷에만 손을 대어도 구원을 받으리라 생각함일러라 (29) 이에 그의 혈루 근원이 곧 마르매 병이 나은 줄을 몸에 깨달으니라 (30) 예수께서 그 능력이 자기에게서 나간 줄을 곧 스스로 아시고 무리 가운데서 돌이켜 말씀하시되 누가 내 옷에 손을 대었느냐 하시니"

예수님은 성도들의 한생명한생명을 천하보다 귀하게 여기시며 영-혼-육체가 건강하기 원하십니다. 영-혼-육체가 건강해야 성도들을 통하여 이 땅에 하나님의 나라를 건설할 수가 있기 때문입니다. 예수님은 공생애 기간 동안 천국복음을 전파하시며 병든자, 생활에 고통에 걸린자, 귀신에게 고통을 당하는 자, 눈멀고 귀가 들리지 않는 자들을 치료하시며 세상에 하나님의 나라를 증명하셨습니다. 하나님의 은혜로 병원에서 치유를 포기한 병이라도 치유 받으시고 기적을 체험하여 하나님의 일꾼이 되시기를 바랍니다.

많은 목회자들이나 성도들이나 할 것 없이 병원에서 의사가 말하는 것을 하나님의 말씀보다도 더 중요하게 여기고 의사들이 말하는 불치병이나 난치병을 영원한 천국에 갈 때까지 끌어안고 통증이나 고통을 당하면서 지옥과 같은 삶을 살아가는 분들이 많습니다. 필자는 23년이 넘는 세월동안 성도들의 마음과 질병을 치유하는 치유목회를 중점으로 했습니다. 목회를 하면 할수록 하나님께 감사하고 있습니다. 왜냐하면 세상 목회자들이 꺼려하고 두려워하는 힘든 개별치유 목회를 만족함을 누리면서 할 수 있도록 성령으로 인도하여 주셨기 때문입니다. 꺼려한다는 것은 수적으로 많은 크게 부흥성장 시킬 수가 없다는 것입니다. 힘든 목회라는 것은 원래 치유는 한 사람 한 사람을 상대하여 해야 하는 것이기 때문에 힘들다는 것입니다.

필자가 지난 세월동안 세상 의사들이 말하는 불치병이 치유되지 않는 이유 중에서 의사의 무의식적인 암시에 걸려 있는 병을 예를 들 수가 있습니다. 영적인 세계에 대하여 안목이 열려 있지 않은 세상 의사가 자신의 의학적인 상식에서나 의료수준에서 고칠 수 없다는 생각에서 환자에게 무심코 하는 말로서 "이 병은 현대의학으로는 절대로 고칠 수 없다" "이병은 현대의학에서 완치된 사례가 없다." 는 한마디가 환자에게 깊은 암시가 되어 환자 자신은 어떠한 방법으로도 고칠 수 없다는 암시가 걸려 있는 경우가 있습니다. 이런 환자들이 생각보다 종종 많으며, 우리는 대부분의 환자들이 이런 불신의 환자인지도 모릅니다. 의사가 못 고친다고 하니 하나님께서도 고치지 못한다고 포기하기 때문입니다. 이런 환자에게는 이 암시를 풀어주어야 합니다. 사람을 창조하신 하나님은 어떤 병이라도 고치시는 만병의 의사라는 믿음을 갖게 해야 합니다. 의사나 약물이 병을 고치는 것이라는 상식에서 벗어나지 못하는 사람은 이 암시에 걸려있는 환자로서 잘 치유가 되지 않습니다. 아예 예수님의 이름으로 치유 받으려고 하는 마음이 없어 병을 숨기고 사는 경우도 많습니다. 불치병 일수록, 난치병 일수록 자랑해야 치유가 되는 데 불치의 병이 있는데도 말하지 않고 드러내지 않으니 치유를 받지 못하는 것입니다.

필자는 이런 말을 잘합니다. 성경에 기도는 성령으로 해야 한다고 되어 있습니다. 그러나 처음 믿음을 가진 사람은 성령으로 기도하는 것이 무엇인지 잘 모릅니다. 그렇기 때문에 이렇게 말해야 합니다. 기도는 성령으로 해야 하지만 먼저 자신이 마음을 열고 입을 열어 기도하려고 하고, 기도해야 성령께서 기도를 돕는다고 말입니다. 처음부터 성령께서 기도를 이끌어가지 못합니다. 자신이 주여! 주여! 하면서 마음을 열어야 비로소 성령께서 기도를 이끌어 가시는 것입니다. 방언기도도 자신이 마음을 열고 소리 내어 기도를 할 때 방언기도가 터지는 것입니다. 마음을 닫고 소리 내지 않고 가만히 있으면 절대로 방언기도가 열리지 않습니다. 이렇게 시간이 지나면 자신이 기도하는 것이 아니라 성령으로 기도하는 것입니다. 마찬가지로 세상의사들이 말하는 불치병이나 난치병을 가지고 사는 분들은 자신이 마음을 열고 자신의 상태를 주변에 소문내야 불치병이나 난치병을 치유 받을 수가 있습니다. 절대로 사람의 말에 위축되지 말고 만병의 의사이신 하나님께, 하나님의 사람에게 말해서 치유 받으려고 해야 합니다. 하나님의 말씀에는 불치병이나 난치병이란 말씀이 없다는 것을 명심해야 합니다.

　필자가 신유집회를 인도하면 강의를 하고 난 다음에 질병을 있는 데로 백지에 적어놓으라고 하고 일일이 돌아다니면서 안수를 해드립니다. 안수를 다 해드리고 나서 특별한 환자는 앞으로 불러내어 안수하여 즉석에서 치유하는 사역을 합니다. 성도들에게 하나님께서 살아계신다는 믿음을 유발시키기 위해서입니다. 몇 년 전에 신유집회를 하고 난 다음에 환자를 안수하여 치유하다가 체험한 사례입니다. 인천에 사시는 권사님이신데 골반과 허리에 문제가 있어서 제대로 걷지를 못했습니다. 앞으로 불러내어 여러 사람들이 보는 앞에서 안수를 하여 걸어보라고 했더니 그전까지만 해도 제대로 걷지를 못하던 권사님이 그 자리에서 치유되어 잘 걸어 다니는 것입니다. 그러니까, 오산에서 오신 최 권사라는 분이 저도요, 하는 것입니다. 아니 권사님! 기록된 아픈 곳 다 안수해드렸지 않습니까? 그러니까 권사님이 하시는 말씀이 한 가지가 남아있다는 것입니다. 어디입니까? 했더니 팔이 귀 위로 올라가지 않는 다는 것입니다. 그럼 왜 아픈 곳 다 적어놓으라고 하니까, 적어놓지 않았습니까? 이병은 테니스엘보로서 불치병이라 의사가 못 고친다고 했기 때문에 하나님도 고치지 못할 것이라고 생각하고 그만 두었는데 저 앞의 권사님이 걷지 못하다가 치유되어 걷고 고쳐지는 것을 보니까, 저도 고쳐질 수가 있다는 감동이 왔습니다. 그래서 목사님께 말씀을 드립니다. 목사님! 안수하여 고쳐주세요.

그래서 나오라고 하여 안수기도를 했습니다. 3-5분정도 된 것 같습니다. 팔을 귀 위로 올려보라고 했더니 잘 만 올리는 것입니다. 이렇게 의사의 암시에 걸려서 마음이 막히면 하나님께서 나와서 고치려고 생각을 안 합니다. 그저 무덤에 들어갈 때까지 끌어 앉고 통증을 참으면서 지옥같은 삶을 살아갑니다.

테니스엘보란 주관절 외상과염(테니스엘보)은 팔꿈치 과사용 증후군의 일종으로 손상 부위 인대에 미세한 파열이 생겨 통증이 나타나는 것입니다. 테니스를 많이 치는 사람에게 주로 나타난다고 하여 테니스엘보라고 불립니다. 반드시 테니스를 치는 사람에게만 나타나는 것은 아닙니다. 손목과 팔을 많이 사용하는 사람에게 나타납니다. 이 질환은 집안일을 많이 하는 주부나 컴퓨터를 많이 하는 사람, 팔을 많이 쓰는 배드민턴 선수 등에서 많이 발병합니다.

주관절 외상과 염(테니스엘보)은 팔꿈치에서 손목으로 이어진 뼈를 둘러싼 인대가 부분적으로 파열되거나 염증이 생기면서 발생합니다. 이것은 한 번의 충격으로 생기는 것이 아닙니다. 작은 충격이 반복되고 그 충격이 쌓이면서 서서히 통증이 생깁니다. 상완 골의 끝(팔꿈치)에는 동그란 두 개의 돌출부가 있는데 이 돌출부에 손목과 손가락을 움직이는 근육이 연결되어 있습니다. 그 연결 부위를 인대라고 합니다. 테니스엘보는 두 개의 돌출부 중 바깥쪽 돌출부의 인대에 염증이 생겨서 나타납니다. 이는 팔꿈치나 손목을 많이 사용하는 모든 사람에게 나타날 수 있습니다.

혈액 검사를 통해 염증수치를 검사하고 X-ray로 뼈의 이상 유무를 확인합니다. MRI로 손상 부위 인대를 정밀 검사하여 진단합니다. 손목을 뒤로 젖힌 후 시술자가 위로 당기면 팔꿈치 바깥쪽에 통증이 나타납니다. 통증 부위를 붕대나 밴드 등으로 고정하여 되도록 움직이지 말고 안정을 취하도록 합니다. 무리한 근육을 충분히 쉬도록 해주는 동시에 스트레칭 운동을 해야 합니다. 휴식과 동시에 염증 치료를 해야 합니다. 소염진통제, 근육 이완제 등을 복용합니다. 증상이 심하면 아픈 곳에 주사 요법을 시행합니다. 여러 방법으로도 증상이 호전되지 않고 염증이 심하다면 수술을 통해 치료합니다. 하지만 수술을 하는 경우는 매우 드뭅니다. 치료해서 나았다 하더라도 재발하지 않도록 충분한 휴식이 필요합니다. 한 번 손상을 받은 근육이나 인대는 다시 손상되기 쉬우므로 최소한 몇 달 동안은 무리한 팔꿈치 사용을 삼가야 합니다. 이것이 세상의사들의 치료 방법이고 환자에게 당부하는 말입니다.

테니스엘보를 예수님의 은혜로 순간 치유 받은 최 권사님이 하시는 간증을 들어보시기를 바랍니다. "저는 5년 전부터 팔이 아프기 시작해서 귀 위까지는 올리지 못하다가 치료를 받았으나 팔꿈치 안쪽이 아프고 때로는 손에 힘이 빠져서 약간 떨림으로 커피를 타려면 손이 흔들리게 됩니다. 세수할 때면 세면

대에 팔을 받치고 얼굴을 갖다 대며 씻었어요. 뒷목 부분은 한쪽으로 팔꿈치를 받쳐 들고 목을 씻었어요. 성경가방(무거운 물건)을 들고 한참 걷다가 손을 들려면 팔꿈치를 받쳐 들어야 하고 설거지를 좀 많이 하고 나면 한참씩 팔꿈치 안쪽이 아팠어요. 병원진단 병명으로는 테니스 엘보로서 못 고친다고 합니다. 병원에서 처방해주는 소염진통제, 근육 이완제 등을 오래 복용하고 진통주사을 맞았는데 그때 뿐이고 치유가 되지 않았습니다. 그래서 무덤까지 가지고 가야할 병이라고 포기하고 통증을 참으면서 지내다가 충만한 교회에 와서 내적치유 말씀을 통해 은혜 받고, 목사님께 예수님의 이름으로 안수 받은 다음부터 팔이 올라가고 팔에 힘이 생겼어요. 이제 머리도 마음대로 손질하고, 세면도 하고 무거운 물건도 들 수 있도록 팔에 힘이 생겼어요. 6개월아 지났는데 재발하지 않았습니다. 지금계속 스트레칭하며 관리하고 있습니다. 불치병을 기적적으로 치유하여 주신 주님을 찬양합니다. 사랑합니다. 고통당하는 분들도 오셔서 은혜를 몸으로 체험하시기를 바랍니다.”

지금 병을 앓고 있습니까? 주님께 가감 없이, 모두 다 아뢰십시오. 주변 성도들에게도 자랑하십시오. 예수님은 능치 못할 일이 없으신 살아계신 하나님의 아들이시며 그리스도이십니다. 그래서 우리 삶 전체가 강건하고 하나님의 나라가 되어 행복하고 즐거운 삶이되시기를 예수 이름으로 축원합니다.

필자가 병원전도를 하면서 체험한 것은 6-8개월을 입원치료를 했는데 차도가 나지 않고 그저 그런 분들이 있습니다. 제가 질문합니다. 장로님! 그렇게 오랫동안 입원치료를 받았는데 차도가 있으십니까? 아니요, 목사님! 더하지도 않고 덜하지도 않고 그저 그렇습니다. 그러면 제가 이렇게 대답을 해드립니다. 장로님 평소에 스트레스를 많이 받으면서 사셨지요. 장로님이 이렇게 대답을 하십니다. 목사님! 세상을 살아가면서 스트레스나 상처받지 않고 살아가는 사람이 있겠습니까? 제가 이렇게 말씀을 드립니다. 장로님! 상처와 스트레스로 인하여 영-혼-육체의 기능이 정상적이지 못하니까, 영적인 문제로 발전하여 그렇게 오래 치료를 하셔도 차도가 나지 않는 것입니다. 상처와 스트레스를 처리하지 못하니까, 병원에서 약을 먹고 주사를 맞아도 효과가 나타나지 않는 것입니다. 퇴원하셔서 성령의 역사가 함께하는 목사님을 찾아가셔서 영적치유를 받으세요. 그리면 질병이 치유가 될 것입니다. 성령의 역사에 의한 영적치유가 되지 않으니까, 질병이 치료되지 않는 것입니다. 병원에서 말하는 불치병이라도 영적치유와 병행하면 완치가 됩니다.

필자가 병원에 능력전도를 다닐 때입니다. 안산 고대병원 5-8층을 다니면서 전도를 하는데 병실에 들어가니까, 병실 문에 눈을 집중하고 앉아 계시는 60대 초반의 여성이 계셨습니다. 제가 누구를 기다립니까? 했더니 아닙니다. 제가 다시 질문을 했습니다. 무슨 질병으로 입원을 하셨습니까? 천식입니다. 지금 입원하신지가 얼마나 되셨습니까? 6달이 다되어갑니다. 차도가 있습니까? 덜하지도 않고 더하지도 않고 그저 그렇습니다. 어디에 사십니까? 시화 두산아파트에 삽니다. 시화 두산아파트요! 우리교회가 두산아파트 옆에 있습니다.

실례지만 예수는 믿습니까? 예! 저 집사입니다. 그래요. 집사님! 집사님의 질병은 예수님께서 고치십니다. 병원에서 고칠 질병 같으면 벌써 치료가 되었을 것입니다. 퇴원하세요. 퇴원하시고 우리교회에 오시면 제가 예수이름으로 기도하여 완치되도록 하겠습니다. 오늘이 금요일이니 월요일 날 담당 의사를 만나셔서 퇴원시켜 달라고 하여 퇴원하세요. 집사님 1년을 입원해 계셔도 천식이 치유되지 못할 것입니다.

두산아파트 동호수를 알아가지고 찾아갔습니다. 초인종을 누르니까, 목사님이세요. 예! 옆에 충만한교회 강 목사입니다. 그렇지 않아도 저의 집사람에게 전화가 왔습니다. 목사님께서 집으로 찾아오실 것이라고요. 아파트에 들어갔더니 저를 보고 상석에 앉으시라고 하면서 자신은 바닥에 무릎을 꿇고 앉아 계시는 것입니다. 제가 소파에 올라와 편히 앉으라고 하니까, 그럴 수가 없다는 것입니다. 대화를 하는데 자신은 2급 공무원으로 32년간 공직생활을 하다가 정년퇴직을 했다는 것입니다. 집에서 성경을 읽으면서 운동하면서 교회 봉사하면서 살아간다는 것입니다. 성경은 지금까지 120독을 했다는 것입니다. 그러면서 이러는 것입니다. 목사님께서 말씀을 하시면 전기가 저에게 와서 찌릿찌릿 한다는 것입니다. 그래서 집사님이 순수하시니까, 성령께서 역사하시는 것입니다. 너무 이상하게 생각하지 않아도 됩니다. 오해가 없도록 해주었습니다.

자신의 아내는 천식인데 무덤까지 가지고 가야하는 불치의 질병이라는 것입니다. 그동안 언니 권사님들의 소개로 기 치료도 받아보았고, 유명하다는 곳에 찾아가서 2-3달을 상주하면서 치료도 받았는데 치유가 안 된다는 것입니다. 제가 아니 집사님 성경을 120독을 하셨다면서 불치병이라는 말을 거리낌이 없이 하십니까? 그리고 기 치료는 귀신을 끌어드리는 치료입니다. 하나님의 말씀에는 불치의 병이 없습니다. 아내 집사님을 퇴원시키세요. 그러면 제가 살아계신 성령하나님의 역사로 예수님의 이름으로 불치의 질병, 천식이 치유되는 것을 보여드리겠습니다. 믿으셔야 기적적으로 치유받아 질병에서 자유 함을 누릴 수가 있습니다. 이분이 알아듣고 월요일 날 담당 의사에게 이야기해서 화요일 날 퇴원을 했습니다.

　제가 분명하게 퇴원하면 집으로 가지 말고 교회로 오라고 했습니다. 그런데 오후 2시가 넘도록 오지를 않는 것입니다. 병원 원무과에 전화를 해보니 오전 10시에 퇴원을 했다는 것입니다. 그래서 두산아파트로 갔습니다. 문을 열어주어서 들어가니 이미 퇴원하여 집에 와있는 것입니다. 제가 갔는데도 방에서 나오지도 않는 것입니다. 제가 아니 교회로 오시라고 했는데 왜 안 오십니까? 방안에서 목사님! 왜 저를 괴롭힙니까? 제병은 제가 제일 잘 압니다. 제병은 무덤까지 가지고 가야하는 불치병 천식입니다. 그러면서 소리만 지르는 것입니다. 아니 문 밖으로 나와 보세요, 하니까, 남편이 여보! 목사님께서 오셨는데 밖으로 나오세요. 귀찮게 한다고 하면서 밖으로 나왔습니다. 나와서 저보고 감이나 드셔보세요. 그러면서 몸을 숨기는 것입니다.

그래서 "내가 예수님의 이름으로 명령한다. 저 여 집사를 괴롭게 하는 천식귀신은 정체를 밝힐 지어다." "내가 예수님의 이름으로 명령한다. 저 여 집사를 괴롭게 하는 천식귀신은 정체를 밝힐 지어다." 그러니까, 여 집사가 앉아 있다가 뒤로 벌렁 넘어지면서 발작을 하더니 기침을 사정없이 해대는 것입니다. 내가 머리와 목에 손을 얹고 성령님 천식을 일으키는 더러운 귀신들을 모두 결박하여 예수님 발 앞으로 내보내세요. 하면서 예수님의 이름으로 명령을 하니 발작을 하면서 기침을 한 30-40분을 하다가 잠잠해지는 것입니다.

제가 질문을 했습니다. 집사님 지금도 목이 답답합니까? 아니요 시원해졌습니다. 천식이 치유가 되었습니다. 앞으로 한두 번 안수를 더 받으면 완치가 될 것입니다. 그 뒤로 2번 더 안수를 받고 완치가 되었습니다. 그래서 우리교회가 아직 성도 수가 적어서 어려우니 오셔서 함께 신앙생활을 하자고 했더니 본교회를 떠나면 저주를 받는 다고 절대로 안 된다고 하여 알았다고 하고 말았습니다. 이분이 경제적인 여유가 있으니까, 자꾸 목사님을 대접한다고 사모님과 함께 식당으로 나오라고 해서 한번 밥을 얻어먹었습니다. 그다음 자꾸 식사대접을 한다고 나와 달라고 하여 저는 얻어먹는 것 좋아하지 않습니다. 이유는 거지 귀신이 역사할 수가 있다하고 끝냈습니다.

이와 같이 영적인 문제가 결부된 질병은 병원에서 치유가 되지 않습니다. 예수님의 이름과 성령의 역사로 내적치유와 영적치유를 병행해야 완치가 됩니다. 예수를 믿어 성령으로 거듭난 성도가 병원치료만 고집한다거나 자신이 가지고 있는 질병은 무덤까지 가지고 간다는 사고를 마음과 생각에서 완전하게 도말하고 예수이름으로 성령의 역사로 치유가 된다는 사고로 바뀌어야 치료가 되는 것입니다.

오늘 본문은 병원 치료를 포기한 혈루병을 예수님의 은혜로 치유 받은 체험입니다. 이스라엘 나라에 열두해를 혈루병으로 앓은 한 여인이 있었습니다. 병이라는 것이 1, 2년도 지긋지긋한데 열두해를 피를 흘리면서 산다는 것은 정말 지긋지긋하고 고통스러울 것입니다. 오래 사는 것도 좋지만 건강하고 오래 살아야지 병들어서 오래 사는 것은 오히려 욕이 되고 고통스러운 것입니다. 이렇게 되니까 온가족 식구들이 이 여인을 고치겠다고 남편이나 자녀들이나 시집 식구들 할 것 없이 있는 힘을 다해서 그 당시에 있는 의학을 총동원했습니다.

약을 다 사다먹고 온갖 의원에게 온갖 고통을 다 당했으나 병은 낫지 아니하고 점점 더 병은 깊어지고 그리고 가산을 탕진해 버렸습니다. 쉬운 말로 병원에서 치료를 포기한 질병이 되었습니다. 가족이나 자신도 치료를 포기한 상태였습니다. 요사이도 속담에 무병 삼년에 못살 사람이 없다고 말했습니다. 뭐! 병으로 자꾸만 경비를 지출하니 가산을 탕진했어요! 그리고 또 혈루병은 유대인의 전통에서는 부정한 병입니다. 혈루병 걸린 사람이 앉은 자리에 앉아도 부정하고 그 옷에 손을 대도 부정하기 때문에 그러한 부정한 몸으로 성전에 나가서 섬길 수 없습니다.

이러므로 문둥병 환자나 혈루병 환자는 일반 사람들에게서 분리해서 혼자 살아가야 됩니다. 이 여인은 몸은 병들어서 쇠약할 대로 쇠약하고 고통스럽고 자기로 말미암아 온 가정이 다 가난하게 되고 재산을 탕진했으니 죄책이 마음에 한이 없습니다. 거기에다가 사랑하는 가족들이 다 분리되고 혼자서 외로운 나날을 지내면서 죽음의 날을 기다립니다. 그에게는 암울한 절망 밖에는 아무 것도 없었습니다.

그런 절망으로 짓눌리고 어둡고 캄캄한 이 여인에게 살겠다는 희망을 주고 꿈을 줄 수 있는 한 계기가 왔습니다. 어떤 사람이 예수 그리스도의 복음을 전해 주었습니다. 그가 와서 하는 말이 "나사렛 예수께서 일어나셔서 처처에 가는 곳마다 복음을 증거하여 죄인은 용서하고 귀신은 쫓아내고 불치의 병든 자는 고치고 죽은 자는 살리고 배고픈 자에게는 먹여주고 천국의 복음이 전파된다." 이 말에 눈앞에 번쩍했습니다.

나도 살아갈 수 있겠구나! 어둡고 캄캄한 그 가슴속에 섬광과 같은 희망의 빛이 비췄습니다. 그리고 또 다시 건강을 회복하고 가족들이 한 자리에 모여서 행복을 나누며 살아갈 수 있다는 꿈이 마음속에 뭉게구름처럼 피어올랐습니다. 그리스도의 복음이 이 여자의 가슴속에 꿈을 심어 주었습니다. 희망을 심어 주셨습니다. 그래서 그는 매일 같이 그리스도의 그 복음을 생각하고 그 꿈을 반추했습니다.

마음속에 병이 낫고 다시 건강해지고 다시 사랑하는 남편 자녀들과 함께 같이 오손도손 살아갈 수 있는 그 꿈이 뭉게구름처럼 피어올랐습니다. 그는 꿈속에 살았습니다. 이젠 울음을 그쳤습니다. 이제는 탄식을 그쳤습니다. 이제는 절망을 그쳤습니다. 치유된다는 꿈이 그 여인을 점령해 버렸습니다. 꿈은 그에게 소망을 주었습니다. 그는 기쁨이 있었습니다.

그리고 하루는 그 꿈이 전율해서 그는 마음속에 결단을 내렸습니다. "이제는 나는 믿겠다. 내가 예수 그리스도께서 우리 동네에 오시면 뒤따라가서 그 옷자락에 손만 대어도 나을 것이다 나는 믿는다." 그는 마음에 결정을 내렸습니다. "나는 믿는다. 세상 사람은 무어라고 말해도 나는 그리스도의 옷자락에 손만 대면 나는 나을 것을 믿는다!"

그 꿈과 믿음 속에 사는 어느날 갑자기 소문이 왔습니다. 예수께서 사기 동네를 지나간다는 소문이 왔습니다. 그는 일어났습니다. 오랫동안 혈루병으로 피를 흘렸기 때문에 어지러워 머리를 들 수가 없습니다. 현기증으로 천지가 빙빙 돕니다. 밝은 햇살에 나가니까 눈을 뜰 수가 없습니다. 그럼에도 불구하고 그는 그의 꿈과 믿음이 이루어질 날이 온 것을 알았습니다. 그때가 왔습니다. 그때를 놓칠 수가 없습니다. 그는 그의 꿈과 믿음을 실천해야만 합니다. 행동에 옮겨야 치유받게 됩니다.

수많은 군중들이 예수님을 에워싸고 있는데 군중들 사이로 들어가다가는 넘어지고 군중들에게 밀치고 그러나 다시 일어나고 다시 일어나서 그는 손을 내밀고 손을 내밀면서 예수님을 따라갑니다. 결사적으로 따라갑니다. 허둥지둥하면서 따라가다가 기어코 예수님의 옷자락에 손이 닿자마자 하나님의 놀라운 능력이 그 여인의 온몸 속에 임하고 말은 것입니다. 그의 모든 혈루 근원이 말랐습니다. 어지러움이 사라지고 몸에 냉기가 사라지고 다시 심장이 힘차게 피를 뿜어내고 온몸에 생기가 가득 차고 건강이 넘쳐나고 행복이 가득했습니다. 그의 꿈이 이루어졌습니다. 그의 믿음이 이루어졌습니다.

그러자 "예수님이 가는 발걸음을 멈추시고 뒤를 돌아보시면서 누가 내 옷에 손을 대었다." 제자들이 웃었습니다. 주님! 무슨 말씀을 그런 말씀을 하십니까? 여기 지금 한두 사람이 아닙니다. 수백명이 주님을 밀치고 주님 옷에 손을 대었는데 누가 손을 대었다고 합니까? 아니야! 나의 능력이 내 몸에서 나갔다. "꿈을 가지고 믿음을 가지고 담대하게 그것을 실천한 어떤 사람이 내 능력을 요구했고, 내 능력이 나갔다." 그때 여인이 떨면서 나와서 말했습니다. "주님! 제가 주님 옷자락에 손을 대어서 혈루병이 나았다." 예수님이 그 여인을 보시고 여자여 안심하라! 네 믿음이 너를 구원하였으니 평안하게 가라고 말했습니다. 불치병은 본인의 믿음이 있어야 고치는 것입니다.

예수님의 믿음이 고쳤다고 말하지 않았습니다. 네가 믿음이 있었기 때문에 나의 능력이 흘러 들어갈 수 있었다는 것입니다. 네가 믿음의 준비가 있었기 때문에 나의 권세가 역사할 수 있었다는 것입니다. 그러므로 너의 믿음이 나의 능력을 가지고 갔다고 주님께서 그렇게 말씀한 것입니다. 마음을 열고 예수님의 은혜를 누리려고 해야 병원에서 고치지 못한 불치병이나 난치병을 막론하고 기적적으로 치유 받는 것입니다.

2장 류마티스 관절염을 치료하신 예수님

(막 6:53-56)"건너가 게네사렛 땅에 이르러 대고 (54) 배에서 내리니 사람들이 곧 예수신 줄을 알고 (55) 그 온 지방으로 달려 돌아 다니며 예수께서 어디 계시다는 말을 듣는 대로 병든 자를 침상째로 메고 나아오니 (56) 아무 데나 예수께서 들어가시는 지방이나 도시나 마을에서 병자를 시장에 두고 예수께 그의 옷 가에라도 손을 대게 하시기를 간구하니 손을 대는 자는 다 성함을 얻으니라."

하나님은 이렇게 말씀하십니다. "하나님은 이르시되 어리석은 자여 오늘 밤에 네 영혼을 도로 찾으리니 그러면 네 준비한 것이 누구의 것이 되겠느냐 하셨으니"라고 말씀하십니다. 자신의 호흡이 건강할 때 자신의 영-혼-육에 하나님께서 주인되어 계시도록 하는 데 보물을 사용하라는 말씀입니다. 밖에 보이는 곳에 "내 곳간을 헐고 더 크게 짓고 내 모든 곡식과 물건을 거기 쌓아 두리라." 하지 말고 영원한 마음하늘이 하나님의 나라가 되도록 하는 데 보물을 사용하라는 권면입니다.

필자가 중형교회 부교역자를 할 때에 이런 전화를 가끔 받았습니다. 꼿꼿이 헌금을 30만원 할 터이니 돌아가신 자신의 어머니 이름으로 해달라는 것입니다. 그래서 묻습니다. 왜 그러시느냐고…. 자신은 천주교에서 신앙생활을 하다가 개신교 교회로 개종했는데 전에 다니던 천주교에서 돌아가신 분의 이름으로 헌금을 하고 꽃꽂이 등등을 하면 연옥에 있던 부모님이 천당으로 옮겨간다고 했다는 것입니다. 이는 잘못알고 있는 것입니다. 모든 것이 자신의 호흡 생명이 있을 때 결정이 되는 것입니다.

천주교에서는 영혼의 거처를 음부와 지옥과 낙원과 천국 외에도 여러 곳이 있다고 주장합니다. 음부도 낙원도 아닌 연옥(煉獄)이 있으며 선조림보와 유아 림보가 있다고 합니다. 그래서 천주교를 믿다가 죽은 부모님이나 형제들을 위하여 마리아 베드로 등 성인들에게 부탁하여 헌금을 하고 정성을 다하여 빌면 연옥에 있던 부모님이 천국으로 들어간다는 것입니다.

천주교 성당에 가서보면 마리아상이 있습니다. 마리아 상 밑에 촛불을 켜 놓은 것이 모두 그것입니다. 촛불을 켜 놓고 베드로나 바울이나 마리아나 이런 의인들에게 자신의 부모님들을 천국으로 옮기게 해달라고 열과 성의를 다하여 비는 것입니다. 이것은 비 성경적 견해이므로 절대로 관심을 두어서는 안 됩니다. 천국 지옥은 호흡이 있을 때 결정이 되는 것입니다. 사람이 세상에서 수명을 다하면 낙원 아니면 음부에 들어가는 것입니다.

절대로 호흡이 있을 때의 삶이 중요한 것입니다. 예수님은 분명하게 이렇게 말씀하셨습니다. "예수께서 이르시되 나는 부활이요 생명이니 나를 믿는 자는 죽어도 살겠고 (26) 무릇 살아서 나를 믿는 자는 영원히 죽지 아니하리니 이것을 네가 믿느냐"(요11:25-26). "무릇 살아서 나를 믿는 자는 영원히 죽지 아니하리니 이것을 네가 믿느냐" 생명 있을 때 살아있을 때 예수님을 믿고 성령으로 거듭나야 한다는 말씀입니다.

몇 년 전에 이런 분들을 만나서 기도한 적이 있습니다. 아버지가 방배동 근방의 중형교회의 수석장로님을 하셨는데 교회의 담임목사님들을 괴롭히는 것을 취미로 삼을 정도로 심했다는 것입니다. 장로님의 핍박에 견디지 못하고 교회 담임목사님 몇 분이 사임을 했다는 것입니다. 그러던 어느날 교회에서 회의하는 중에 장로님이 혈기를 발하다가 뒤로 넘어져서 혼수상태에 3달을 계시다가 돌아가셨다는 것입니다. 그러자 교회의 성도들이 수군대기를 하나님의 저주를 받아서 돌아가셨다는 것입니다. 딸들이 마음이 아파서 고민을 하다가 우울증에 걸릴 정도가 되었다는 것입니다. 그러자 사위가 저희 교회로 데리고 온 것입니다. 제가 딸들에게 고민을 하고 잠을 설칠 정도가 되어 우울증에 걸리게 된다고 아버님의 모든 것이 달라지지 않습니다. 구원은 절대로 하나님과 자신 일대일 관계입니다. 그렇기 때문에 호흡하며 생명이 있을 때 신앙생활이 중요한 것입니다. 이제 부터는 아버지의 천국 구원을 위하여 잠을 설치면서까지 마음 아파하지 말고 자신들의 영혼건강을 위하여 성령으로 세례를 받고 마음의 상처를 치유하여 지금 하늘나라 천국이 되기를 바랍니다. 이것이 돌아가신 아버지도 하나님도 원하시는 것이라고 조언한 적이 있습니다. 절대로 구원과 천국은 살아있을 때 결정되는 것입니다. 누가 옆에서 중보기도 한다고 바뀌지 않습니다. 가족의 생명이 있을 때 살아있을 때 조언하고 깨닫게 하여 예수님을 바르게 믿도록 하는 것이 중요합니다.

예수님께서 십자가에 달려 계실 때 우편에 있던 강도가 구원을 받은 것을 잘 아실 것입니다. "달린 행악자 중 하나는 비방하여 이르되 네가 그리스도가 아니냐 너와 우리를 구원하라 하되 (40) 하나는 그 사람을 꾸짖어 이르되 네가 동일한 정죄를 받고서도 하나님을 두려워하지 아니하느냐 (41) 우리는 우리가 행한 일에 상당한 보응을 받는 것이니 이에 당연하거니와 이 사람이 행한 것은 옳지 않은 것이 없느니라 하고 (42) 이르되 예수여 당신의 나라에 임하실 때에 나를 기억하소서 하니 (43) 예수께서 이르시되 내가 진실로 네게 이르노니 오늘 네가 나와 함께 낙원에 있으리라 하시니라."(눅 23:39-43). 호흡 생명이 살아 있을 때 삶이 중요한 것입니다.

사람이 늙거나 젊거나 할 것 없이 찾아오는 질병의 치유도 생명 호흡이 있을 때 정확한 원인을 찾아서 치유해야 합니다. 막연하게 한 사람의 의사나 병원의 이야기를 철석같이 믿고 하루하루 지나다가 보면 치유하여 몇 년 더 살아갈 수가 있었는데 조치와 치유를 잘못하여 병세가 점점 악화되어 치유의 시기를 노치는 경우가 있다는 것입니다. 한 사람의 의사의 이야기나 한 병원의 진단이 반드시 그렇다고 믿지 말라는 것입니다. 입체적으로 다각적으로 수소문을 하여 다른 전문 의사나 병원을 찾으라는 것입니다. 의사마다 진단이 다를 수가 있고 실제 체험이 다를 수가 있기 때문입니다. 그리고 병원마다 특수 장비가 설치되어 있는 병원도 있고 특수 장비가 없는 병원도 있기 마련입니다. 아무리 해당 분야에 전문 병원이라고 하더라도 첨단 전문 특수 장비가 없으면 정밀하게 치유할 수가 없기 때문입니다. 그 사람(의사)이 내가 가지고 있는 질병의 대가라고 믿고 한 사람에게 만 의지 하지 말라는 것입니다. 독자여러분 절대로 마귀가 직접 감언이설로 사람을 현혹시켜서 죽게 하는 것이 아니고, 사람을 통하여 현혹해서 미혹 당하게 하는 것입니다. 반드시 2-3군대 확인하여 결정을 하라는 것입니다. 세상에는 그 사람보다 더 전문적인 의사가 있기 마련이기 때문에 한 곳에 마음을 두면 낭패를 당하기 일 수입니다. 하나님은 이렇게 말씀하십니다. "하나님은 한 번 말씀하시고 다시 말씀하시되 사람은 관심이 없도다."(욥 33:14). 하나님께서도 두 번 말씀을 하십니다. 교회를 정하고 목회자를 정하는 것도 마찬가지입니다. 사람의 말을 믿고 정하지 말고 자신이 직접 2-3곳을 확인하여 정하라는 것입니다.

그리고 보물(물질)은 자신의 건강에 자신이 하늘나라 성전 되는데 천국이 되는데 아낌없이 사용하라는 것입니다. 우리가 잘 아는 삼성 이건희 회장이 돈을 그렇게 많이 벌었는데 죽어서 가지고 갔습니까? 모두 상속하고 갔습니다. 상속세를 많이 내서 나라의 재정이 든든해졌다고 들으셨을 것입니다. 하나님은 마태복음 6장 20절에서 "오직 너희를 위하여 보물을 하늘에 쌓아 두라 거기는 좀이나 동록이 해하지 못하며 도둑이 구멍을 뚫지도 못하고 도둑질도 못하느니라." 보물을 자신이 영-

혼-육이 건강하여 자신이 살아계신 하나님의 성전 하늘나라
되는데 천국이 되는데 사용하라는 말씀입니다.

어려서부터 자신을 관리하는데 하나님의 나라 만드는데 보
물을 사용하라는 것입니다. 예수님은 "또 이르되 내가 이렇게
하리라 내 곳간을 헐고 더 크게 짓고 내 모든 곡식과 물건을 거
기 쌓아 두리라 (19) 또 내가 내 영혼에게 이르되 영혼아 여러
해 쓸 물건을 많이 쌓아 두었으니 평안히 쉬고 먹고 마시고 즐
거워하자 하리라 하되 (20) 하나님은 이르시되 어리석은 자여
오늘 밤에 네 영혼을 도로 찾으리니 그러면 네 준비한 것이 누
구의 것이 되겠느냐 하셨으니 (21) 자기를 위하여 재물을 쌓아
두고 하나님께 대하여 부요하지 못한 자가 이와 같으니라 (22)
또 제자들에게 이르시되 그러므로 내가 너희에게 이르노니 너
희 목숨을 위하여 무엇을 먹을까 몸을 위하여 무엇을 입을까
염려하지 말라 (23) 목숨이 음식보다 중하고 몸이 의복보다 중
하니라."(눅 12:18-23).

우리는 생명 호흡이 있을 때 모든 것을 준비하는 습관을 가
져야 합니다. 호흡 생명이 희미하면 자신의 영혼을 위하여 준
비할 수가 없습니다. 그때는 늦습니다. 하루라도 빨리 깨닫고
준비하고 실천하는 것이 중요합니다. 호흡이 건강할 때 전인격
이 성전이 되도록 준비합시다.

예수님께서 가시는 곳마다 많은 사람이 모여들었습니다. 너
무 사람들이 많아 음식 드실 겨를 도 없을 정도여서 한적한 곳
을 찾아 배를 타고 가셨던 일, 그래서 날은 저물어 오는데 아무

것도 먹을 것 없이 따라다니는 무리를 보실 때 목자 없는 양과 같이 생각하시고 민망히 여겨 보리떡 다섯과 생선 두 마리로 5천명도 넘는 사람들을 배불리 먹게 하는 이적을 행하신 일을 기억합니다.

예수님의 일행이 게네사렛 땅에 이르렀는데, 예수님을 오랫동안 기다렸던 사람들이 예수님께 나아왔습니다. 특히 병든 자를 많이 침상채로 메고 나아왔습니다. 마가복음 2장에 보면 예수께서 가버나움 지방에 들어가셨을 때도 얼마나 사람들이 많이 모여들었는지 문 앞에라도 용신할 틈이 없을 정도였습니다.

그래서 어떤 중풍병 환자를 메고 온 그의 친구들은 지붕으로 올라가 지붕을 뜯고 예수 계신 곳으로 환자를 내려 보내 고침을 받게 하기도 하였습니다. 이렇게 주님께서는 병든 자를 보실 때 그를 불쌍히 여겨서 죄를 사하여 주실 뿐더러 고쳐주셨습니다. 그 후에 보면 예수님께서 거기서 떠나서 지나가시다가 마태라고 하는 사람이 세관에 앉아서 세를 받는 것을 보시고 나를 따르라고 하셨습니다. 그러자 이 세리는 곧 자기가 하던 일을 그 만두고 일어나 예수님을 좇게 되었습니다. 뿐만 아니라 예수님께서 마태의 집에 가서 음식까지 같이 나누시게 되었습니다.

우리가 이 사실을 이야기로 들을 때 별로 이상한 것이 조금도 없습니다. 그러나 예수님 당시에는 이런 이야기야말로 참 이상한 일이었고 예수님을 모함하려는 모든 사람들의 악선전의 구실이 되었습니다. 예수님 때에는 유대 나라가 로마의 속국으로 있어서 그 당시의 세리들은 특히 유대 사람들의 피를 빨아 모아 정부에 바치는 사람들이었습니다.

더구나 그들은 정한 세만 받는 것이 아니라 그밖에 과중한 세금을 매겨 로마 정부에 바치고 남는 것은 자기 개인이 착복하여 치부하는, 말하자면 나라를 팔아먹는 사람들처럼, 유대 사람들에게는 적대시되는 사람들이었습니다. 그래서 보통 몸을 팔아 사는 창녀와 세리들 같이 취급하였던 것입니다. 그래서 보통 세리는 물론 가산은 넉넉하지만 유대 사람들의 멸시를 받고 토색하고 불의한 사람들이라고 빈축의 대상이 되는 사람들이었습니다.

여기 마태도 본래 세리였습니다. 멸시받고 죄인 시 되는 사람이었습니다. 그러나 그가 예수님의 부르심을 받고 회개하게 되었고 예수님을 따르게 되었습니다. 따라서 예수님을 청해서 식탁을 같이 하는 즐거움을 가지게 되었습니다. 이렇게 되니까 이 식탁에는 본래 마태의 친구들이었던 세리와 죄인들이 와서 예수님과 그 제자들과 한 자리에 앉아서 식사를 나누게 되었습니다.

이와 같은 광경을 본 바리새인들은 예수님의 제자들에게 추궁을 하였습니다. 어떻게 당신들의 선생은 세리와 죄인들과 함께 잡수시오? 사실은 바리새인들이 예수님께 직접 공격을 하고 싶었지만 그 옆에 있는 제자들에게 예수님도 좀 들으라고 큰 소리로 추궁한 모양입니다. 이 말을 옆에서 듣고 계시던 예수님은 제자들을 대신하여 대답하여 주셨습니다. 건강한 자에게는 의원이 쓸 데 없고 병든 자에게라야 쓸 데 있느니라… 내가 의인을 부르러 온 것이 아니요 죄인을 부르러 왔노라. 이렇게 대답하셨습니다.

사실 그렇습니다. 건강한 사람에게 의사가 무슨 필요가 있습니까? 병든 사람에게 의사가 필요합니다. 가끔 병원에 가보면 중한 병에 걸린 사람이 의사를 붙들고 간청하는 광경을 봅니다. 의사 선생님! 어떻게 하든지 저를 살려 주십시오. 이 병을 고쳐주세요. 간절한 눈으로 바라보며 애원합니다. 병든 자에게는 의사가 필요합니다. 그런데 이 말씀에서 우리가 주의해 볼 것이 있습니다.

하나는 예수님께서 모든 죄인들을 병든 사람으로 보신 것입니다. 그리고 다른 하나는 예수님 자신을 병든 자를 고치는 의사라고 말씀하신 것입니다. 말하자면 보통 우리들이 보는 눈과는 전혀 다릅니다. 흔히 우리는 죄수를 범법자 로 봅니다. 그래서 의례히 처벌을 받아야 할 대상으로만 생각합니다. 그러므로 그런 사람을 대 할 때는 찬 눈으로, 멸시의 눈으로 봅니다.

그러나 예수님께서는 우리와는 달리 일반인이 그렇게 보는 죄인들을 병든 사람, 앓는 사람, 환자로 보셨습니다. 즉, 죄를 한 심령의 병으로 보셨습니다. 그러므로 죄인들을 대할 때에 멸시와 냉대와 증오로 대하지 아니하고 긍휼히 여기셨습니다. 불쌍히 생각하셨습니다. 이것이 예수님의 마음입니다. 우리 모두 예수님처럼 살기를 원합니다.

우리가 다 이와 같이 예수님처럼 죄인들을 환자로 대할 수 있다면 이 사회가 어떻게 될까요? 많이 달라질 줄 압니다. 사실 문화의 수준이 높아질수록 죄인의 심리를 연구하게 되고, 그렇게 할수록 예수님의 이 태도가 얼마나 옳았다고 하는 것을 깨닫게 됩니다. 그런 의미에서 볼 때 이 세상이 사실은 병원입니다. 그런데 이 병원에 참 의사가 오셨습니다. 그분은 바로 예수님이십니다. 우리가 병원에 가보면 병도 여러 가지입니다. 문자 그대로 만병입니다. 만 가지입니다. 우리의 죄도 그렇습니다. 여러 가지입니다. 예수님은 만병을 치유하십니다.

예수님의 은혜로 심장병과 류머티즘 관절염이 치유 받은 어느 권사의 간증입니다. 이 권사는 한창 전쟁 중인 51년도에 태어났다고 합니다. 어머니가 출산하고 보니 여자아이니까 할머니가 이 전쟁 중에 딸을 키워서 무엇 하느냐고 가져다 버리라고 하여 버렸다고 합니다. 버린 후 이틀이 지나서 죽었으면 땅에 묻어주려고 어머니가 현장에 가서 보았다는 것입니다. 그런데 아이가 그때까지 죽지 않고 울고 있기에 명이 긴 아이라고 데려다가 기른 아이가 바로 이 권사님이십니다.

권사는 이때 두려움과 공포에 시달린 후유증으로 심장병과 류머티즘 관절염으로 많이 고생을 하였습니다. 전철을 타려고 세 계단만 올라가도 쉬어야만 할 정도였다고 합니다. 그러다가 친구들의 권면을 받고 우리 교회에 오셔서 치유를 받았습니다. 자신을 지금까지 괴롭히던 질병을 치유 받을 수 있다는 사모하는 마음으로 맨 앞에 앉아서 은혜를 받았습니다. 성령의 불세례를 시간마다 체험했습니다.

본인에게 호흡을 아랫배까지 들이쉬고 내쉬면서 배에서 나오는 소리로 기도를 하라고 했습니다. 질병을 치유 받고 축귀를 하려면 기도가 바뀌어야 하기 때문입니다. 그래야 성령께서 장악하시고 역사하십니다. 제가 알려준 대로 순수하게 기도를 했습니다. 성령이 완전하게 장악을 했습니다. 그래서 제가 기도시간마다 안수하면서 귀신을 물리쳤습니다. "예수 이름으로 명하노니 심장병을 일으키는 귀신은 떠나갈지어다." 하면 막 악을 쓰다가 기침을 한동안 하다가 떠나갔습니다. "또 예수 이름으로 명하노니 류머티즘 관절염을 일으키는 귀신은 떠나갈 지어다." 하면 막 발작을 하고 기침을 하면서 귀신들이 떠나갔습니다. 몇 주를 성령이 감동하시는 대로 안수하면서 명령을 했습니다. 그러면서 권사의 얼굴이 점점 밝아지는 것을 보게 되었습니다.

몇 주를 다니다가 저에게 이렇게 간증을 했습니다. "목사님 제가 처음 여기 올 때는 계단 세 개를 올라가서 쉬고, 또 올라가고 했는데 지금은 오십 계단을 거뜬하게 올라갑니다." 이 권사는 어머니 뱃속에서 태어난 후 들어온 두려움과 공포의 영으로 심장병과 류머티즘 관절염으로 고생을 했는데 말씀과 성령으로 내적치유하고 귀신을 쫓아내서 완벽하게 치유 받은 것입니다. 하나님은 어떤 문제라도 치유하십니다. 하나님의 치유와 성령의 권능을 몰라서 고생하는 것입니다. 필자는 항상 이렇게 말합니다. 예수를 믿은 성도가 영육으로 고생하는 것은 영적으로 무지해서 당하는 것이라고 말합니다.

갈라디아서 5장에 육체의 일은 현저하니 곧 음행과 더러운 것과 호색과 우상 숭배와 술수와 원수를 맺는 것과 분쟁과 시기와 분 냄과 당 짓는 것과 분리함과 이단과 투기와 술 취함과 방탕함과 또 그와 같은 것들이라고 했는데, 이런 것들은 사실 대표적인 것들이고 구약 율법대로만 보아도 6백 가지가 넘는 죄를 기록하였습니다.

오늘 우리 사회에도 통용되는 육법이 있는데 여기에 하나라도 저촉이 되면 법의 심판을 받아야 할 죄목이 성립됩니다. 하물며 우리의 양심을 통하여 죄로 되는 것을 꼽는다면 그 수를 헤아릴 수 없을 것입니다. 그리고 가만히 보면 우리 지체 가운데 병나지 않는 지체가 별로 없습니다. 사지백체, 오장육부가 다 병이 납니다. 마찬가지로 우리 육체로 안 짓는 죄가 없습니다. 눈으로 정욕, 입으로 궤휼, 손으로 악한 일, 마음으로 시기와 질투, 배로 욕심을 행합니다.

그런데 이렇게 병은 여러 가지인데 한 가지 공통되는 점이 있습니다. 그것이 무엇인지 아십니까? 우선 병나면 아프다는 것입니다. 눈병도 아프고 귓병도 아프고, 치통으로 잠을 못 자고, 소화가 안 되어 괴롭고, 무슨 병이든지 작고 큰 것을 막론하고 병나면 아픕니다. 괴롭습니다. 마찬가지로 죄도 여러 가지이지만 한 가지 공통되는 것은 고통입니다. 죄를 범하게 되면 신음합니다.

그러기에 시편 기자가 "내가 입을 열지 아니할 때에 종일 신음하므로 내 뼈가 쇠하였도다 (4) 주의 손이 주야로 나를 누르시오니 내 진액이 빠져서 여름 가뭄에 마름 같이 되었나이다

(셀라)”(시 32:3-4) 하였습니다.

죄를 지은 사람의 마음이 평안할 리가 없습니다. 육신의 병이 생기면, 가령 손끝이 곪으면 그 전에는 몰랐는데 아플 땐 왜 그렇게 그것을 쓸 일이 많은지 또 많이 다치게 되는지 모릅니다. 사실은 그 부분을 전보다 더 쓰는 것도 아니고 다치는 것도 아닌데 아프니까 다치게 되고, 다치니까 고통을 느끼게 됩니다. 마찬가지로 우리도 무슨 죄를 지으면, 그것을 마음에 품고 있으면 그것이 자꾸만 우리를 괴롭힙니다.

남이 뭐라고 하지 않아도 깜짝깜짝 놀랍니다. 고통입니다. 그리고 병의 종류는 여러 가지이나 그 결과는 똑같습니다. 병의 마지막은 사망입니다. 작은 병이라도 오래 가면, 심해지면 죽습니다. 눈병도 심해지면 죽습니다. 손가락 하나가 병들어도 그것이 심해지면 그것 때문에 죽습니다. 아무 것도 아닌 감기도 심해지면 그것이 폐렴이 되고, 더 심해지면 죽습니다. 사실 병치고 죽지 않는 병은 없습니다. 마찬가지로 죄는 아무리 작아도 장성하면 사망입니다. 크든지 작든지 죄의 값은 사망입니다.

큰 바위만 물에 던져서 가라앉는 것이 아닙니다. 작은 돌을 물에 던져도 가라앉습니다. 죄의 결과는 죽음입니다. 더구나 병에는 장사가 없습니다. 누구나 병에는 약합니다. 마찬가지로 죄는 믿음이 튼튼하다고 범하지 않는다고 자신할 수 없습니다. 성경은 스스로 섰다고 하는 자는 넘어질까 조심하라고 경고합니다. 조심하지 아니하면 누구나 다 죄를 짓습니다. 옛날 구약에 나오는 많은 위인들 가운데 누가 죄를 범하지 아니하였습니까? 성경의 기록대로 보면 사무엘, 요셉 이외에는 모두가 다 죄를 지었습니다.

아브라함도, 모세도, 삼손도, 다윗도, 솔로몬도 그랬습니다. 이것이 인간입니다. 사람의 육신이 병에 대하여 약한 것처럼 영은 죄에 대하여 약합니다. 건강한 사람이라도 위생을 잘 지키지 아니하면 병이 생깁니다. 그러면 이 모든 병든 사람, 이 많은 환자를 어떻게 해야 합니까? 그냥 두면 그 병으로 말미암아 결국 다 죽을 수밖에 없는데 어떻게 해야 하겠습니까?

병들면 절망입니까? 범죄 하면 희망이 없습니까? 오늘 본문 마가복음 6장 53절을 보세요. 예수님께서 게네사렛 땅에 이르러 배를 대고 내리실 때에 사람들이 예수님을 알아보고 온 지방으로 돌아다니며 병든 자를 침상에 메고 나왔습니다. 먼저는 내가 건강해야겠습니다.

모든 죄의 병에서 고침을 받아야겠습니다. 그런데 병원 하면 병 고치는데 약값이 있어야 하고 치료비가 있어야 합니다. 제일 큰 문제는 돈입니다. 그런데 돈이 있어서 병원에 가도 고치지 못하는 질병이 있습니다. 병들어도 돈 없으면 고칠 수 있는 병을 고치지 못하고 희생되는 경우가 아직도 우리 사회에서는 얼마나 많은지 모릅니다. 그런데 예수님 앞에 나아와 병 고침을 받는 데는 모든 것이 하나님의 소유라는 믿음이 중요합니다. 오직 나는 죄인입니다 라고 고백을 하는 사람이 필요합니다.

먼저 내가 영적으로 건강해야 합니다. 예수님의 옷 가에라도 손을 댄 사람들이 그 믿음으로 고침을 받았습니다. 뿐만 아닙니다. 자기 스스로 주님 앞에, 의사 앞에 나오지 못하는 심령의 환자들을 메고 인도 해 나와야 합니다. 인간 의사는 실수할 때도 있지만 만병의 의사이신 예수님은 실수하는 법이 없습니다. 예수님은 못 고치시는 병이 없습니다.

예수님 앞에는 죽음이 있을 수 없습니다. 성경을 아무리 읽어 보아도 예수님이 장례식 주례를 하신 적이 없습니다. 예수님은 부활이요, 진리요, 생명이십니다. 예수님 앞에 나오면 고침을 얻습니다. 살 수 있습니다. 내가 주님께 나아와 고침을 받으십시오! 우리 이웃을 주님께 데리고 나오십시오! 그것이 우리들이 해야 될 사명입니다.

충만한 교회에서는 매주 1주전 전화(02-3474-0675) 예약하여 집중기도내적치유 시간이 있습니다. 대상자는 여기서도 저기서도 치유와 능력을 받지 못한 분/ 병원에서 포기한 질병을 치유 받을 분/ 코로나19 휴유증을 치유 받을 분/ 마음이 불안하고 두려워서 고통 하는 분/ 불치병, 귀신역사를 빨리 치유 받을 분/ 목, 허리디스크, 허리어깨통증, 근육통, 온몸이 아프고 무거움에서 치유해방 받고 싶은 분/ 자녀나 본인의 우울증, 공황장애, 조울증, 불면증을 빨리 치유 받을 분/ 가슴이 답답하고 기도하기가 힘이 드는 분/ 생업과 목회로 영육의 탈진에 빠져서 고통당하시는 분/ 성령의 불세례를 체험하고 싶은 분/ 최단기간에 성령치유 능력 받고 싶은 분이 참석하시면 쉽게 만족한 효과를 거둘 것입니다.

3장 파킨슨병을 치료하여 주신 예수님

(사 53:4-5)"그는 실로 우리의 질고를 지고 우리의 슬픔을 당하였거늘 우리는 생각하기를 그는 징벌을 받아 하나님께 맞으며 고난을 당한다 하였노라 (5) 그가 찔림은 우리의 허물 때문이요 그가 상함은 우리의 죄악 때문이라 그가 징계를 받으므로 우리는 평화를 누리고 그가 채찍에 맞으므로 우리는 나음을 받았도다."

마음의 상처 스트레스가 만 가지 문제와 질병의 원인입니다. 필자는 하나님의 은혜로 성도들의 내면세계를 말씀과 성령으로 정화하여 영-혼-육체가 건강한 하나님의 성전 된 삶을 살아가도록 인도하는 목회를 20년이 넘도록 하고 있습니다. 지난 세월 우직하게 한 분야만 집중에서 목회를 했다는 것이 자랑스럽고 보람이 있습니다. 마음의 상처는 영적이고 정신적이고 육체적인 질병뿐만 아니라, 환경적인 문제의 근원이 되기도 합니다. 여성들에게 발생하는 뼈와 관절의 질병을 일으키기도 합니다. 어떤 분은 젊어서 상처와 스트레스를 많이 받아서 골다공증이 심하여 조금만 충격을 받아도 뼈가 골절이 된다고 걸어다닐 때 사람들을 피하여 다니는 것을 보았습니다.

마음의 상처와 스트레스는 파킨슨병의 근원이 되기도 합니다. 실제로 병을 연구하는 사람들을 통하여 뇌에 이상 물체가 쌓여서 파킨슨병 생긴다고 발표 되었습니다. 이를 치유하고 예방하기 위하여 젊어서부터 마음의 상처의 해악을 깨달아 말씀과 성령의 역사로 치유해야 나이가 들어서 파킨슨병으로 고통을 당하면서 살아가지 않습니다. 마음의 상처와 스트레스는 뉴마치스관절염의 근원이 되기도 합니다. 이를 치유하고 예방하기 위하여 젊어서부터 마음의 상처와 스트레스의 해악을 깨달아 말씀과 성령의 역사로 치유해야 나이가 들어서 뉴마치스관절염으로 고통을 당하면서 살아가지 않습니다.

마음의 상처는 각종 암의 근원이 되기도 합니다. 상처와 스트레스가 몸과 마음에 쌓이면 장기나 골수나 정상적인 기능을 발휘하지 못하고 정상적인 체온을 유지하지도 못합니다. 상처 스트레스가 장기나 골수나 신경을 지배하면 체온이 현격하게 낮게 됩니다. 아랫배(소장대장)가 냉하게 되고 사궁의 모든 부분이 냉하여 질병이 발생하는 것입니다. 정기적인 검진을 등한히 하면서 지나면 암으로 발전하기도 합니다.

마음의 상처와 스트레스를 치유하려면 영-혼-육의 전인적인 건강에 관심을 가져야 합니다. 하나님은 절대로 육체만 건강하게 하시지 않습니다. 영-혼-육체 온몸을 건강하게 하여 살아계신 하나님의 성전으로 살아가면서 하나님의 살아계심과 영광을 나타내게 하십니다.

그렇기 때문에 마음의 상처 스트레스가 만 가지 문제의 원인이라는 것입니다. 왜 마음의 상처가 만 가지 문제가 될까요? 영적인 문제가 상처 스트레스로 발생을 합니다. 상처와 스트레스를 받게 되면 영-혼-육체의 기능이 비정상이 됩니다. 이때 귀신들이 침입을 하는 것입니다. 물론 귀신이 상처와 스트레스를 받게 하지만 영-혼-육의 기능이 정상일 때는 침입을 하지 못합니다.

그래서 주변의 사람들을 동원하여 스트레스를 받게 하고 상처를 받게 하여 심령이 상하면 침입을 하여 자리를 잡는 것입니다. 그렇기 때문에 귀신을 축사하려면 먼저 성령으로 상처와 스트레스를 다스려야 귀신이 떠나갈 수 있는 조건이 되는 것입니다. 절대로 귀신의 축사는 자신 안에서 일어나는 성령의 역사가 아니고는 불가능한 것입니다.

마음과 정신의 질병도 상처와 스트레스로 인하여 발생합니다. 상처와 스트레스를 받으면 영-혼-육 온몸의 기능이 비정상이 됩니다. ① 제 1 단계 환경의 위기: 사업이나 직장 가정 및 인간관계의 파탄이나 다른 사람으로부터 영향이나 자극이나 충격을 받게 됩니다. ② 제 2 단계 자아의 위기: 이를 자신의 인격이나 믿음으로 소화하지 못하면 내적인 갈등이나 불안, 염려, 의심, 초조, 미움, 원망, 불평 등이 발동하며 육성이 발동됩니다. ③ 제 3 단계 영적 위기: 갈등이나 불안이나 미움이나 원망이 심화되어 말로 불평을 나타내거나 행동으로 표현하게 되고, 심령이 메말라오며 보복하려는 심령이 되거나 기도가 막히거나 여러 가지 육체의 일로 외적으로 나타납니다. 다른 사람의 말을 들으려고 하지 않고 무조건 혈기를 내고 쉽게 분노하고 짜증이 많아집니다. ④ 제 4 단계 신체적 위기: 정신적 혹은 육체적 이상 현상들이 외적으로 나타나기 시작하여 분명한 질병의 형태로 나타납니다. 정신이상 우울증 불면증으로 나타납니다. 내장 장기의 질병으로 나타납니다. ⑤ 제 5 단계 파멸의 위기: 질병이 악화되어 영혼의 파멸을 가져오거나 나아가서는 육신의 사망으로 연결되기도 합니다. 혹은 신경적으로 파멸이 오면 돌이키기 어려운 정신적인 이상을 가져오거나 영적으로 악화되면 악한 영의 침입으로 파멸의 위기를 맞게 됩니다.

마음의 상처와 스트레스가 쌓이면 육체의 질병으로 발생합니다. 사람의 몸속에는 혈관이 있어 몸 안으로 피가 흐릅니다. 림프선이 있어 온몸으로 물이 흐릅니다. 상처와 스트레스를 받으면 피가 끈끈해지거나 혈전이 생기거나 탁해지고 림프선을 통하여 몸 안으로 흐르는 물이 끈끈해지거나 탁해집니다. 자연스럽게 몸 안의 상태가 정상이 되지 못하니까, 혈관이 좁아지거나 림프선이 좁아지거나 혈전이 생기기도 합니다. 따라서 연결된 장기가 정상기능을 발휘하지 못하므로 장기가 약해지거나 고장이 나게 됩니다. 따라서 방광에 문제가 생기거나 콩팥에 문제가 생기거나 자궁에 문제가 생기거나 난소에 문제가 생기거나 간에 위장에 소장이나 대장 등 장기에 문제가 생기는 것입니다. 상처와 스트레스는 모두 나열하지 못했어도 사람의 모든 문제에 영향을 끼치는 근원이 되는 것입니다.

저는 다른 사람과 비교하여 몸이 약한 이유는 상처 때문이라고 합니다. 예수를 믿고 성령으로 거듭난 크리스천은 내면에서 나오는 영의 능력이 강해야 육체와 이성을 장악하게 되어 영-혼-육 온몸이 강건해지는 것입니다. 영에서 나오는 성령의 역사 영력으로 육체 피부의 노화를 방지합니다.

영에서 나오는 능력으로 세상을 살아가는 것입니다. 상처가 있으면 영의활동이 활성화되지 못하여 내면이 부실해집니다. 내면이 부실하기 때문에 다른 사람에 비하여 스트레스를 많이 받게 됩니다. 스트레스를 많이 받으면 체력소모가 많습니다. 체력소모가 많으면 인체의 각 기관이 정상적인 기능을 발휘하지 못합니다. 그래서 영육의 병 치례를 많이 하는 것입니다. 이를 치유하기 위하여 한약을 먹고, 병원 약을 먹어도 치유되지 못합니다. 반드시 말씀과 성령의 역사로 상처를 치유하고 영적치유를 받아야 건강하게 지낼 수 있습니다. 몸의 기능이 정상이 되어 몸에 혈관과 림프통해 혈액과 물이 잘 순환되이까 비로소 한약과 병원 약이 효과를 발휘하기 때문입니다. 그러기 때문에 몸의 기능을 정상으로 올리는 것이 선행되어야 한다는 뜻입니다.

상처가 많으면 자기 자신을 이겨내지 못합니다. 자기 자신을 심하게 비하시키거나, 무가치하게 여기게 됩니다. 또는 자신에 대하여 거부감, 증오감, 혐오감, 용서 못함, 열등감을 가지거나, 반대로 극도의 자기사랑, 이기주의, 배타주의를 가지게 되기도 합니다. 심한 우울증이나 의존감을 가지기도 합니다. 이러한 것은 성장기의 상처로 인하여 자기도 모르게 자신의 가치를 잘못 평가한 것입니다. 부모가 어릴 적에 자신을 그렇게 대했기 때문입니다. 예수를 믿은 크리스천은 새로운 아버지, 참 아버지를 가집니다. 하나님은 홀로서기 훈련을 통하여 보이지 않는 하나님만을 의지하게 하십니다. 그러므로 하나님 아버지에게서 새롭게 자신의 가치에 대하여 배워야 합니다. 마귀는 어릴 적 부모로부터 들은 "너는 왜 이렇게 못하느냐. 너는 못 난 놈이다"라는 책망의 말을 자꾸 반복하여 내 마음에 들려줍니다. 참 사랑의 하나님 아버지는 우리가 실수하더라도 책망보다는 새롭게 나서도록 늘 위로와 용기와 격려를 주시는 분입니다. "너는 할 수 있다. 한번 다시 해보자"고 하시는 분입니다.

이러한 내면의 소리를 들어야합니다. 어릴 적 상처의 기억에서 되풀이 되는 사단의 비난의 말이 아니라, 내면에서 새롭게 울려나오는 위로하시는 하나님의 소리를 듣게 하는 것이 바로 내적치유입니다. 기억이나 감정에서 나오는 소리는 육신과 이성과 감정에서 나오는 것입니다. 하나님의 말씀은 이보다 더 깊은 안에서 조용히 울려나옵니다. 이 위로의 소리를 들어야 합니다. 책망하고 비난하고 좌절하게 하는 소리가 들려오더라도 이 소리를 붙잡지 말고 안에서 울리는 위로의 소리를 붙잡고, '하나님, 도와주세요' 라고 외치며 나서야 합니다.

상처에 기억되어 있는 두려움, 아픔을 기본으로 하여 삶을 살아가서는 안 됩니다. 새롭게 마음으로부터 솟아오르는 하나님의 힘, 하나님의 생명력을 기본으로 하여 삶을 살아가야 합니다. 상처에서 올라오는 것들을 빼내어 버리고, 깊은 곳에서 들려오는 하나님 아버지의 위로와 격려의 소리를 듣는 훈련을 하세요. 하나님이 깊은 속에서 밀어 올려 주시는 생명력을 부여잡는 훈련을 하세요. 그리고 자기를 건전하게 사랑하는 자가 되어야 합니다. 자기를 건전하게 사랑하는 자는 승리, 발전할 수 있고, 이러한 사람은 하나님의 도움을 누리게 됩니다.

마음의 상처와 스트레스를 온몸으로 기도하며 정화하고 치유해야 합니다. 이는 평소에 습관이 되어야 합니다. 어느 사람들이 말하는 것과 같이 신앙생활 잘하면 하나님께서 해주시지 못합니다. 본인이 관심을 가지고 성령의 역사를 일으키면서 자신의 무의식과 잠재의식을 정화해야 합니다. 이는 지식으로 되지 않는 것입니다. 분명하게 살아계신 성령하나님의 역사가 자신 안에서 일어나 밖으로 나타나야 합니다. 습관이 되어야 합니다. 성령의 불이 자신 안에 주인으로 계시는 예수님으로부터 타올라야 무의식 잠재의식에 쌓인 상처가 치유되는 것입니다. 그래서 성령으로 기도하라는 것입니다. 성령의 불이 나오는 것은 머릿속의 기도가 아니라, 배속에서 우러나오는 성령으로 하는 기도를 말하는 것입니다. 성령으로 기도를 습관적으로 오래하게 되면 성령의 불의 역사로 잠재의식이 정리가 되면서 마음의 상처와 스트레스가 정화되고 치유되는 것입니다. 마음상처 치유에 대해서는 **"마음상처 투시와 완전치유"** 책을 참고하세요.

하나님은 만병의 의사이십니다. 이를 믿어야 불치병을 치유받게 됩니다. 얼마 전에 지방에 사시는 장로님이 필자를 찾아오셨습니다. 이유는 파킨슨병으로 지난 6년간 고생을 하시다가 아는 목사님의 권유로 필자를 찾아가서 치유를 받으면 치유가 될 수가 있다고 하여 찾아오신 것입니다.

필자가 보니까 병세가 중하여 손의 떨림의 현상이 심하여 정상적인 생활을 할 수가 없고 걸음도 제대로 걷지 못하는 상태였습니다. 그래도 본인이 믿음이 있어서 오신 것이기 때문에 하나님께서 치유하실 것을 믿었습니다.

필자는 항상 저에게 환자가 찾아오면 하나님께서 저를 통하여 치유하실 것이기 때문에 환자를 보낸 것이라고 믿고 편안하게 사역을 합니다. 원래 병원에서 의사들이 진단하면서 하는 말은 이렇습니다. 파킨슨병은 뇌흑질의 도파민계 신경이 파괴되는 질병입니다. 도파민은 뇌의 기저핵에 작용하여 몸이 원하는 대로 정교하게 움직일 수 있도록 하는 중요한 신경전달계물질로 파킨슨병에서는 도파민의 부족으로 인하여 움직임의 장애가 나타나게 됩니다. 뇌흑질의 도파민계 신경이 파괴되는 원인은 아직 확실하게 알려져 있지 않지만 환경독소, 미토콘드리아 기능장애, 불필요한 난백질을 처리하는 기능의 이상 등의 가설이 있습니다.

원인은 파킨슨병 환자들 중 약 5%의 환자만이 유전성 질환이고, 90% 이상은 모두 특발성입니다. 아직 파킨슨병에 잘 걸리게 되는 위험요인으로 정확하게 밝혀진 사항은 없습니다.

필자가 파킨슨병을 치유하기 위하여 장로님과 대화를 하면서 알아봤더니 파킨슨병의 증상이 모두 일어나고 있었습니다. 그러나 하나님은 만병의 의사이시기 때문에 치유하실 수가 있다는 담대함과 자신감이 생겼습니다. 그래서 장로님에게 장로님 하나님께서 치유하실 것입니다. 아무개 목사님도 장로님과 같이 파킨슨병으로 고생하시다가 치유 받고 정상적인 생활을 하고 계십니다.

믿음이 중요합니다. 거리가 멀지만 1주일에 하루씩 시간을 내어 오시면 치유가 되어 병의 증상이 봄에 눈이 녹는 것과 같이 호전이 되어 정상적인 삶을 살아가게 될 것입니다. 믿음과 인내가 중요합니다. 인내하시면서 오셔야 됩니다. 그랬더니 그렇게 하겠다는 것입니다. 첫 날 기도하는 방법을 알려드리고 스스로 기도하게 했습니다. 무슨 질병이든지 마음을 열고 스스로 기도하지 않으면 치유가 되지 않습니다. 필자는 환자들에게 충만한 교회에 오실 때 안수 받으러 온다고 하지 말고 기도하러 온다고 말하라고 당부합니다. 본인이 기도해야 마음이 열려서 자신 안에 성령의 역사가 일어나 성령의 권능으로 질병이 치유되는 것이기 때문입니다. 그렇기 때문에 본인이 기도하지 않으면 치유가 되지 않습니다. 본인이 기도하지 않고 안수만 받으려고 하면 치유가 되더라도 오래 걸립니다.

장로님이 성실하게 몇 개월 다녔습니다. 병세가 현저하게 호전이 되었습니다. 팔이 떨리는 것이 없어지고 걸음걸이가 정상으로 되어갔습니다. 장로님하시는 말씀이 하루에 4시간 이상 기도하신다는 것입니다. 점점 병세가 호전 되어 지금은 거의 정상으로 회복이 되었습니다. 일상 생활하는데 지장이 없도록 치유가 되었습니다. 얼마전에 목사안수를 받으셨습니다.

주변에 아는 모든 분들이 놀랄 정도로 병세가 치유되었습니다. 하나님은 모든 분들이 인정하고 놀랄 정도로 불치병을 치유하시면서 하나님의 살아계심을 증명 하십니다. 1년이 지난 다음에 오셨는데 정상적인 걸음을 걷고 말도 정확하게 하셨습니다. 이로보아 파킨슨병도 상처 스트레스로 오는 것입니다.

　하나님께서 장로님의 기도에 응답을 하시어 저를 통해 치유하여주신 것입니다. 필자는 예수를 믿는 사람들에게 문제나 질병이 생기는 것은 성령으로 기도하라고 오는 것이라고 믿고 말하고 있습니다. 하나님께서 성령으로 기도 꾼을 만들어서 하나님의 성전으로 살면서 하나님의 영광을 위하여 사용하시려고 잠시 잠간 문제를 만나게 하시는 것입니다. 그렇기 때문에 문제를 만나거든 원망이나 불평하지 말고 성령으로 바르게 기도하면 하나님께서 믿음을 보시고 치유하십니다. 이글을 읽는 여러분 파킨슨병과 같은 세상의술로 치유하지 못하는 병이 걸렸을 지라도 낙심하지 말고 원망하지 말고 가까운 교회에 가서 목사님의 상담을 받으시고 안수를 받으시고 스스로 성령으로 기도하시기를 바랍니다. 그러면 어떠한 질병이라도 하나님의 손길로 치유가 될 것입니다. 하나님은 사람을 만드신 분입니다. 하나님께서 치유하지 못하는 병은 세상에 없습니다. 믿으시기를 바랍니다. 우리를 향한 하나님의 뜻은 우리가 건강하고 씩씩하며 복되고 행복하기를 원하십니다. 그러나 원치 않게 우리의 몸과 마음, 정신과 가치관에 병이 올 수 있습니다. 땅이라고 하는 문화와 사회적 제도가 병들 수 있습니다. 몸이 아프고 병들면 의욕도 없어지고 재미도 없고 아무 것도 할 수 없습니다.

　예수님은 하늘에서 오신 만병의 대의사십니다. 우리 몸을 창조하신 주님이 병든 몸 고쳐내지 못하시겠습니까? 행여나 우리에게 병마가 있다면? 주님이 치료해 주실 것입니다.

사람들이 주님께 열광한 이유는 치료하심이었습니다. 당시의 사람들은 예수님께 열광하였습니다. "배에서 내리니 사람들이 곧 예수신 줄을 알고 (55) 그 온 지방으로 달려 돌아 다니며 예수께서 어디 계시다는 말을 듣는 대로 병든 자를 침상째로 메고 나아오니 (56) 아무 데나 예수께서 들어가시는 지방이나 도시나 마을에서 병자를 시장에 두고 예수께 그의 옷 가에라도 손을 대게 하시기를 간구하니 손을 대는 자는 다 성함을 얻으니라."(막6:54-56)

그 사람들이 예수님께 열광했던 이유에 대해서 성경학자 바클레이는 그의 책 '예수를 어떻게 보는가?'에서 '질병을 치료해 주시는 의사이셨기 때문이다'라고 밝힙니다. 당시 종교지도자들은 거룩했지만? 무능했습니다. 당시의 의사들은 부분적으로만 치료했을 뿐입니다. 그러나 예수님은 그들이 흉내도 낼 수 없었던 일을 예수님은 일상으로 행하셨을 뿐 아니라 전인에 걸쳐서 치료하셨습니다.

당시의 사람들은 예수님의 치유와 능력을 직접 눈으로 목도했었습니다.

물위를 걸으시는 예수님을 보았습니다(막6:49). "제자들이 그가 바다 위로 걸어 오심을 보고 유령인가 하여 소리 지르니"

물고기 두 마리와 보리떡 다섯 개로 장년 5,000명을 먹이고도 남은 떡 조각과 물고기를 열두 바구니에 차게 거두는 축복을 보았습니다(막6:41-43). "예수께서 떡 다섯 개와 물고기 두 마리를 가지사 하늘을 우러러 축사하시고 떡을 떼어 제자들에게 주어 사람들에게 나누어 주게 하시고 또 물고기 두 마리도 모든 사람에게 나누시매 (42) 다 배불리 먹고 (43) 남은 떡 조각과 물고기를 열두 바구니에 차게 거두었으며"(막 6:41-43)

열두 해 하혈로 썩어가던 여인이 치료됨을 보았습니다(막 5:29/34). "이에 그의 혈루 근원이 곧 마르매 병이 나은 줄을 몸에 깨달으니라"(막 5:29). "예수께서 이르시되 딸아 네 믿음이 너를 구원하였으니 평안히 가라 네 병에서 놓여 건강할지어다."(막 5:34)

병마로 죽어가던 회당장 야이로의 딸을 살리시는 모습을 현장에서 보았습니다(막5:40-42). "그들이 비웃더라 예수께서 그들을 다 내보내신 후에 아이의 부모와 또 자기와 함께 한 자들을 데리시고 아이 있는 곳에 들어가사 (41) 그 아이의 손을 잡고 이르시되 달리다굼 하시니 번역하면 곧 내가 네게 말하노니 소녀야 일어나라 하심이라 (42) 소녀가 곧 일어나서 걸으니 나이가 열두 살이라 사람들이 곧 크게 놀라고 놀라거늘"(막 5:40-42).

이외에도 예수님 치유의 사역을 열거한다면 밤을 새워도 못할 것입니다. "예수께서 행하신 일이 이 외에도 많으니 만일 낱낱이 기록된다면 이 세상이라도 이 기록된 책을 두기에 부족할 줄 아노라."(요 21:25).

예수님은 오늘날에도 최고의 의사입니다. 예수님은 하늘에서 내리신 우리의 치료자입니다. 예수님은 우리를 고치시는 주치의입니다. 만병의 대 의사이신 예수님은 그 때나 지금이나 같은 보조와 능력으로 치료하십니다.

　모든 인생은 예수님의 치료의 대상입니다. 우리의 몸과 마음
은 예수님의 치료의 대상입니다. 우리의 정신과 심령, 사고체
계와 가치관도 치료의 대상입니다. 우리의 습관과 삶의 자리,
문화, 이 땅도 치료의 대상입니다. 이 모든 것들을 예수님께서
치료하십니다. 예수님이 치료자입니다.

　어떤 분은 말하기를 '난 괜찮아~ 난 건강하고 튼튼해! 난 철
인이고 전천후야~' 라고 말할 수 있습니다. 그러나 그 분의 몸
은 건강할지라도 심령 한편에는 약한 부분이 있을 수 있습니
다. 그분이 몸도 마음도 튼튼하다할 지라도 사상체계와 습관에
어두움이 있을 수 있습니다. 그분의 모든 부분이 완벽할지라도
삶의 자리, 문화, 땅은 병들어 있을 수 있습니다. 제가 병원에
서 만난 사람 중에는 60살이 되도록 병원에 한 번도 입원한 적
인 없다고 자랑하던 사람이 있었습니다. 이분이 직장에서 간식
으로 준 빵을 먹고 속이 이상하여 병원에 가니 간암말기였습니
다. 그래서 예수님이 필요 없는 분은 아무도 없습니다.

　우리를 고치시는 만병의 대 의사이신 예수님을 찬양합니다.
우리의 전인(全人)과 땅과 문화를 고치시는 참 의사이신 예수
님을 찬양합니다. 몸이 병들어서 대열에서 낙오될까 두렵습니
까? 몸을 고치시는 예수님이 계십니다. 마음이 삐뚤여서 관계
에 자신이 없습니까? 마음을 고치시는 예수님이 계십니다. 극
히 일부겠으나 영적혼란과 허무한 곳에 있습니까? 우리 영혼
을 새롭게 하시는 예수님을 바라보십시오.

예수님의 치료법은 마가복음 6장 56절에 보니 터치입니다. "아무 데나 예수께서 들어가시는 지방이나 도시나 마을에서 병자를 시장에 두고 예수께 그의 옷 가에라도 손을 대게 하시기를 간구하니 손을 대는 자는 다 성함을 얻으니라."(막6:56). 본문의 사람들 뿐 아니라 막5:25-29에서도 한 여인이 예수님께 손을 대서 병 고침 받은 사건도 있습니다.

"열두 해를 혈루증으로 앓아 온 한 여자가 있어 (26) 많은 의사에게 많은 괴로움을 받았고 가진 것도 다 허비하였으되 아무 효험이 없고 도리어 더 중하여졌던 차에 (27) 예수의 소문을 듣고 무리 가운데 끼어 뒤로 와서 그의 옷에 손을 대니 (28) 이는 내가 그의 옷에만 손을 대어도 구원을 받으리라 생각함일러라 (29) 이에 그의 혈루 근원이 곧 마르매 병이 나은 줄을 몸에 깨달으니라."(막 5:25-29). 본분의 사람들이나 열두 해의 혈루증 여인이나 예수님께 손을 대어서 깨끗하게 고쳐지고 뜨거운 삶을 새로이 살게 된 것입니다.

예수님께 손을 댄다(터치)의 의미는 무엇일까요?

- 불치의 병이 들어서 고통 중에 지내다가
- 예수님만이 치료자임을 깨달아 알고
- '예수님을 통해서 나으리라'는 믿음과 열정으로
- 예수님께 나와서 의뢰하며 접촉을 시도하며
- 예수님께 몸과 마음을 맡기는 시도함입니다.
- 이 때 예수님의 터치로 병이 치료가 됩니다.

세상 의사는 드러난 부분만 고칩니다. 보이는 부분만 고칩니다. 한 부분만 고칩니다. 하늘의 의사인 예수님은 보이지 않는 곳, 원인과 병의 뿌리를 해결하십니다. 그리고 전인을 치료합니다. 세상의사는 자기 전공 분야만 가능합니다. 하늘의 의사는 우리의 전인(全人)과 삶의 전역(全域)을 고치십니다.

그렇다고 그리스도인은 병원에 갈 필요가 없다는 말은 절대로 아닙니다. 병원도 하나님께서 지으셨고, 의사도 하나님께서 양성하셨습니다. 예수님의 치료 모습은 영적사역으로도 이루시지만 약물투여와 의술적 처치를 통해서 치료하십니다. 그러므로 열심히 기도하시고 믿음으로 처방을 받으십시오.

예를 들어 설명하면 조선말기 민비(명성왕후)의 조카 민병익이 개화파의 테러에 의해 칼에 찔려서 사경을 헤맬 때 의사 알렌선교사가 양학적 처치를 통해서 목숨을 구했습니다. 사돈 조카의 소생을 본 고종황제는 감탄을 합니다. 고종황제는 우리나라 최초의 서양병원을 인가하였는데 오늘날 세브란스병원의 모체인 '광혜원'이 그것입니다. 이곳을 거점 삼아서 언더우드선교사, 존 헤른 선교사, 스콜개론선교사, 앨리스선교사 등의 전도자들이 궁중과 귀족사회에 서민들에게 예수 그리스도의 복음을 전파합니다.

미신과 가난으로 찌든 조선과 이 민족이 고쳐지고 씻기고 새롭게 되고 저주가 물러가고 복되게 되는 복음역사의 과정은 병원이었습니다. 병원과 학교, 교회는 세자매입니다. 몸이 아프면? 힘이 없고 살기도 싫습니다. 재미도 없고 의욕도 떨어지고 주님의 일도 힘듭니다. 예수님의 치료가 있으시기 바랍니다.

4장 반신불수를 치료하여 주신 예수님

(막 3:1-6)"예수께서 다시 회당에 들어가시니 한쪽 손 마른 사람이 거기 있는지라 (2) 사람들이 예수를 고발하려 하여 안식일에 그 사람을 고치시는가 주시하고 있거늘 (3) 예수께서 손 마른 사람에게 이르시되 한 가운데에 일어서라 하시고 (4) 그들에게 이르시되 안식일에 선을 행하는 것과 악을 행하는 것, 생명을 구하는 것과 죽이는 것, 어느 것이 옳으냐 하시니 그들이 잠잠하거늘 (5) 그들의 마음이 완악함을 탄식하사 노하심으로 그들을 둘러 보시고 그 사람에게 이르시되 네 손을 내밀라 하시니 내밀매 그 손이 회복되있더라 (6) 바리새인들이 나가서 곧 헤롯당과 함께 어떻게 하여 예수를 죽일까 의논하니라."

예수님의 은혜로 불치의 질병을 치유 받으려면 세상을 살아가면서 불치병이라 치유 받지 못한다는 사람들의 말을 듣고 상처받지 아니하고, 사람들의 말에 좌지우지 되지 않고, 사람들의 말에 휘둘리지 아니하고, 사람 간사한 말에 사기당하지 아니하고, 오로지 말씀과 성령으로 마음을 채워서 성령의 인도받으며 자신의 주인으로 자신을 지배하고 계시는 성령의 소리를 듣고 순종할 수가 있어야 합니다. 예수님은 만병의 의사이시며 하나님의 말씀에는 불치병이 없다는 것을 믿어야 합니다. 예수를 믿고 자신이 죽고 다시 예수님으로 태어난 사람만이 불치의 질병을 예수님의 은혜로 치유 받을 수가 있다는 말입니다. 온몸으로 기도하여 하나님의 나라 살아계신 하나님의 성전이 되면 불치병도 치유되는 것입니다. 자신이 하나님의 나라 하나님의 성전이 되는 것이 중요합니다. 한편으로 예수님은 예수님을 믿게 하시기 위해서 질병을 치유하여 주시기도 하십니다.

"사람의 내면의 생각인 영의 생각은 지옥으로부터 오거나 또는 천국으로부터 옵니다. 즉 예수님을 믿고 성령으로 세례를 받아 악이 제거되기 전에는 지옥으로부터 옵니다. 예수님을 믿고 성령으로 세례를 받고 자신 안에 계신 예수님으로부터 성령의 불이 나와서 악이 제거된 다음에는 하나님의 나라 천국으로부터 옵니다. 사람이 예수님을 믿지 않는 자연인으로 살면서 지옥으로부터 생각하는 동안에는 오직 세상 자연만이 신이며, 세상 자연의 가장 깊은 곳에는 신성이라 불리는 것이 있다고 생각합니다. 그래서 산에 가서 빌고 돌에 가서 비는 것입니다. 무당들을 생각하면 쉽게 이해가 될 것입니다. 이들은 산에 가서 산신령을 접신 받으려고 빌고 비는 것입니다. 세상 사람들은 특별히 힘 있는 사람(카리스마 있는 사람)을 신이라 부르기도 하고, 또한 스스로 신이라 불리기 위해 힘을 얻으려고 합니다. 모든 아담의 후손인 자연인인 악한 사람의 영의 내면 깊은 곳에는 이러한 광기가 숨어 있습니다. 그러나 예수를 믿고 성령으로 세례를 받고, 자신 안에서 성령의 불세례가 나오면서 악이 물러날 때 사람은 스스로 생각하는 것처럼 천국으로부터 생각하게 됩니다. 그래서 예수님은 "예수께서 대답하시되 진실로 진실로 네게 이르노니 사람이 물과 성령으로 나지 아니하면 하나님의 나라에 들어갈 수 없느니라."(요 3:5). 하시는 것입니다. 그리고 그때 천국의 빛을 통해 하나님이 계신다는 것과 하나님이 한 분이라는 사실을 알게 됩니다.

예수를 믿고 성령으로 세례를 받고 자신 안에서 나오는 성령의 불을 받으면서 성령의 소리를 듣고 깨닫기 시작하여 예수님의 은혜로 반신불수를 치유 받은 목사님의 간증을 들어보시기를 바랍니다. 저는 허리에서 부터 얼굴까지 반신불수가 되어 12월 20일부터 4월 25일 충만한 교회에 오기 전까지 반신불수가 되어 거동을 못하며 집안에서 지냈습니다. 그러다가 저의 친한 친구 목사님들이 충만한 교회에 가면 치유가 된다는 말을 듣고 차에 실려 충만한 교회 성령치유 집회에 참석하여 은혜를 받았습니다. 그런데 참석한 첫날부터 강한 성령의 세례와 성령의 불을 받고 온몸이 불덩어리가 되더니 몸이 뒤틀리기 시작을 했습니다. 악한 귀신들이 발작을 한 것입니다. 그러면서 수많은 귀신들이 발작을 하면서 떠나고 소리를 지르면서 떠나갔습니다. 저는 이때까지 내가 허리디스크와 좌골 신경통으로 이렇게 되었지 악한 영의 역사로 이렇게 되었다고는 꿈에도 생각을 하지 않고 병원치료만 하였습니다. 담당 의사만 믿었습니다.

한마디로 영적인 무지한 이였습니다. 그러다가 성령님의 인도로 충만한 교회에 와서 성령의 불을 받고 치유되기 시작하다가 며칠 지나니 저 혼자도 걸을 수가 있었습니다. 그래서 제가 손수 운전을 하면서 열심히 다녔습니다. 그러다가 여러 가지 성령의 은사와 은혜를 체험했습니다. 특히 신유의 은사와 예언의 은사가 강하게 나타납니다. 질병의 배후에도 영적인 세계가 결부되어 있다는 것을 체험적으로 알게 되었습니다. 차차로 치유가 되면서 영안이 열리고 사람들을 보면 그 사람의 심령이 읽어지는 지식의 말씀의 은사가 나타나고 안수기도하면 강요셉 목사님 같이 성령의 역사가 강하게 나타납니다.

그래서 다시 목회를 시작하니 교회가 점점 부흥이 되었습니다. 몇 개월 다니면서 치유를 받으니 이제 몸도 완치가 되었습니다. 남편도 너무나 좋아하는 것이었습니다. 정말 하나님은 못하시는 것이 없으십니다. 저를 치유하신 하나님에게 영광을 돌립니다. 그리고 매시간 안수하여 주신 목사님에게도 감사를 드립니다.

오늘 말씀은 예수님께서 안식일에 한 쪽 손 마른 자를 고쳐 주신 사건입니다. 예수님의 공생 중에 안식일 논쟁은 모두 일곱 번 있었습니다. 첫 번째는, 예수님의 공생애 2년 초 가버나움 회당에서 있었던 일로 인식일에 귀신들린 자를 고치신 일로 인해서 안식일 논쟁이 벌어졌습니다(막 1:23-28, 눅 4:33-37).

두 번째는, 예수님의 공생애 2년 유월절에 예루살렘에 올라가셨다가 베데스다 연못가에 있는 행각에 누워있던 38년 된 병자를 고쳐주신 일로 인해서 안식일 논쟁이 벌어졌습니다(요 5:1-18).

세 번째는, 예수님께서 안식일에 제자들과 밀밭 사이로 지나가시는 중에 제자들이 시장하므로 밀 이삭을 잘라 먹은 일로 인해서 안식일 논쟁이 벌어졌습니다(마 12:1-8; 막2:23-28; 눅 6:1-5).

네 번째는, 오늘 우리가 살펴볼 말씀으로 안식일에 한편 손 마른 자를 고쳐주신 일로 인해서 안식일 논쟁이 벌어졌습니다(막 3:1-6).

다섯 번째는, 예수님의 공생애 3년에 있었던 일인데 예수님께서 초막절을 맞이하여 갈릴리를 떠나 예루살렘에 올라가셨다가(요 7:10) 안식일에 노상에서 나면서부터 소경된 사람을 보시고 고쳐주신 일로 인해서 안식일 논쟁이 벌어졌습니다(요 9:1-41).

여섯 번째는, 공생애 마지막 기간에 있었던 일로 안식일에 어떤 회당에서 가르치시고 계시다가 18년 동안 귀신들려 앓으며 꼬부라져 조금도 펴지 못하던 한 여자를 고쳐주신 일로 인해서 안식일 논쟁이 벌어졌습니다(눅 13:10-17).

일곱 번째는, 역시 공생애 마지막 기간에 있었던 일로 어느 안식일에 어떤 바리새인들이 예수님을 식사에 초청한 자리에서 있었던 일인데 그 자리에 고창 병든 사람이 있는 것을 보시고 고쳐주신 일로 인해서 안식일 논쟁이 벌어졌습니다(눅 14:1-6).

우리가 오늘 살펴볼 말씀은 앞에서 언급한 바와 같이 예수님의 공생애 네 번째 있었던 안식일 논쟁입니다. 예수님께서 어느 안식일에 한편 손 마른 자를 고쳐 주셨습니다. 이 일로 인해서 서기관들과 바리새인들은 예수님을 죽이고자 모의 하였습니다. 우리가 오늘 말씀을 살펴보는 가운데 이 사건을 통해서 계시하시는 하나님의 계시가 무엇인지를 배울 수 있기를 바랍니다.

막3:1-2절을 보면 "예수께서 다시 회당에 들어가시니 한편 손 마른 사람이 거기 있는지라. 사람들이 예수를 송사하려 하여 안식일에 그 사람을 고치시는가 엿보거늘"이라고 했습니다. 예수님의 제자들이 시장하여 밀 이삭을 잘라 먹으므로 안식일 논쟁이 있은 후인 또 다른 어느 안식일에 예수님께서 회당에 들어가셨습니다. 그런데 그 곳에 한편 손 마른 사람이 있었습니다. 병행구절인 누가복음 6:6절에 보면 누가는 "오른손 마른 사람이 있었다"라고 좀 더 구체적으로 기록하고 있습니다. 그리고 그 회당 안에는 서기관들과 바리새인들이 함께 자리를 같이 하고 있었습니다.

그런데 그들은 예수님을 송사할 구실을 찾으려고 예수님이 안식일에 그 사람의 병을 고쳐 주는가 엿보고 있었습니다. 또 다른 병행구절인 마태복음 12:10절에 보면 사람들이 예수를 송사하려고 예수님께 "안식일에 병 고치는 것이 옳으니이까" 하고 물었다고 하고 있습니다. 그들은 어떻게 해서든지 예수님을 송사할 구실을 만들어 내고자 하였습니다. 그래서 그들은 예수님에게서 꼬투리를 잡아 죽이고자 하였습니다.

예수님은 이런 그들의 악한 생각을 이미 다 알고 계셨습니다. 누가복음 6:8절에 보면 "예수께서 저희 생각을 아시고 손 마른 사람에게 이르시되 일어나 한 가운데 서라 하시니. 저가 일어나서거늘"이라고 했습니다. 오늘 본문 3절에 보면 예수님 께서 그냥 손 마른 사람에게 "한 가운데 일어서라"고만 하셨습니다. 그런데 병행구절인 누가복음에서는 예수님께서 서기관 들과 바리새인들이 자신을 잡아 죽일 꼬투리를 잡고자 하는 것을 다 아시고 한 손 마른 자에게 "일어나 한 가운데 서라"고 하셨다고 말씀하고 있습니다. 예수님께서는 그들의 악한 마음을 다 아시고도 한 쪽 손 마른 자에게 "일어나 한 가운데 서라"고 하시며 그들에게 도전하신 것입니다.

예수님께서는 한 쪽 손 마른 사람을 한 가운데 세우시고는 그들에게 말씀하셨습니다. 4절을 보면 "저희에게 이르시되 안 식일에 선을 행하는 것과 악을 행하는 것, 생명을 구하는 것과 죽이는 것, 어느 것이 옳으냐 하시니. 저희가 잠잠하거늘"이라 고 했습니다. 병행구절인 마태복음 12:11절에서는 "너희 중에 어느 사람이 양 한 마리가 있어 안식일에 구덩이에 빠졌으면 붙잡아 내지 않겠느냐"라고 반문하셨습니다. 예수님의 이러한 반문은 사람들이 어떻게 하실 것을 이미 잘 아시고서 하신 말 씀입니다. 사람들은 양이 구덩이에 빠진 날이 안식일이라 할지 라도 그 양을 구해 낼 것입니다. 당시 사람들이 실제적으로 그 렇게 하고 있었습니다. 그러한 일을 한다고 해서 누구도 탓할 사람이 없었습니다.

그러므로 예수님은 서기관과 바리새인들이 가지고 있는 안

식일관에 대한 문제점을 지적하는 동시에 안식일이 어떤 날로
서 존재하고 있는지를 가르쳐 주셨습니다. 마태복음 12:12절
을 보면 "사람이 양보다 얼마나 더 귀하냐. 그러므로 안식일에
선을 행하는 것이 옳으니라"고 하셨습니다. 한갖 미물인 짐승
이라 할지라도 안식일에 구덩이에 빠졌다고 하면 건져 내어 살
려 주는 것이 옳습니다. 그러므로 사람에 대한 문제는 더 이상
논할 것이 되지 못하는 것입니다. 짐승에게도 구덩이에서 건져
내어 살리는 자비가 베풀어지는 것이라고 한다면 사람에게는
더더욱 그렇게 해야 마땅할 것입니다.

하나님께서 안식일을 주신 본의가 무엇입니까? 사단에게 매
여 있던 아브라함의 자손을 풀어주는데 있었습니다. 누가복음
13:16절을 보면 "그러면 십 팔년 동안 사단에게 매인바 된 이
아브라함의 딸을 안식일에 이 매임에서 푸는 것이 합당치 아니
하냐"라고 하셨습니다. 이 말씀은 예수님의 공생애 여섯 번째
안식일 논쟁에서 하신 말씀입니다. 예수님께서 안식일에 18년
동안 귀신에 들려 앓으며 꼬부라져 펴지 못하는 한 여자를 고
쳐 주셨습니다. 그때 회당장이 안식일에 병을 고쳤다고 비난
했습니다. 예수님께서는 이런 그들에게 외식하는 자들이라고
책망하시면서 너희가 안식일에 소나 나귀를 마구에서 풀어 이
끌고 가서 물을 먹이지 않으냐고 하면서 하신 말씀입니다. 예
수님께서 이 땅에 육신을 입고 오신 목적은 아브라함의 자손들
을 사단의 매임에서 풀어서 하나님의 영원한 안식, 곧 하나님
나라의 영원한 안식에 들어가게 하시는데 있습니다.

예수님을 보내신 하나님 아버지의 뜻이 바로 이 일에 있었고, 예수님 자신 또한 아버지의 뜻에 온전히 순종하여 그 일을 이루어 나가셨습니다. 그래서 참 안식 속에 들어온 사람들로 하여금 하나님 아버지와 그 아들 예수 그리스도를 공경하게 하십니다(요 5:23). 그러므로 마가복음 2:27절에 보면 예수님께서 안식일에 대해서 말씀하시기를 "안식일은 사람을 위하여 있는 것이요, 사람이 안식일을 위하여 있는 것이 아니니"라고 하셨습니다.

그렇습니다. 안식일은 사람을 위하여 있는 것입니다. 사람이 안식일을 위하여 있는 것이 아닙니다. 그러므로 안식일을 지키려고 하는 일이 사람을 올무에 가두는 일이 되어서는 안되는 것입니다. 안식일이라고 해서 짐승이든 사람이든 간에 마땅히 주어야 할 먹을 것을 안 준다든지, 구덩이에서 건져내야 할 것을 안 건져 준다든지 하는 것은 안 되는 것입니다. 오히려 배고픈 자에게 먹을 것을 주고, 구덩이에 빠진 짐승을 건져냄으로써 안식일의 본의 곧 안식일의 바른 정신을 나타내야 하는 것입니다.

그러면 예수님의 질문에 대한 서기관들과 바리새인들의 반응이 어떠합니까? 오늘 본문 4b절을 보면 "…저희가 잠잠하거늘"이라고 했습니다. 이들이 왜 잠잠했을까요? 이들이 어느 것이 옳은지 몰라서 대답하지 못했을까요? 아닙니다. 어린아이조차 대답할 수 있는 사실을 그들이 모를 리가 없습니다. 저희가 잠잠한 까닭은 그동안 자기들이 만들고 지켜오고자 했고,

가르쳐왔던 안식일 규정을 근본적으로 손질해야 하기 때문이었습니다. 그들의 자부심인 안식일 준수와 관련해서 그들이 근본적으로 오해하고 있었다는 사실을 인정하고 시인해야 하기 때문이었습니다. 결국 그들이 예수님의 질문에 잠잠한 것은 그들이 진리를 사랑하는 사람이 아니었음을 스스로 드러내 주고 있습니다. 그들에게는 진리보다 기존의 전통과 규례를 고수하는 일이 더 중요했습니다. 이것이 바로 낡은 가죽 부대의 모습입니다.

예수님께서는 진리의 말씀을 듣고도 인정하지 않는 이러한 태도를 '마음의 완악함'으로 규정하셨습니다. 5a절을 보면 "저희 마음의 완악함을 근심하사 노하심으로 저희를 둘러 보시고…"라고 했습니다. 성경에서 완악하다는 것은 단지 고집스러운 기질을 뜻하지 않습니다. 어떤 유혹이나 위험 속에서도 진리를 고집하는 태도는 우리 주님이 으뜸입니다. 무지함이 진리를 깨닫지 못하는 것이라면 완악함은 깨달은 진리조차 인정하지 않는 것입니다. 이런 태도는 지금까지 쌓아온 자신의 명예가 무너질 것에 대한 염려, 지금까지의 노력이 무가치했음을 인정하고 싶지 않은 마음, 익숙했던 관행을 포기해야 하는 것에 대한 귀찮음, 딱히 꼬집어 이유를 댈 수 없는 지난 삶에 대한 미련 등이 작용할 수 있습니다. 또한 자신의 죄를 인정하고 싶지 않은 마음이 작용할 수 있습니다. 어쨌든 말씀을 통해서 마음에 분명하게 찔림을 받고서도 이전의 삶을 계속 살아가는 것이 완악한 태도입니다. 완악한 태도는 우리 주님을 근심케

했을 뿐만 아니라 노하심으로 저희를 둘러보게 했습니다.

밀밭 논쟁에서 예수님은 자기를 따르는 제자들을 변호해 주셨습니다. 비록 제자들의 허물이 클지라도 대적들의 비난과 정죄를 막아주셨습니다. 반면 오늘 본문에서는 당신의 가르침을 거부하는 자들에게 진노하셨습니다. 여기에 하나님 나라의 양면성이 있습니다. 하나님 나라의 왕이신 우리 주님은 이래도 좋고 저래도 좋다는 태도를 보이지 않습니다. 무조건 갈등을 피해 평화를 추구하지도 않습니다. 하나님 나라의 임함이 그분을 따르는 백성들에게는 완벽한 보호를 제공했지만 그분을 거부하는 대적들에게는 진노를 나타내셨습니다. 우리는 여기서 비록 안식일에 회당에 있을지라도 즉 예배하는 시간에 예배하는 공간에 있을지라도 우리 주님의 진노에 직면할 수 있음을 볼 수 있습니다. 우리는 어떠한 자입니까? 완악함으로 주님의 진노를 부르고 있지는 않습니까? 우리가 우리 자신들을 돌아볼 수 있기를 원합니다.

예수님은 안식일을 어긴다고 비판하는 것을 개의치 않으시고 치유를 행하셨습니다. 5b절을 보면 한편 손 마른 자에게 "네 손을 내밀라"고 하셨습니다. 그가 내밀자 곧 그 손이 회복되었습니다. 예수님은 안식일에 선을 행하고 생명을 구함으로써 안식일을 더욱 안식일 되게 하셨습니다. 안식일을 제정하신 하나님의 뜻이 어디에 있는가를 사람들에게 더욱 분명하게 알게 해 주셨습니다. 그러하기에 안식일이라고 해서 예수님이 하시는 일을 제한시킬 수는 없습니다. "안식일에 선을 행하는 것이 옳으니라"(마 12:12). 이 말씀은 단지 한편 손 마른 자를 고쳐주는 그와 같은 선을 행하는 것이 옳다라는 사실을 말씀해 주고 있는 것이 아닙니다. 곧 선행을 계도하시는 것이 아닙니다.

안식일에 한편 손 마른 자를 고쳐 주시는 일을 하시는 것을 통해서 인간에게 질병이 주어진 부패의 원인이 되고 있는 죄로부터 그래서 그를 지배하고 있던 사단의 세력, 곧 죄의 궁극적인 결말인 죽음으로부터 구원하여 그에게 진정한 안식을 누리게 하는 일을 하시는 것이 안식일의 본의입니다. 그렇습니다. 이것이 안식일을 내신 하나님의 뜻입니다. 예수님은 자신이 바로 그 일을 하신다고 하는 것입니다. 그에 대한 계시적 증거로서 예수님은 한편 손 마른 자를 고쳐주시는 표적을 행하셨습니다. 예수님께서는 한편 손 마른 자를 무리들 한 가운데 세우시고 네 손을 내밀라고 하셔서 그의 손을 회복시켜 주셨습니다. 예수님께서는 회당에 모인 모든 사람에게 이 사실을 보게 하셨습니다.

그러면 예수님께서 안식일에 한 쪽 손 마른 자를 고쳐주신 것을 본 그들의 반응이 어떠합니까? 6절을 보면 "바리새인들이 나가서 곧 헤롯당과 함께 어떻게 하여 예수를 죽일꼬 의논하니라"고 했습니다. 예수님께서 한 쪽 손 마른 자를 고쳐 주신 것을 본 서기관과 바리새인들은 회당 밖으로 나아갔습니다. 그들은 분기가 가득하여 헤롯당과 함께 어떻게 하면 예수님을 죽일까 의논했습니다. 여기서 이들의 악함을 볼 수 있습니다.

헤롯당은 정치 집단입니다. 이들은 갈릴리를 다스린 분봉왕 헤롯 안티파스를 중심으로 헤롯 가문을 지지하는 사람들로 보입니다. 이들은 자신들의 기득권을 유지하기 위해 로마의 식민 통치를 긍정해야 했습니다. 반면 바리새인들은 유대 민족에 대한 자긍심이 강한 민족주의자들 입니다. 그러므로 이들은 서로 상극인 관계에 있었습니다. 그런데 이들은 예수님을 죽이기 위해서 함께 손을 잡았습니다. 바리새인들과 서기관들은 예수님께서 진노하실 때 마땅히 회개 했어야 했습니다. 하지만 그들은 회개하지 않았습니다. 오히려 주님의 진노 앞에서 그들은 분노하며 원수와 손을 잡고 대적을 하였습니다.

시간이 지날수록 바리새인들을 중심으로 한 유대주의는 점섬 더 굳어져갔습니다. 이것은 그늘이 주님의 교훈을 듣지 못해서도 아니고, 주님께서 말씀하신 진리를 깨달을 능력이 부족해서도 아닙니다. 예수님의 말씀이 진실하다는 증거가 부족한 탓도 아닙니다. 그들의 완악함 때문이었습니다. 옛 형식을 고집하며 악을 행하고 생명을 죽이는 일도 정당화해버리는 바리새인들로서는 예수님으로 말미암아 시작된 하나님 나라를 담아 낼 수 없었습니다. 하나님 나라의 왕은 어떤 분이시며, 그 백성은 어떠해야 하는지를 그들을 통해서는 도무지 드러낼 수 없었습니다. 예수님과 제자들 공동체를 품을 수 없었습니다. 옛 형식에 집착하는 그들의 완고함이 너무 견고했기 때문입니다. 마침내 그들은 헤롯당과 손잡고 예수님을 죽이고자 모의했습니다.

바리새인들이 옛 형식에 집착하는 시간이 길어질수록, 과연 그들이 악을 행하고 생명을 죽이는 자라는 사실이 드러났습니다. 경건한 겉모습 속에 감추어져 있었던 불경건함이 속속히 드러났습니다. 그들의 신앙은 하나님 앞에 있다는 의식이 없는 신앙이었고, 참된 진리를 추구하지 않는 신앙이었습니다. 예배 공동체에 속한 자에 대한 사랑이 없다는 사실도 드러났습니다. 그들에게는 사람들로부터 칭찬과 존경을 받는 것이 중요했고, 지금까지 누려왔던 명예와 권세를 지키는 것이 중요했습니다. 그래서 기능이 다했음에도 옛 형식을 끈질기게 붙들고 놓지 않았습니다.

성경은 분명히 명령하고 있습니다. "경건의 모양은 있으나 경건의 능력은 부인하는 자니. 이같은 자들에게서 네가 돌아서라"(딤후 3:5). 예수님께서 그들을 완악한 자로 평가하셨다면 성도의 평가도 그러해야 합니다. 주님을 바르게 따르려는 마음가짐은 있으나 허물이 큰 사람은 오래 참고 변호해주고 격려해 줄 필요가 있습니다. 하지만 진리를 알고서도 복종하지 않는 태도는 대적자의 마음입니다. 내가 사랑하는 분이 사랑하는 자라면 나도 사랑해야 마땅합니다. 하지만 내가 사랑하는 분이 대적하는 자라면 나도 대적해야 합니다. 그래야 내가 진정으로 그분을 사랑하는 것입니다. 그럴지라도 물리적인 힘으로 대적하라는 말은 아닙니다. 진리의 말씀을 담대하게 선언하며, 진리의 말씀대로 살아가는 활동을 통해서 대적해야 합니다. 그래도 완악한 반응을 보인다면 이전에 존경했던 자라 할지라도 돌아서야 합니다.

예수님께서는 공생애 시작부터 "하나님 나라가 가까웠으니, 회개하고 복음을 믿으라"고 하셨습니다(막1:15). 예수님은 하나님 나라를 건설하실 왕으로 오셨습니다. 그래서 그분은 사역의 시작과 함께 권세 있는 교훈과 능력으로 백성을 모으시고 실제로 당신의 나라를 이 땅에서부터 통치하셨습니다. 이때에 그분의 권세를 인정하고 순복하는 자는 은혜를 받았습니다. 하나님의 백성이 된 것입니다. 하지만 바리새인이나 헤롯당처럼 주님의 권세에 복종하지 않는 자는 적대적 백성이 되었습니다.

하나님의 백성은 시간이 지날수록 점점 더 말씀에 복종하면서 주님께 신뢰와 소망과 사랑을 둡니다. 하지만 적대적인 자들은 점점 진리를 부담스러워하고 주님에게서 멀어지며 대적합니다. 우리는 주님의 권세에 복종하든지 아니면 거부하든지 둘 중에 하나를 반드시 선택해야 합니다. 그 중간 지대에 머물러 있을 수는 없습니다. 복종 아니면 거부인 것입니다. 우리는 어떠합니까?

오늘날도 안식일 준수와 관련하여 그 이해가 달라 교회가 서로 대립하는 양상을 띠고 있습니다. 주일은 안식일의 지속으로서 어떤 일도 해서는 안 된다는 것입니다. 매매는 물론이고 오락, 운동, 출근, 대인접촉…등 모든 분야에 걸쳐서 중단하고 오직 예배와 및 그와 관련된 일만 해야 된다는 것입니다. 반면에 전혀 반대의 견해를 갖고 있는 분들도 있습니다. 신약 시대는 복음 시대이지 율법 시대가 아니다, 그러므로 이런 율법과는 상관이 없다는 것입니다. 사실 이 모두는 둘 다 문제가 있습니다. 안식일 준수를 법 제도와 의식 준수 여부에서 따지기 때문입니다. 경건성에 맞추어져 있기 때문입니다. 올바른 안식일 준수는 그런데 있지 않습니다. 교회로 연합하며 예배하고 있는 내〈우리〉가 그 안에서 얼마나 주님과 함께 하고 있는 것을 느끼고 있으며, 그래서 구원을 이루어 가고 있는가? 하나님의 나라의 의, 하나님의 성품을, 하나님을 예배하는 삶에서 나타내고 있는가? 그래서 안식일을 제정하여 주신 그 법의 참된 의미가 얼마나 잘 이루어져 나가고 있는가? 하는데 있는 것입니다. 그렇게 되기 위하여서 고민하고, 또한 애쓰는 날이어야 합니다.

삼가 주의하여서 경계할 것은 경계하고, 함께 일할 것은 일해야 합니다. 그렇게 하지 않은 가운데서의 안식일 준수는 율법주의가 되든지, 아니면 반 율법주의가 되고 맙니다. 성령 하나님께서 우리에게 은혜를 베풀어 주셔서 우리로 안식일의 참된 의미를 알게 하여 주시기를 원합니다. 무엇보다도 예수님께서 이 땅에 오신 목적이 무엇인지 알게 하여 주시기를 원합니다. 그리하여 바리새인과 서기관들과 같은 완악한 마음을 회개하고 주님 앞에 겸손히 나아갈 수 있기를 원합니다. 죄인을 부르러 오신 우리 주님 앞에 믿음으로 나아 갈 수 있기를 원합니다. 그리하여 주님 안에서 죄사함을 받고, 주님이 주시는 참된 안식을 누리는 복된 자들이 되게 하여 주시기를 원합니다.

5장 폐암을 성령의 불로 태워주신 예수님

　(고후 5:14-15)"그리스도의 사랑이 우리를 강권하시는도다 우리가 생각하건대 한 사람이 모든 사람을 대신하여 죽었은즉 모든 사람이 죽은 것이라 (15) 그가 모든 사람을 대신하여 죽으심은 살아 있는 자들로 하여금 다시는 그들 자신을 위하여 살지 않고 오직 그들을 대신하여 죽었다가 다시 살아나신 이를 위하여 살게 하려 함이라."

　암은 마음에 스트레스와 상처를 받아 체온이 내려가 생긴 냉병입니다. 암 환자들의 특징이 체온이 낮다는 것입니다. 징싱 체온 36.8를 유지하는 사람들은 암에 잘 걸리지 않는다고 합니다. 암 환자들은 찜질방에 들어가 있어도 땀이 나지 않는 다고 합니다. 암은 체온을 39.2도로 올리면 박멸이 됩니다. 그래서 한방병원에서 온열로 암을 치유하고 있는 것입니다. 복음이 증거 되고 성령의 역사가 나타나는 예배나 집회에 참석하여 은혜 받고 뜨겁게 온몸으로 기도하면서 성령으로 세례를 받고 성령으로 불세례를 받으면서 믿음생활을 하시면 체온이 정상이 됩니다. 성령의 불로 충만하면 체온이 올라가게 됩니다. 체온이 정상으로 올라가면 온 몸의 기능이 정상으로 돌아갑니다. 그래서 말기 암도 치유가 됩니다. 그렇다고 아무 교회나 나가서 열심 있게 신앙 생활하라는 말이 아닙니다. 반드시 성령으로 충만한 교회, 우리 충만한교회와 같이 주중 월-화-수-목-토-주일 집중 기도를 하는 교회를 말하는 것입니다. 특히 집중치유기도를 하는 교회에 예배와 집회에 기도모임에 꾸준하게 참석하여 성령의 역사가 자신을 지배해야 말기 암이 치유가 되는 것입니다.

암으로 말기에 처한 분들도 낙심하지 마시고 실망하지 마시고 자포자기하지 말아야 합니다. 암을 전문으로 치유하는 세계적으로 유명한 의사들의 임상적인 견해를 듣고 깨달으면 이해가 가능합니다. 암은 항암제로만 치유가 불가능합니다. 자신의 전인격이 암을 이길 수 있는 상태를 만들어야 치유가 됩니다. 암을 이길 수 있는 영-혼-육체의 상태를 어떻게 만듭니까? 첫째로 마음을 편안하게 해야 합니다. 즉 불필요한 걱정을 하지 말고 상처와 스트레스를 받지 않아야 한다는 것입니다. 둘째로 잘 먹어야 한다고 합니다. 고기도 먹고 야채도 먹고 영양제도 먹어 체력을 강하게 해야 한다는 것입니다. 영양제는 밖에서 투여하는 링거가 아니고 먹는 영양제로 보양식을 말하는 것입니다. 몸을 움직이면서 운동을 해야 한다는 것입니다.

암은 상처 스트레스가 만들어 내기 때문입니다. 이유는 마음의 상처를 치유하여 마음을 편안하게 행복하게 하니 말기 암도 치유가 되더라는 것입니다. 정신적 건강은 눈에 안 보이지만 매우 중요합니다. 마음에 맺힌 사람이 있다면 자신을 위해서 속히 용서를 시행해야 합니다. 마음을 치유하여 평안하고 행복해야 암과 싸워서 이기고 암이 치유되고 암 세포가 죽어져서 세상을 살 수 있는 기간이 길어지는 것입니다.

근심과 낙심 스트레스 등으로 교감신경이 강화되어 암을 치유하는 기간이 길어질 수가 있습니다. 그래서 근심과 낙심 스트레스는 가장 큰 적입니다. 될 수 있는 한 낙천적으로 살아가야 합니다. 암환자는 집안일이나 직장 일들에 대하여 일일이 간섭하지 말고 자신의 마음 관리에 집중해야 합니다. 자신이 그 일을 하지 않아도 다른 사람이 합니다. 간섭하지 말라는 것입니다. 그래야 마음을 평안하고 행복하게 유지 할 수가 있습니다. 마음이 평안하고 행복해야 암을 이기는 면역력 유전자가 몸에서 나와서 암을 통치하는 것입니다. 자꾸 불길한 생각을 함으로 마음에 상처가 되는 것입니다. 생각은 말을 낳으며, 말은 행동과 습관을, 습관은 인격을, 인격은 삶을 만들게 됩니다. 그런데 문제의 근원이 자신의 말에 있다는 것입니다. 말은 마음에서 나온다는 것입니다. 무엇보다 마음의 정화가 중요한 것입니다. 마음을 성령의 역사로 정화하면 말이 부드럽게 나오게 됩니다.

암은 육체는 물론 정신, 영혼과 깊은 상관이 있는 병이므로 암을 치유하려면 전인적으로 다루어져야 되는 것입니다. 독한 항암제에 의지하여 암 덩어리만 없어지게 하려고 하지말고, 마음을 행복하게 하여 자신의 마음에서 암 덩어리를 죽이는 유전자가 나오도록 자신의 마음을 관리하는데 집중해야 합니다. 말기 암과 싸워서 승리한 사람들의 간증을 들어보면 모두 즐겁게 인생을 살아간 분들이 말기 암을 이기고 장수하며 살아가고 있습니다. 예배나 집회에 참석하여 영과 진리로 예배를 드리고 찬양을 많이 부르고 성령으로 기도하여 성령의 불로 충만하게 지냈다는 것입니다. 성령 안에서 찬양하고 온 몸 기도를 많이 했다는 것입니다. 한 마디로 즐겁게 인생을 즐겼다는 것입니다.

　암으로 고통당하는 성도들은 발암 전은 물론 발암 후에도 각종 마음에 문제로 인해 고민을 많이 합니다. 누구나 마음이 문제입니다. 마음을 성령으로 기도하면서 정화해야 합니다. 마음에서 독이 나오기 때문에 암과 싸우다가 자신의 생명을 마감하게 됩니다. 분명하게 우리 몸에 암을 이길 수가 있는 유전자가 있습니다. 암을 이길 수 있는 유전자는 즐거울 때, 즉, 영과 진리로 예배를 드리고, 찬양을 부르고, 성령으로 기도하고, 성령님이 함께하시는 분에게 안수를 받고, 성령으로 기도할 때 우리 몸에서 면역력이 생성되어서 암을 죽이는 것입니다.

　병원치유를 포기한 암 환자들의 2가지 바램은 대개 좀 더 편안하게, 더 길게 오래 사는 것입니다. 그러나 더 오래 사는 것보다는 어떻게 보낼까에 대한 관심을 그리 크지 않습니다. 왜냐하면 암으로 인하여 마음이 편안하지 못하기 때문입니다. 고통을 안고 오래 살면 얼마나 괴롭겠습니까? 편안하게 행복하게 즐겁게 보내는 것이 중요합니다. 그렇기 때문에 사소한 것까지 일일이 간섭하는 성격을 단순하게 정리하여 세상에 종말이 오지 않는 한 마음이 동요되지 않는 낙천적이 되는 것입니다. 그러기 위해서 성령으로 온몸 기도를 해야 합니다. 항상 마음을 열고 찬양하며 성령으로 충만해야 합니다.

　암은 마음과 깊은 관련이 있으며 실제 몸의 해독보다는 마음의 해독도 매우 중요합니다. 마음의 해독은 성령으로 되는 것입니다. 대부분 암 환우들은 이미 정신적인 암(얽매임, 쓴 뿌리, 슬픔, 갈등, 공포, 비난, 이기심, 집착, 분노, 원망, 한, 죄책감, 두려움, 후회, 절망, 자포자기 등)을 보유하고 있습니다. 이 모든 것들은 교감신경계 발달의 체내 환경을 조장하기에 암을 물리치는 치유에 절대적으로 악한 영향을 끼치는 것입니다. 특히 마음의 문을 닫고 모든 근심과 걱정을 혼자 지고 간다면 투병에 좋지 못한 결과를 초래하는 것입니다.

희망, 명랑, 웃음, 찬양, 용서, 사랑과 달리 분노, 고뇌 등 갖가지 스트레스는 몸을 산성으로 만들어 버립니다. 몸이 산성화되면 암을 이길 수가 없습니다. 건강을 위해서는 먹는 것과 운동보다도 마음 관리에 중점을 두어 음식과 운동: 20%, 마음 관리: 80%의 비중을 두는 것이 좋다고 합니다. 이렇게 마음 관리를 하신 분들이 말기 암 판정을 받고도 5년 이상 즐겁게 살아가는 통계가 있습니다. 마음 관리는 영적인 활동으로 예배와 말씀 묵상과 성령으로 기도하는 것입니다.

이렇게 함으로 부교감신경이 강화되어, 마음이 행복하고 긍정적인 생각을 할 때 면역세포의 일종인 T 림프구(T 세포)는 제 기능을 발휘합니다. 하지만 시기 질투, 분노, 미움, 두려움, 원망이나 불평, 낙심, 절망, 염려, 용서 못함, 불안, 우울함과 같은 부정적인 생각이나 감정을 가지면 T 림프구가 변이 되어 암세포나 병균을 죽이는 대신 거꾸로 자기 몸을 공격하여 몸에 염증이 생기게 하거나 여러 가지 질병을 일으킵니다. 이를 '자가 면역질환'이라고 합니다.

'자가 면역질환'이란 세균, 바이러스, 이물질 등 외부 침입자로부터 내 몸을 지켜줘야 할 면역세포가 자신의 몸을 공격하는 병입니다. 인체의 모든 장기와 조직에 걸쳐서 자가 면역이 나타날 수 있습니다. 주로 증상이 나타나는 곳은 갑상선, 췌장, 부신 등의 내분비기관, 적혈구, 결체조직인 피부, 근육, 관절 등이 있습니다. 주로 혈기나 분노나 두려움 등으로 교감신경이 강화될 때 '자가 면역질환' 현상이 일어납니다. 답답하고 한숨과 걱정 속에 있을수록 암과 싸워 승리할 수 있는 기력을 소진하게 되어 몸속에 독이 생겨납니다. 주변 사람들과 대화도 필요합니다. 암 전쟁에서 적극적, 긍정적, 활동적인 정신 상태는 필수적이며 투병을 유리하게 합니다. 암에 걸린 것을 억울해하는 사람과, 암을 통하여 무엇인가 답을 찾고 심지어 감사를 하는 분도 있듯이 암이란 문제보다도 그 문제를 바라보는 시각이 그 만큼 중요한 것입니다. 같은 보름달을 보아도 농구나 배구 선수는 농구공, 배구공으로 보이고, 배가 고픈 사람은 찐빵으로 보이고, 축구 선수는 축구 공으로 보면서 생각하듯이 보는 눈이 다른 것입니다. 보는 눈이 긍정적이어야 합니다.

반대로 사랑, 감사, 용기, 안정, 안심, 포용, 웃음과 자신의 감정을 잘 통제하고 다루게 되면 말기 암의 치유에도 좋은 영향을 미치기 때문에 환우 자신의 감성지수를 잘 살피고 기록하면서 순조롭게 통제할 수만 있다면 병 회복에 보다 많은 유익을 끼치게 되는 것입니다. 투병 중 적극적, 긍정적, 능동적, 활동적인 정신 상태는 투병을 유리하게 만들어 줍니다. 긍정적이고 적극적인 투병의지는 유전자도 그 뜻에 화답하여 어떤 욕심도 버리면서 극히 소소한 것들에도 감사가 나오고 자신을 사랑하는 여유를 가진다면 더욱 좋을 것입니다. 이미 대부분 환우들이 정신의 암인 얽매임, 쓴 뿌리, 슬픔. 갈등, 공포, 용서 못함, 비난, 이기심, 집착, 분노, 원망, 한, 죄책감, 수치심, 긴장을 가지고 살아가고 있어서 몸이 산성화되는 것입니다. 산성화가 되기 때문에 암을 이기지 못하고 생명을 단축하는 것입니다. 두려움도 교감신경 강화의 체내환경을 조장하여 치료의 방해 요인이 됩니다.

또 공포, 분노 등이 나타나면 스트레스와 갈등을 느끼며 이들이 반복될수록 암을 정복하는데 악영향을 주게 됩니다. 암을 정복하려면 사랑, 감사, 연민, 용기, 안정, 안심, 용서, 포용 등의 부교감신경이 강화되는 마음의 상태를 유지하려고 노력해야 힙니다. 성경 말씀을 묵상하고, 성령으로 온몸 기도를 하며, 찬양을 부르고, 치유집회 실황 녹음CD를 듣는 것도 부교감신경이 강화되는 일에 좋은 방법입니다.

반대로 자신의 감정을 잘 통제하고 다루는 것은 치료에 좋은 영향을 미치며 자신의 감성지수를 잘 살피고 기록하여 순조롭게 통제를 할 수만 있다면 건강회복에도 많은 유익을 끼칩니다.

학생들이 스트레스를 아예 안 받아도 공부를 안 하지만, 너무 많이 받아도 공부를 안 하게 됩니다. 적당한 스트레스는 삶의 활력소가 되기도 하며 이를 뛰어 넘으면 한 단계 더 성숙하게 됩니다. 이 땅에 살면서 스트레스를 안 받고 살수는 없습니다.

스트레스를 전혀 안 받으려면 불안과 두려움으로 살다가 세상을 빨리 떠나 영원한 천국에 가야 합니다. 그렇게는 안 됨으로 스트레스를 피할 수 없는 것이라면 스트레스를 해소하며 잘 조절할 수밖에 없습니다. 스트레스를 해소하고 조절하는 방법을 배워서 적용해야 한다는 의미입니다.

스트레스를 해소하고 조절하는 적극적인 방법이 영과 진리로 예배를 드리고, 성령으로 세례를 받고 성령으로 기도를 하면서 내면세계를 정화하여 안정이 되게 하는 것입니다. 우리 충만한 교회와 같이 매주 화-수-목-토-주일 집중기도를 하는 교회에 찾아 가셔서 찬송하여 말씀 듣고 성령으로 기도를 오래동안 하면서 담임목사의 안수를 받으면서 내면을 정비하고 정화하면 마음의 평안을 찾게 됩니다. 혼자는 힘이 듭니다. 절대로 암에 걸렸다고 창피하게 생각하면 치유에 악영향을 끼치는 것입니다. 예수를 믿었어도 누구나 찾아올 수 있는 질병입니다. 절대로 하나님의 저주가 아닙니다. 생각을 긍정적으로 해야합니다.

말기 암으로 고생하는 성도는 암 외에는 정상인과 크게 다르지 않으므로 스트레스를 받는 강압적 요법은 거의 안 좋습니다. 웃으며 먹는 녹즙이 좋으나, 인상을 찡그리고 녹즙을 먹느니 차라리 웃으면서 사골국물을 먹는 것이 낫습니다. 혹 잊을 수없는 원망의 대상이 있다면 가장 완벽하며 깨끗하고 통쾌한 복수인 "용서"를 하라는 것입니다. 용서는 자신을 위하여 하는 것입니다. 용서는 사고와 인식을 바꾸어주고 두려움, 고통을 사랑으로 변하게 하며 삶의 질도 좋아집니다. 치료에 나쁜 영향을 미치는 정신건강이 예상외로 심하다면 꼭 말씀과 성령으로 상담하는 성경적인 상담이나 필요하다면 심리적 상담을 받으면 좋습니다. 원망의 대상이 있습니까? 있다면 성령 안에서 다 끄집어내고 뽑아내어 마음에 맺힌 것을 기록한 후 하루에 한명씩 용서를 시작하기를 바랍니다. 성령의 임재가운데 하나님께 모두 일러바치시기를 바랍니다. 하나님께 고자질하라는 것입니다. 그리고 하나님에게 모두 드리시기를 바랍니다. 자신의 마음을 청소하시기를 바랍니다.

용서는 우리의 사고와 인식을 바꿀 수 있는 단 하나의 기술이며 가장 깨끗한 복수가 됩니다. 악영향을 이로운 영향인 사랑으로 변화시켜 주기 때문에 모든 걸 용서하면 생명도 연장 됩니다. "죽어가는 모든 것들을 사랑해야지"란 아름다운 시인의 마음을 그려보고 실제 행동해 보시기를 바랍니다. 이래야 쓸데없는 곳에 귀한 에너지를 빼앗기지 않고 암 치료에만 자유롭게 전념하게 됩니다.

혹시 깊은 마음의 상처가 있다면 쓰레기 있는 곳에 쥐가 오듯이 투병을 위해 상처치유를 꼭 받아야 합니다. 성령의 역사로 마음을 치유를 10년 이상한 사역자가 사역하는 곳을 찾아서 마음 안에 뭉쳐진 것들을 말씀과 성령으로 마음에서 밖으로 배출해야 합니다. 평소에 상처를 잘 받았다고 한다면 자신에게 상처가 많았기 때문에 상처를 잘 받는 것입니다. 상처는 주는 분도 받는 분도 다 힘들게 합니다. 인생에 있어서 상처는 당연한 것으로 받아드려야 합니다. 생명을 가지고 살아있기 때문에 살고 있기 때문에 상처를 받는 것입니다. 상처에는 자신의 책임도 있습니다. 상처 준 사람만 가해자가 아니고 결국 둘 다 피해자가 되는 것입니다. 상처 준 대상을 위해 진심으로 기도할 때 원망에 대한 진정 아름다운 복수가 시작되는 것입니다.

용서를 하면서 울음이 나오면 참지 마시고 울어야 합니다. 마음을 열고 울 때 마음에 맺힌 상처도 치유되고 암을 죽이는 유전자가 나와서 암 덩이를 소멸하는 것입니다. 울어라 영성입니다. 성령님이 마음을 열어야 할 필요성을 느낄 때 울게 하시는 것입니다. 주변을 의식하지 않고 울 때 마음이 열려서 성령님이 장악을 하시고 마음을 치유하시는 것입니다. 억지로는 울지 마시고 성령께서 울게 할 때 울라는 말입니다. 말기 암 환자가 우는 것은 참으로 좋은 것입니다. 울 때 성령의 역사로 암 덩이가 풀어지는 것입니다. 성령님이 마음을 치유하시면서 울게 할 때 치유의 유전자가 나오는 것입니다. 상대에게 먼저 손을 내밀고 절대 불가능하다고 생각되면 성령하나님께 도움을 간구하기 바랍니다. 내가 받은 성령하나님의 사랑을 통해 용서, 사과가 되고 도저히 안 될 것 같은 기도도 시작되는 것입니다. 그러면서 마음이 평안해지고 행복해지는 것입니다. 이런 상태가 되면서 암이 녹아지기 시작하는 것입니다.

우리 안에 주인으로 계시는 예수님께서 지성소에서 분출하시는 성령의 불세례는 폐암 말기도 완치됩니다. 대구에 사시는 장로님의 실화 간증입니다. 이 분은 평소에 신앙생활하시는 것이 지극히 관념적이었습니다. 새벽기도를 다니기는 하는데 담임목사님과 성도들에게 눈도장을 찍기 위해서 다녔습니다. 새벽기도에 가면 제일 앞자리에 앉아서 말씀을 듣습니다. 기도시간이 되면 길어야 10분 기도를 하시는 것입니다. 기도를 마치고 밖으로 나가다가 보면 김 장로님이 눈물콧물을 흘리면서 하나님 감사합니다. 하나님 감사합니다. 하면서 기도를 합니다. 조금 더 나가면 오 장로님이 하나님! 사랑합니다. 룰랄랄라. 룰랄랄라. 룰랄랄라. 하면서 방언으로 눈물 콧물을 흘리면서 지성소 기도를 하시는 것입니다. 그러면 장로님이 이렇게 마음으로 구시렁거렸다는 것입니다.

야~ 김 장로! 오 장로! 장로면 장로답게 기도해라. 장로 체면이 무엇이냐! 무슨 기도를 그렇게 천박하게 하느냐. 그러면서 입방아를 찧었다는 것입니다. 그런데 감기인가 몰라도 기침이 자주 나오는 것입니다. 서울에 볼일이 있어서 서울에 갔습니다. 대구에서 신문사를 운영하고 있었기 때문에 신문사 일로 커피숍에 앉아서 지인하고 대화를 하게 되었습니다. 기침이 자꾸 나왔습니다. 그러자 지인이 하는 말이 기침이 심상치 않으니 기관지와 폐 검사를 해보라고 하더랍니다. 그래서 내과병원에서 엑스레이를 찍었습니다. 담당의사가 하는 말이 큰 종합병원에 가셔서 검사를 받아보시는 것이 좋겠다고 진료의뢰서를 써주는 것입니다.

그래서 대학병원에 가서 CT를 찍어서 조사를 해보니 폐암 4기 이었습니다. 하늘이 노란 해졌습니다. 하나님이 원망스러웠습니다. 자신은 장로로서 건축위원장을 하면서 교회도 건축했고, 예배에 빠지지 않고 참석하면서 예배를 드렸고, 십일조 정상적으로 드렸고, 새벽기도도 열심히 다녔는데 폐암 4기라니 참으로 하나님이 원망스럽고 억장이 막혔다는 것입니다.

담당의사가 너무 많이 전이가 되어 수술은 불가능하고 항암제를 맞아야 한다고 하여 즉시 입원을 했습니다. 입원하여 항암제를 13번을 맞아도 암이 없어지지를 않는 것입니다. 그러자 담당의사가 하는 말이 이제 치유의 시기가 넘어 한 3개월 사실수가 있으니 공기 좋은 곳에 가서서 편안하게 쉬시는 것이 좋겠다고 보호자들에게 조언을 했습니다. 장로님이 좋다고 하여 용인에 있는 펜션을 계약하여 용인으로 갔습니다. 그때는 지금과 같지 않고 용인은 공기가 좋고 번잡하지 않을 때입니다.

용인 펜션에 도착했습니다. 오후인지라 쉬려고 방안에 들어갔습니다. 밤 9시경이 되었는데 배가 아픈 것입니다. 원래 폐에 암이 있으면 통증이 심합니다. 그런데 폐는 견딜만한데, 배가 아파서 견딜 수가 없는 것입니다. 그래서 119에 전화를 걸어서 펜션이 있는 산에서 내려와 병원을 찾은 것입니다. 용인에서부터 서울까지 5개 병원의 응급실을 찾아가면 모두 더 큰 병원으로 가라는 것입니다. 서울에 대학병원에 응급실에 도착하니 새벽 4시가 넘었습니다. 진통제 주사를 맞았습니다. 아무런 효과가 없는 것입니다. 이 주사 저 주사를 다 맞아도 차도가 없는 것입니다.

그렇게 고통을 당하면서 하루를 꼬박 지내다가 다음날 새벽 5시경이 되었습니다. 그러니까, 33시간 이상 고통 중에 있었던 것입니다. 침대에 누워서 신음하고 있는데 새벽 5시경에 어떤 잠바를 입은 남자가 오더니 뭐 이런 것 가지고 고생을 하십니까? 하면서 배에다가 손을 얹고 "예수님 이름으로 명하노니 위의 통증을 사라질지어다." 하며 안수기도를 하는 것입니다. 아멘이 저절로 나왔습니다. 안수를 받고 5분이 되지 않았는데 배가 아프지 않는 것입니다. 그때 번개같이 떠오르는 생각이 아~ 내가 펜션에서 편히 쉬는 것이 하나님의 뜻이 아니라, 교회에 가서 하나님께 기도하는 것이 하나님의 뜻이라는 감동이 번개같이 임했습니다. 그때야 성령께서 깨닫게 하신 것입니다.

그래서 펜션에 가서 짐을 꾸려서 고향 대구에 있는 본 교회로 가는 것입니다. 대구에 가려면 추풍령 휴게소를 지나야 됩니다. 소변이 보고 싶어서 추풍령 휴게소에서 쉬었다가 가기로 했습니다. 부축을 받으며 차를 내려서 화장실에 갔습니다. 화장실에 들어가니 화장실 냄새가 코를 찔렀습니다. 항암을 하고 나면 냄새가 더 심하게 느껴지기 때문입니다. 냄새를 견디기가 심히 어려웠습니다. 하나님! 하면서 기도가 저절로 나왔습니다. 그렇게 볼일을 마치고 대구에 도착하여 본 교회에 들어갔습니다. 본 교회에 들어가니 담임 목사님이 하시는 말씀이 잘 오셨습니다. 내일 새벽부터 새벽기도에 참석을 하시는데 30분전에 도착하시어 장로님이 평소에 앉으셨던 자리에 앉아서 예배를 드리시고, 기도 시간이 되면 강단으로 기어서라도 올라오셔서 안수기도를 받으시고 내려가셔서 기도를 하십시오. 담임목사님이 영적으로 깨어있는 목사님이십니다. 이는 장로님의 자아를 십자가에 매다는 행동입니다. 자신이 없어져야 성령하나님께서 주인이 되심으로 폐암이 아니라, 당장 죽을병도 고치는 것입니다. 성령하나님께서 병을 치유하지 못하는 것은 자기가 살아있기 때문입니다. 자기가 주인이 되어있기 때문입니다.

그래서 다음날 새벽부터 30분전에 참석하여 예배를 드리고 강단에 기어서 올라가서 목사님의 안수기도를 받았습니다. 기도는 외마디로 "예수님 살려주세요." "예수님 살려주세요." 다른 기도를 할 수가 없었습니다. 이렇게 기도하기를 30일이 지나고 40일이 지나고 43일째가 되었습니다. 차차로 자신이 죽어 없어지고, 성령님이 주인이 되시어 성령의 이끌림을 받으니 기도가 깊어졌습니다. 비몽사몽간에 환상이 보이는데 저 멀리에 예수님께서 십자가에 달려계시는 것입니다. 그런데 사람들이 너무나 많아서 예수님의 손을 잡을 수가 없는 것입니다. 장로님의 마음에 예수님의 손을 잡아야 자신이 살수 있다는 감동이 자신을 주장하는 것입니다. 그래서 사람들을 양손으로 헤치면서 저 멀리 십자가에 달려 계시는 예수님의 손을 잡으러 갑니다. 죽을힘을 다해서 사람들을 제치면서 예수님의 손을 잡으러 가는 것입니다. 온힘을 다해서 예수님이 달린 십자가 앞에 도착했습니다. 너무나 기뻐서 예수님의 손을 잡았습니다. 바로 그 순간 온 몸에 전류가 흐르면서 성령의 불로 뜨거워지면서 방언기도가 터지는 것입니다. 지성소에서 온몸으로 기도가 올라오는 것입니다. 랄랄라… 랄랄라… 랄랄라… 하면서 기도하자 온 몸이 불덩이가 되었습니다. 성령의 불세례가 자신의 지성소에서 나와서 온몸 전인격을 지배하는 것입니다. 그러자 마음속에서 기침과 울음과 괴성이 나오면서 가래가 사정없이 분출되어 나오는 것입니다. 나중에 부인 권사가 하는 말이 사지가 오그라들어서 흉측하게 되었다는 것입니다. 마치 괴물과 같았다는 것입니다. 관념적인 신앙생활로 굳게 만든 육체에 역사하던 귀신들이 성령의 권능으로 떠나가면서 사람들의 눈에 보이는 형상으로 나타난 것입니다. 그렇게 2시간 30분을 성령으로 기도를 하면서 눈물 콧물을 흘리면서 내면을 성령으로 청소를 하시는 것입니다. 잠잠해져서 집에 돌아가 미음을 먹으면서 원기를 회복하여 병원에 가서 CT와 PET-CT를 찍어서 검사해 보니 암이 흔적도 없이 없어진 것입니다. 할렐루야! 성령의 불세례를 받고 폐암 말기가 완치된 것입니다. 장로님은 지금 북한에 성경을 보급하는 일을 하면서 살아계신 하나님을 간증하고 다니십니다. 지금의 장로님의 신앙은 기도시간 마다 하나님! 감사합니다. 하나님! 감사합니다. 하면서 눈물 콧물을 흘리면서 장로다운 기도를 하고 있다고 간증합니다. 이와 같이 온몸으로 기도하다가 성령의 불세례를 받으면 폐암 말기도 완치가 됩니다.

폐암 환자나 보호자가 밝히 알아야 할 것은 폐암 환자가 폐암 때문에 죽지 않는 다는 것입니다. 오랫동안 항암을 하다가 보니 인체의 여러 곳이 약해집니다. 뼈도 약해져서 골절이 잘되고, 눈도 잘 안보이고, 장기도 약해져서 정상적인 기능을 하지 못합니다. 병원에 의사들은 인체의 전반에 관심을 갖지 아니하고 폐암에 국한하여 관심을 갖습니다. 혈액 검사 수치만을 확인하고 다른 장기나 뼈나 혈액순환(심장동맥) 등은 관심 밖입니다. 세계적으로 유명한 암을 전문으로 치료하시는 의사들이 하는 말이 몸과 마음이 암을 이길 수 있는 상태가 되어야 항암제가 효과를 발휘한다는 것입니다. 항암제는 보조 수단이라는 것입니다. 그래서 몸과 마음이 중요하다는 것입니다. 폐암 환자나 보호자는 인체의 전반적인 기능에 관심을 가져야 하기 때문에 폐암 환자는 무엇보다 종합병원에 적을 두고 치유를 받는 것이 좋습니다. 뇌에 전이가 되면 "감마나이프"로 치유를 할 수가 있습니다. 뼈가 약해서 골절이 된다면 정형외과에 입원하여 치료를 받아 생명을 하루라도 연장 시킬 수가 있다는 것입니다.

예수님으로부터 성령의 불세례를 받으면 어떻게 말기 암이 치유될까요? 성령의 불세례를 받으니까, 체온이 36.8-37.5도로 올라갑니다. 성령으로 마음을 치유하니까, 마음의 평안으로 육체의 전 기능이 정상이 됩니다. 영-혼-육이 정상이 되기 때문에 암 유전자가 더 이상 견디지 못하고 떠나가니 말기 암도 완치가 되는 것입니다. 그렇다고 항암을 중단하고 온몸으로 기도하고 치유만 받으면 안 됩니다. 말기 암 환자는 마음의 치유와 항암을 병행해야 암과 싸워 이길 수가 있습니다. 항암을 중단하고 성령의 불세례만 받고 마음의 치유만 받으면 완전치유가 되지 않을 수도 있습니다. 항암제도 하나님께서 만드신 것이기 때문입니다. 항암과 성령치유를 병행해야 말기 암이 치유됩니다. 하나님은 만병의 의사라는 믿음이 중요합니다. 성령하나님께서 자신의 전인격을 지배하시려면 자신이 없어져야 합니다. 전폭적으로 성령하나님의 역사에 순종해야 한다는 것입니다.

2부 치료 포기한 병 완치하신 예수님

6장 만성 심장병을 완치하신 예수님

(눅 4:40-41)"해 질 무렵에 사람들이 온갖 병자들을 데리고 나아오매 예수께서 일일이 그 위에 손을 얹으사 고치시니 (41) 여러 사람에게서 귀신들이 나가며 소리 질러 이르되 당신은 하나님의 아들이니이다 예수께서 꾸짖으사 그들이 말함을 허락하지 아니하시니 이는 자기를 그리스도인 줄 앎이러라."

지금 세상에서는 인생백세시대라고 합니다. 그래서 구구 팔팔 이삼사라는 말을 심심하지 않게 들을 수가 있습니다. 이는 구십 구세까지 건강하게 지내다가 이틀 삼일 아프다가 사일 째에 돌아가자는 말입니다. 사람들은 그 만큼 오래 건강하게 살기를 원하는 것입니다. 성경에는 사람의 수명을 120살로 명시하고 있습니다. "여호와께서 이르시되 나의 영이 영원히 사람과 함께 하지 아니하리니 이는 그들이 육신이 됨이라 그러나 **그들의 날은 백이십 년이 되리라** 하시니라"(창 6:3). 사람은 누구나 120살까지 살수가 있다는 것입니다.

그럼 지금부터 120살까지 건강하게 사는 비결을 하나하나 설명하여 드리겠습니다. 알고 보면 장수하는 것은 그리 어렵지 않습니다. 다섯 가지만 실천하면 됩니다. ①신앙생활을 성령충만하게 잘하고, ②성령으로 온몸을 정화하여 상처가 쌓이지 않게 하며, ③정기적인 건강검진을 빠짐없이 하고, ④꼭 필요한 약을 잘 챙겨먹고, ⑤운동을 습관화하여 자기 건강관리를 잘하자는 것입니다. 이는 누가 강조한다고 되는 것이 아니고 자신이 깨닫고 실행에 옮겨서 습관이 되어야 되는 것입니다. 절대로 자신의 건강을 누가 챙겨주지 못합니다. 자신이 챙겨야 합니다. 홀로서기가 되어야 한다는 것입니다. 홀로서기라고 하니까, 자기 자신 혼자 사는 것이라고 생각하면 믿음이 없는 것입니다. 우리는 예수님을 주인으로 모시고 사는 사람들입니다. 자신은 예수님을 믿을 때 죽었고 다시 예수님으로 살아가는 사람들입니다. 그렇기 때문에 홀로서기라고 말할 때는 보이지 않지만 살아계시는 영이신 하나님을 주인으로 모시고 사는 사람들입니다. 인생길 자신밖에 보이지 않지만 믿음의 눈을 뜨고 보면 하나님께서 주인으로 동행하고 계시는 것입니다. 그런데 영안이 열린 사람만 하나님을 보게 되고 믿게 되고 권능의 하나님과 동행하는 것입니다. 우리 성도들은 모두가 걸어 다니는 성전으로 살아가는 것입니다. 성전에는 누가 계십니까? 보이지 않지만 초자연적으로 살아계신 영이신 하나님께서 주인으로 계시는 것입니다. 하나님께서 자신의 전인격을 성전 삼으시고 주인으로 계시는 것입니다. 그래서 하나님께서 우리들은 통하여 세상에 하나님의 살아계심을 나타내야 하니까, 건강하기를 원하시는 것입니다. 건강하게 사는 것이 하나님의 뜻입니다. 하나님은 이렇게 말씀하십니다. "내가 죽지 않고 살아서 여호와께서 하시는 일을 선포하리로다."(시 118:17). 하나님은 생명이 호흡이 살아있는 사람을 통하여 하나님의 살아계심을 나타내십니다. 한생명을 천하보다 귀하게 여기십니다.

첫째, 신앙생활을 바르게 해야 합니다. 이는 인간적으로 율법적으로 관념적으로 잘하는 것이 아니고 예수로 죽고 성령으로 거듭난 영적인 상태에서 잘하는 것입니다. 성령의 인도를 받으면서 깨어있는 신앙이어야 합니다. 깨어있음은 자신이 보는 세상이 실상이 아님을 마음에 두는 것입니다. 깨어있지 못하면 사람의 모든 신앙행위는 우상을 숭배하는 관념적인 신앙이 되며, 그런 사람이 바로 바리새인입니다. 자기의 뜻을 큰 소리로 외친다든가, 자기가 한일을 광고한다든가, 자기가 느끼는 세상을 강조하면 할수록 깨어있음은 작아지고, 우상숭배가 됩니다. 즉 외식을 하면 관념적인 신앙 즉 우상숭배가 됩니다.

불행하게도 많은 사람들이 같은 교회에서 같이 예배를 드리지만, 대다수는 관념적인 신앙으로 우상숭배를 하고 있으며, 복을 구하는 것이 아니라, 오히려 헌금 바쳐 가며 벌을 구하고 있습니다. 예배당 건물의 화려함을 보고 다니는 성도일수록 관념적인 신앙인이 되기 쉽습니다.

불교적 깨달음은 깨어있음 그 자체, 즉 제상비상(諸相非相)임을 명심하는 것입니다. 이 깨달음의 궁극은 비우고 비워서 무(無)가 되는 것입니다. 자신이 없어지는 것입니다.

기독교적 깨달음은 깨어있음 그 자체와 자신은 예수님을 믿고 죽어서 아무것도 아닌 존재임을 깨닫고, 모든 것을 하나님을 주인삼고 하나님에게 의지하는 것입니다. 이 깨달음의 궁극은 성경말씀으로 채우고 채워서 성령으로 충만하게 되는 것입니다. 살아계신 하나님의 성전이 되는 것입니다. 기독교적 깨달음을 얻으려면, 늘 성령의 지배가운데 주님께 지혜주기시를 주 예수님의 이름으로 구하면서, 자신의 생각을 십계명이란 거울에 비추어 보면서, 성경말씀을 행함으로 읽고 묵상하는 것입니다. 모든 것을 성령의 지배가운데 행하는 것입니다.

둘째, 성령으로 마음과 온몸을 정화하여 상처가 쌓이지 않게 하는 것입니다. 마음의 상처가 오만가지 문제의 원인이 됩니다. 태중에서 부터 무의식에 쌓이게 됩니다. 영-혼-육의 문제가 상처 스트레스로 발생을 합니다. 상처와 스트레스를 받게 되면 영-혼-육체의 기능이 비정상이 됩니다. 이때 귀신들이 침입을 하는 것입니다. 물론 귀신이 상처와 스트레스를 받게 하지만 영-혼-육의 기능이 정상일 때는 침입을 하지 못합니다.

그래서 주변의 사람들을 동원하여 스트레스를 받게 하고 상처를 받게 하여 심령이 상하면 침입을 하여 자리를 잡는 것입니다. 마음의 상처는 영적이고 정신적이고 육체적인 질병뿐만 아니라, 환경적인 문제의 근원이 되기도 합니다. 여성들에게 발생하는 뼈와 관절의 질병을 일으키기도 합니다. 어떤 분은 젊어서 상처와 스트레스를 많이 받아서 골다공증이 심하여 조금만 충격을 받아도 뼈가 골절이 된다고 걸어 다닐 때 사람들을 피하여 다니는 것을 보았습니다.

마음의 상처와 스트레스는 뉴마치스관절염의 근원이 되기도 합니다. 이를 치유하고 예방하기 위하여 젊어서부터 마음의 상처의 해악을 깨달아 말씀과 성령의 역사로 치유해야 나이가 들어서 뉴마치스관절염으로 고통을 당하면서 살아가지 않습니다. 마음의 상처는 각종 암의 근원이 되기도 합니다. 상처와 스트레스가 몸과 마음에 쌓이면 장기나 골수나 정상적인 기능을 발휘하지 못하고 정상적인 체온을 유지하지도 못합니다. 상처 스트레스가 장기나 골수나 신경을 지배하면 체온이 현격하게 낮게 됩니다. 아랫배(소장대장)가 냉하게 되고 자궁의 모든 부분에 냉하여 질병이 발생하는 것입니다. 정기적인 검진을 등한히 하면서 세월이 시나면 암으로 발전하기도 합니다.

마음의 상처와 스트레스를 치유하려면 영-혼-육의 전인적인 건강에 관심을 가져야 합니다. 하나님은 절대로 육체만 건강하게 하시지 않습니다. 영-혼-육체 온몸을 건강하게 하여 살아계신 하나님의 성전으로 살아가면서 하나님의 살아계심과 영광을 나타내게 하십니다. 그렇기 때문에 마음의 상처 스트레스가 만 가지 문제의 원인이라는 것입니다.

젊어서부터 마음의 상처와 스트레스의 해악을 깨닫고 마음의 상처와 스트레스를 치유해야 합니다. 이는 어려서부터 평소에 습관이 되어야 합니다. 어느 사람들이 말하는 것과 같이 신앙생활 잘하면 하나님께서 해주시지 못합니다. 본인이 관심을 가지고 성령의 역사를 일으키면서 자신의 무의식과 잠재의식을 정화하고 치유해야 합니다. 이는 지식으로 되지 않는 것입니다. 분명하게 살아계신 성령하나님의 역사가 자신 안에서 일어나 밖으로 나타나야 합니다. 습관이 되어야 합니다. 성령의 불이 자신 안에 주인으로 계시는 예수님으로부터 타올라야 무의식 잠재의식에 쌓인 상처가 치유되는 것입니다. 그래서 성령으로 기도하라는 것입니다. 성령의 불이 나오는 것은 머릿속의 기도가 아니라, 배속에서 우러나오는 성령으로 하는 온몸 기도를 말하는 것입니다.

셋째, 정기적인 건강검진을 빠짐없이 해야 합니다. 국가에서 20세 부터 시행하는 건강검진을 빠뜨리지 말고 꼭 받아야 합니다. 거기에 더하여 뇌MRI, 심장혈관 CT촬영, 경동맥검사, 위장 내시경, 대장내시경, 폐CT촬영, 췌장CT촬영 등을 해야 합니다. 폐암이나 취장 암, 간암이 발견되게 되면 이미 3-4기가 되어버리는 경우가 많기 때문에 미리 검진하여 예방하자는 것입니다. 병원은 병이 들어서 치유하라고 있는 것으로만 생각하면 안 됩니다. 병원은 병이 발생하기 전에 예방하라고 있는 것입니다. 교회를 다니는 이유도 예방신앙이어야 합니다.

넷째, 꼭 필요한 약을 잘 챙겨먹어야 합니다. 약도 하나님께서 만드신 것입니다. 필자가 20년이 넘는 동안 성령치유하면서 체험한 바로는 약을 먹으면서 온몸 기도하니까, 치유가 빨리 되더라는 것입니다. 약을 먹는 다고 믿음이 없는 것이 아닙니다. 약은 우리들의 건강을 유지하여 하나님의 영광을 나타내라고 만드신 것이기 때문에 자신에게 꼭 필요한 약은 잘 챙겨 먹어서 건강할 때 건강을 지키는 것입니다.

다섯째, 운동을 습관화하여 자기 건강관리를 잘하자는 것입니다. 우리나라도 옛날 임금님들의 수명이 짧았습니다. 왜 그런지 아십니까, 움직이지 않았기 때문이라고 생각합니다. 손발과 머리를 움직여야 합니다. 언제인가 110살 먹은 할머니가 지금도 설거지를 맡아서 하신다고…. 이분은 손발을 움직이기 때문에 건강한 것입니다. 120살까지 장수하시려면 손발을 움직여야 합니다. 특히 두발로 걷는 것을 습관화해야 합니다. 머리 뇌가 녹슬지 않게 하기 위하여 노력해야 합니다. 건깅은 자신이 건강할 때 지켜야 합니다. "내가 죽지 않고 살아서 여호와께서 하시는 일을 선포하리로다."(시 118:17).

건강할 때 건강을 지켜야 한다는 것입니다. 하나님께서는 성도들의 건강에 관심이 많으십니다. 그래서 국가에서 건강검진도 하게 하고 대형병원에 여러 가지 첨단장비도 개발하게 하여 건강하게 지내도록 하시는 것입니다. 그리고 말씀과 성령으로 질병을 치유하시기도 합니다. 말씀과 성령으로 무의식 잠재의식의 상처를 치유하여 전인격이 건강하게 지내도록 하시는 것입니다. 때로는 어떤 부분의 질병을 통하여 다른 질병을 발견하게 하여 치유하게 하십니다. 하나님께서 성도들의 건강에 지대한 관심이 많으십니다. 그래서 교회에는 담임목사들을 세워서 성도들을 관리하게 하십니다. 구약 때에도 선지자들을 세워서 병을 고쳐주셨습니다. 하나님은 치유하시는 하나님이십니다. 이러한 하나님의 깊은 은혜를 깨닫고 생명 있을 때 호흡이 건강할 때 자신의 건강관리를 잘해야 합니다. 나이가 들고 호흡이 약하면 질병이나 상처치유가 녹록치 않습니다. 어떤 분은 돈~돈~돈~ 하면서 열심히 벌어서 살만하니까, 중병이 들어서 천국에 갔다고 합니다. 물론 한번 죽는 것은 모두에게 다가옵니다. 그러나 하나님께서 정하신 수명은 채우는 것이 좋습니다. 어려서부터 자신의 건강관리에 관심을 가져야 합니다.

태중에서 두려움과 불안의 상처를 당하다가 태어나신 분들이 심장이 약합니다. 두려움과 불안으로 고생을 하시는 분들이 많습니다. 대부분 우울증 환자분들이 두려움과 불안을 호소합니다. 어떤 분은 밤에 잘 때 불안하여 깊은 잠을 자지 못한다고 호소하기도 합니다. 그렇기 때문에 심장과 우울증은 연결된 증상이라고 생각할 수가 있습니다. 우울증은 심장병 위험을 최대 57%까지 높일 수 있다는 연구결과가 나왔습니다. 미국 라이스(Rice) 대학의 다이애나 치리노스 박사 연구팀이 남녀 1천85명(56%: 여성)의 정신·신체 건강을 조사 분석한 결과 이 같은 사실이 밝혀졌다고 영국의 데일리 메일 인터넷판과 메디컬 익스프레스가 2017년 5월 12일 보도했습니다.

우울증 심장병에 대한 임상적 우울증 진단 기준에 근접하는 중등도(moderate) 우울증이 있는 사람은 우울증세가 없는 사람에 비해 심혈관질환 위험 요인인 대사증후군을 지니고 있을 가능성이 최대 57% 높은 것으로 나타났다고 치리노스 박사는 밝혔습니다. 대사증후군은 복부비만, 고혈압, 고혈당, 양성 콜레스테롤(HDL) 혈중수치 정상 이하, 중성지방 과다 등 5가지 가운데 3가지 이상 해당되는 경우로 이런 사람들은 심혈관질환, 당뇨병이 나타날 가능성이 큽니다. 이들은 또 비만할 가능성도 49% 큰 것으로 나타났습니다. 가벼운(mild) 우울증세가 있는 사람도 그렇지 않은 사람에 비해 비만 위험이 36% 높았습니다. 우울증 심장병 위험도의 조사 결과가 충격을 안기고 있습니다. 우울증이 있는 사람은 이와 함께 전신성 염증을 나타내는 면역표지인 C-반응성 단백질(CRP) 수치도 높게 나타났습니다.

비만과 대사증후군은 모두 심장병 위험요인이지만 우울증이 이와 연관이 있는 이유는, 행동 요인 탓일 수도 있지만 생물학적 요인이 작용한 때문일 수도 있다고 치리노스 박사는 설명했습니다. 우울증 심장병 위험도 정말 심각하기 때문에 대처해야 합니다. 즉, 우울증이 있으면 음주, 흡연, 나태 등 건강에 나쁜 생활습관에 빠질 수 있고, 이 때문에 심장병 위험이 높아질 수도 있지만 반드시 그 때문만은 아니라는 것입니다. 우울증이 있는 사람에게서 염증표지 단백질 수치가 높게 나타났듯이 우울증이 염증이라는 면역반응을 일으켜 심장병 위험을 높일 수 있다고 그는 지적했습니다. 필자의 그동안 임상적인 체험으로 보아도 분명하게 심장과 우울증은 연결이 됩니다. 심장이 약하여 잘 놀라고 두려워하기 때문에 우울증이 생기는 것입니다.

필자는 예배 때나 집회 시에 우울증환자는 특별하게 심장을 강하게 하는 안수기도를 많이 하고 있습니다.

이렇게 심장이 약한 분들이 우울증에 잘 걸립니다. 우울증은 영적이고 심리적인 독소로 발생하는 경우가 많습니다. 그런데 영적이고 심리적인 독소는 반드시 초자연적인 성령의 역사로 녹아지고 배출이 됩니다. 반드시 영적이고 심리적인 독소는 교회에서 성령의 역사로 녹아지고 배출될 수가 있습니다. 영적이고 심리적인 독소 뒤에는 4차원의 초인적인 존재 귀신이 숨어 있기 때문입니다. 왜 영적이고 심리적인 독소를 배출해야 합니까? 독소 뒤에 역사하는 초인적인 귀신들이 온전하게 하나님의 형상으로 바뀌는 것을 지극정성으로 방해하기 때문입니다.

쉽게 설명한다면 하나님의 축복 속에서 살아가지 못하도록 훼방하기 때문입니다. 어찌하든지 구습을 쫓으면서 살아가야 같이 살 수 있기 때문에 악착같이 방해하며 구습을 따르도록 역사합니다. 그렇기 때문에 영적이고 심리적인 독소보다 강하신 하나님께서 성령의 역사로 독소를 녹이고 배출하시는 것입니다. 자신의 몸속에 독소가 있다는 것을 인정하고 성령이 역사하시도록 마음을 열면 성령께서 독소를 녹이고 배출하시는 것입니다. 자신이 할 일은 독소가 있다는 것을 인정하고 성령님이 역사하시도록 마음을 열고 온몸으로 기도하는 것입니다. 잠재의식의 상처로 인하여 생긴 독소는 심근경색이나 부정맥 같은 심혈관 질환을 일으키는 근원입니다.

부정맥을 치유 받은 장로님의 간증입니다. 주님! 감사합니다.

모든 영광하나님께 올려드립니다. 저는 베체트, 허리디스크, 척추종양, 심장병(부정맥)으로 고생을 했습니다. 모두 병원에서 치유할 수 없다는 불치병입니다. 참고로 베체트병으로 끊임없이 나타나는 설염, 구내염, 심지어 편두까지 염증이 생겨 뜨겁고 매운 건 먹지를 못하고, 혀가 아파 말조차 하기 어려운 고통을 당했습니다. 이렇게 고생하다가 책을 읽고 충만한 교회를 알게 되었습니다. 지난 3월부터 9월까지 6개월간 다녔습니다. 다니면서 매주 마다 다른 영성 깊은 과목을 배우면서 필요한 영적지식으로 잠자는 나의 영을 깨우는 기간이었습니다. 성령님이 임재 하여 깨닫게 하심으로 내가 왜 이렇게 질병으로 고생하고 있는지 근본 원인을 아는 기간이었습니다. 항시 성령의 강한 역사로 제가 지금까지 살아오면서 받은 상처와 쓴 뿌리를 캐내는 시간이었습니다. 혈통에 흐르는 영적인 문제도 알게 했습니다.

매 시간 문제와 질병의 원인을 알고 회개하며, 용서하며 치유를 받는 귀중한 시간들이었습니다. 저의 질병의 배후에 귀신역사가 있었다는 것도 깨닫게 했습니다. 귀신이 떠나가니 질병이 치유 되더라는 것도 체험으로 알게 하는 기간이었습니다. 저는 귀신역사를 인정하지 않았던 사람이기 때문입니다.

그런데 토요일 날 예약하여 집중치유기도를 하며 안수기도를 받을 때는 마음의 깊은 상처가 치유되면서 더 많은 귀신들이 떠나갔습니다. 뿌리 깊은 상처와 질병들이 치유가 되었습니다. 그 결과 병원에서 질병이 완치 되었다는 진단을 받았습니다. 베체트병은 6개월 동안 2회에 걸쳐 검사를 했습니다.

100% 정상으로 판정을 받았습니다. 허리디스크, 척추종양은 통증이 완전하게 사라졌습니다. 3개월 전부터 통증이 사라지고 MRI 사진에 특이한 증상이 없습니다. 심장병(부정맥)으로 10m 만 뛰어도 어지럽고 구토증이 있었지만 지금은 100m 를 뛰어도 정상입니다. 하나님의 은혜로 불치병을 치유받았습니다.

다른 분의 간증입니다. 저는 심장병과 류머티즘 관절염으로 고생을 하면서 나날을 보냈습니다. 이 병을 치유하려고 좋다는 약은 모두 먹었습니다. 잘 고친다는 병원은 모두 다녔습니다. 그러나 치유되지 않았습니다. 이렇게 고생을 하면서도 영적인 무지한이라 내 안의 상처 때문에 이런 질병이 생겼다는 것을 몰랐습니다. 교회를 열심히 다녀서 권사가 되었어도 영적인 무지한이라 고생을 사서 했습니다. 그래서 모르면 고생한다는 말이 맞습니다. 그런데 하루는 저에게 전화가 왔습니다. 잘 아는 전도사님이신데 아주 말씀과 성령의 역사로 내적치유를 잘 하는 교회가 있다는 것입니다. 그러면서 저도 거기에 가면 질병을 치유 받을 수 있다는 것입니다. 치유를 받을 수 있다는 말에 당장 가서 치유를 받아야 겠다고 마음을 먹었습니다. 그래서 아픈 다리를 끌고 교회를 찾아가 멘 앞자리에 앉아서 은혜를 받았습니다. 목사님이 말씀을 전하시고 기도 시간을 갖는데 기도할 때마다 개인별로 안수를 해주시는 것입니다. 안수를 받는데 정말 말로 표현 못하는 성령의 역사를 체험했습니다. 막 몸이 뜨거워졌습니다. 관절이라는 관절은 모두 불로 태우는 것 같이 뜨거움을 경험했습니다. 기침을 말도 못하게 많이 했습니다. 이렇게 성령의 불의 역사를 체험하니 점점 몸이 가벼워 졌습니다. 기도를 할 때마다 성령께서 감동하시기를 "내가 너의 병을 꼭 치유하여 주시겠다"는 것입니다. 그래서 힘이 들어도 계속 참석을 했습니다. 정말 하루하루 질병들이 떠나갔습니다. 충만한 교회에 가려면 지하철을 타야 합니다. 지하철을 타기 위하여 계단을 올라가고 내려가는데 하루가 다르게 올라가고 내려가는 것이 편해 졌습니다. 그러면서 저의 고질적인 질병들이 치유가 되었습니다. 무엇보다 영적인 눈이 열리기 시작을 했습니다. 우리 교회에서 듣지도 못했던 영적으로 깊은 말씀을 들으면서 영안이 열렸습니다. 정말 도랑치고 가재를 잡는다는 말이 실감이 났습니다. 치유도 받으면서 영적으로 깊어지니 너무나 감사했습니다. 저는 원래 한창 전쟁 중인 51년도에 태어났습니다. 우리 어머니가 출산하고 보니 여자아이이니까, 시어머니가 이 전쟁 중에 딸을 키워서 무엇 하느냐고 가져다 버리라고 하여 버렸답니다. 버린 후 이틀이 지나서 어머니가 죽었으면 묻어주려고 갔는데 그때까지 살아서 울고 있더랍니다. 그래서 명도 길다하면서 데려다가 기른 아이가 바로 저입니다. 제가 한 창 내적치유를 받던 시기에 환상이 보였습니다. 빨간 아기가 울고 있는 모습입니다. 그러면서 제가 너무 두려워지는 것 이였습니다. 몸이 오그라드는 것 같은 느낌을 받았습니다. 목사님이 안수를 하시면서 모든 분들을 용서하라고 하셨습니다. 하나님에게 낱낱이 일러바치라고 했습니다. 그래서 저의 할머니도 하나님에게 용서를 빌었습니다. 저의 어머니도 용서를 빌었습니다. 용서를 하자 저에게 나타나던 두려움이 서서히 없어지기 시작을 했습니다. 기침이 얼마나 강하게 나오는지 주체할 수가 없게 나왔습니다. 그러면서 점점 몸이 가벼워지기 시작을 했습니다. 질병이 떠나가기 시작을 한 것입니다. 솔직히 지금 알고 보니 저는 출생 시의 상처로 인하여 두려움과 공포에 시달린 후유증으로 심장병과 류머티즘 관절염으로 많이 고생을 하였습니다. 그것도 오십 하고도 오년까지 심장병과 류머티즘 관절염으로 고생을 한 것입니다. 지금 생각하면 무지해서 당한 고통입니다. 이 질병으로 전철을 타려고 세 계단만 올라가도 쉬어야만 할 정도였습니다. 그러다가 충만한 교회를 알고 내적인 상처를 치유 받고 지금은 오십 계단을 거뜬하게 올라갑니다. 심장병도 치유가 되었습니다. 그렇게 계단을 올라가려면 숨이 차서 힘이 들었는데 지금은 그런 증상이 없어졌습니다. 특히 여름에는 가슴이 답답하고 숨이 차고 호흡하기가 곤란하여 병원신세를 져야만 했는데 지금은 완전하게 없어졌습니다. 정말 인생 노년에 친구의 소개로 충만한 교회를 만나 하나님의 은혜를 받았습니다. 목사님들이 강단에서 하나님은 어떤 문제라도 치유하십니다. 라는 말씀이 백번 맞습니다. 그런데 나는 하나님의 방법으로 치유하려고 생각을 하지 않고 유명한 의사와 약으로 치유하려다가 쓸 대 없는 고생을 한 것입니다. 하나님의 치유 능력을 몰라서 고생을 한 것입니다. 그래서 저는 이렇게 말합니다. 사람이 예수를 믿으면서 당하는 고통은 영적으로 무지해서 당하는 것이라고 말입니다.

7장 신경성 위장병을 완치하신 예수님

(히 12:15-16)"너희는 하나님의 은혜에 이르지 못하는 자가 없도록 하고 또 쓴 뿌리가 나서 괴롭게 하여 많은 사람이 이로 말미암아 더럽게 되지 않게 하며 (16) 음행하는 자와 혹 한 그릇 음식을 위하여 장자의 명분을 판 에서와 같이 망령된 자가 없도록 살피라."

하나님은 분명하게 그의 자녀들이 건강하게 장수하면서 하나님의 살아계심을 증명하게 하십니다. 하나님은 호흡이 살아있는 자녀들을 통하여 하나님의 행사를 선포하게 하십니다. "내가 죽지 않고 살아서 여호와께서 하시는 일을 선포하리로다."(시 118:17). 말씀하십니다. 하나님의 하시는 일이란 하나님의 살아계심을 증명하는 일입니다. 하나님은 호흡이 살아있는 자들을 통하여 하나님의 일을 하시기 때문에 자녀들이 건강하게 장수하기를 원하십니다. 하나님은 분명하게 이렇게 말씀하십니다. "호흡이 있는 자마다 여호와를 찬양할지어다. 할렐루야!"(시 150:6). "호흡이 있는 자마다 하나님을 찬양할 지어다." 우리 성도님들은 호흡이 있을 때 하나님을 찬양하는 습관이 되어야 합니다. 건강 장수는 본인의 습관이 중요합니다. 이런 명언이 있습니다. "생각을 조심하라. 말이 된다. 말을 조심하라. 행동이 된다. 행동을 조심하라. 습관이 된다. 습관을 조심하라. 성격이 된다. 성격을 조심하라. 운명이 된다. 우리는 생각하는 대로 된다."

필자는 걸어 다니는 성전에 대하여 많이 강조합니다. 걸어 다니는 성전이 되면 항상 하나님을 생각하게 됩니다. 하나님을 생각하니 하나님을 찬양하는 말을 하게 됩니다. 하나님을 찬양하는 말을 하다가 보니까, 하나님께서 자신을 지배하시게 됩니다. 자연스럽게 하나님께서 주인이라는 생각대로 행동하게 됩니다. 하나님을 주인이라는 생각대로 행동하니 몸에 습관이 되는 것입니다. 하나님께서 자신을 지배하심으로 예수님의 성격으로 변화되게 됩니다. 예수님의 성격으로 변화되니 하나님께서 자신을 통하여 일을 하시게 되는 것입니다. 매사를 자신 안에 주인이신 예수님과 의논하게 됩니다. 따라서 예수님의 원하시는 대로 삶을 살게 되니 예수님의 은혜와 사랑을 받으면서 예수님의 운명을 살아가게 되는 것입니다.

더 쉽게 예를 들어 설명한다면 하나님은 사랑이십니다. 그러나 하나님은 아무나 강권하심으로 사랑하시지 않습니다. 하나님을 사랑하는 사람을 사랑하십니다. 사람이 마음을 열고 하나님을 사랑할 때 하나님의 사랑이 채워지는 것입니다. 먼저 하나님을 사랑해야 하나님의 사랑을 받을 수가 있다는 것입니다. 하나님을 사랑해야 불치병도 치유 받을 수가 있는 것입니다.

예수님은 삶을 어떻게 사셨을 까요? 예수님 공생활의 일과는 오늘 복음을 통해 잘 나타납니다. 먼저, 기도로 시작하십니다. "새벽 아직도 밝기 전에 예수께서 일어나 나가 한적한 곳으로 가사 거기서 기도하시더니"(막 1:35). 한적한 곳으로 걸어가셔서 하나님께 기도하셨습니다.

두 번째로, 사람들, 무리에게서 떠나십니다. "예수의 소문이 더욱 퍼지매 수많은 무리가 말씀도 듣고 자기 병도 고침을 받고자 하여 모여 오되 (16) 예수는 물러가사 한적한 곳에서 기도하시니라."(눅 5:15-16). 한마디로 자기 관리를 하셨다는 것입니다. 사람들 속에 있으면 사람들에게 관심을 빼앗겨서 하나님과 친밀한 관계를 이어갈 수가 없으니 사람들을 피하여 한적한 곳을 찾아 기도하셨다는 것입니다.

세 번째로, 사람들에게 필요한 것을 주십니다. 예수님은 사람들이 이 땅에서 천국을 체험하고 누리게 하기 위하여 사람들에게 찾아가셔서 필요한 것을 주셨습니다. "예수께서 일어나 회당에서 나가사 시몬의 집에 들어가시니 시몬의 장모가 중한 열병을 앓고 있는지라 사람들이 그를 위하여 예수께 구하니 (39) 예수께서 가까이 서서 열병을 꾸짖으신대 병이 떠나고 여자가 곧 일어나 그들에게 수종드니라."(눅 4:38-39). 두발로 걸어 다니시면서 살아계신 하나님을 증명하셨습니다. 예수님은 이와 같이 자신의 관리를 하면서 하나님의 나라를 증명하셨습니다. 예수님은 기도와 사람들과 떠남, 하나님의 사랑과 살아계심과 천국을 증명하는 이것이 예수님 삶의 일과였습니다. 예수님을 따르는 우리도 각자 생활을 살펴봅시다.

오늘 우리는 얼마나 기도로 시작했습니까? 기도는 우리의 평범한 일상이 하나님 아버지와 함께 걷는 길임을 느끼게 합니다. 걸어 다니는 성전으로 살아가는 길입니다. 오늘 우리는 얼마나 군중 속에서 머물러 있지 않고, 누군가를 위해 떠날 수 있었습니까? 내가 잡고 있는 재물, 편안함, 피곤함에 머물러 있지 않아야 예수님의 두 번째 일과를 닮을 수 있습니다. 그리고 오늘 우리는 얼마나 주었습니까? 주기보다 받거나, 심지어 **빼앗**기 쉬운 우리의 하루입니다. 예수님의 삶은 기도와 떠남과 사랑이었습니다. 예수님의 삶을 다시금 묵상하며, 오늘은 우리 모두 예수님 삶의 일과를 닮아갈 수 있도록 노력해야겠습니다.

그것이 복음 선포의 길이며 살아계신 하나님을 증명하는 입니다. 자신의 건강을 지키는 습관입니다. 예수님과 같이 한적한 곳으로 걸어가서서 기도해야 합니다. 군중 속에 머물러 자신의 권위를 나타내려는 생각을 버리고 사람들을 떠나 하나님과 일대일의 관계를 가져야 합니다. 하나님의 살아계심을 필요한 사람들에게 증명해야 합니다. 이렇게 사는 것이 백세시대를 살아가는 크리스천이라고 생각합니다. 건강하게 하나님께서 우리에게 허용하여 주신 수명 백이십년(창 6:3)을 살아가려면 다음과 같은 일들이 습관이 되어야 합니다.

첫째, 스스로 자신 안에 계신 하나님께 기도하는 습관이 되어야 합니다. 일부성도들은 기도라고 하면 장구하고 좋은 말을 하면서 하나님을 설득하는 것이라고 생각합니다. 그러나 기도는 자신 안에 주인으로 계시는 하나님을 찾는 것입니다. 자신 안에 계신 하나님께 몰입하고 집중하는 것이 기도입니다. 안수기도를 받는 다고 할 때도 기도를 받는 것으로 생각을 합니다.

그것은 오해입니다. 자신이 기도하지 않으면 아무리 능력 있다는 주의 종에게 안수를 받아도 효과는 나타나지 않게 됩니다. 자신이 마음을 열고 기도해야 합니다. 자신이 기도하는 습관이 되어야 목회자의 안수기도를 받게 되면 성령의 역사가 일어나 치유가 되는 것입니다.

우리가 바르게 알아야 할 것이 있습니다. 질병이 있어서 병원에 입원하면 유명한 병원과 의사가 병을 고쳐주는 것으로 잘못 알고 있습니다. 본인이 자신의 치유를 위하여 노력해야 합니다. 의사가 하라는 대로 순종하면서 자신의 육체의 질병치유를 위하여 행동해야 합니다. 그래서 병원마다 재활의학과를 두는 것입니다. 걷고 움직이고 활동해야 질병이 치유되기 때문입니다. 필자가 병원에 능력전도 나닐 때 보면 의사가 하라는 대로 순종하지 않고, 그저 약 먹고 주사 맞고 가만히 누워서 치유되기를 기다리는 분들이 있습니다. 이러면 치유되지 않습니다. 안수기도도 마찬가지입니다. 안수만 받으려고 하면 안 됩니다. 자신이 기도하여 자신 안의 주인이신 하나님과 관계를 열고 성령의 역사가 자신을 지배하시도록 해야 치유가 되는 것입니다. 자신의 치유는 전적으로 성령께서 하시는 것입니다.

둘째, 사람들 속에서 무엇을 얻으려고 하거나 자신을 과시하려는 습관을 버려야 합니다. 예를 들어 설명하면 이런 경우입니다. 필자가 잘 아는 어떤 목사님은 서울에서 큰 교회 목회를 하시다가 은퇴를 하셨습니다. 은퇴를 하시고 자기 관리에 관심을 두지 않고 시간에 얽매이지 않으니 국외로 국내로 돌아다니면서 집회를 하셨습니다. 은연중에 자신의 위대함을 자신의 교단예하 교회 목회자들에게 알리기 위해서입니다. 그런데 목사님께서 생각하는 대로 되지 않고 작년(2020년) 중순에 뇌졸중(중풍)이 찾아왔습니다. 걷지도 못하고 집에서 지내다가 이제 조금 병세가 회복되었다고 합니다. 분명하게 예수님은 사람들을 떠나 한적한 곳에 가셔서 기도하셨습니다. 제자들에게도 "이르시되 너희는 따로 한적한 곳에 가서 잠깐 쉬어라 하시니 이는 오고 가는 사람이 많아 음식 먹을 겨를도 없음이라."(막 6:31). 하셨다는 것을 명심해야 합니다. 자기 자신이 중요합니다.

셋째, 자신이 가진 하나님의 것을 나누어야 합니다. 주변에 하나님의 나라 천국을 필요로 하는 사람들에게 천국을 증명하라는 것입니다. 그것도 대군중들에게 하는 것이 아니라 소수 1-2명에게 하나님의 나라 천국을 체험하게 하라는 것입니다. 많은 성도들이나 목회자들이 대 군중들을 대상으로 삼는 경우가 많습니다. 우리는 이런 과대망상적인 습관을 버리고 예수님께서 하신 것과 같이 소수 인원들에게 하나님의 나라 천국을 증명하는 습관이 되어야 합니다. 이렇게 되려면 먼저는 자신이 되어야 할 것입니다. 건강 장수를 그냥 하나님께서 해주시는 것이 아니고 예수님과 같이 습관이 되어야 합니다.

잠재의식의 상처로 인하여 스트레스를 받다가 보면 위장에 독소가 쌓여서 신경성 위장병이 발생합니다. 신경성 위장병은 고질병으로 치유가 곤란한 병입니다. 분명하게 스트레스를 받다가 보니 위장에 독소가 생긴 것입니다. 위장에 쌓인 독소를 배출하지 않으면 위장병은 치유가 되지 않는 것이 보통입니다. 약을 먹어도 그 때 뿐이고, 돌아서면 다시 위장이 거북스러운 것이 특징입니다. 신경성 위장병으로 말미암아 편두통이 생기는 경우도 있습니다. 잠재의식에 쌓인 독소를 배출해야 치유가 되는 질병입니다.

자주 체하고, 속쓰림, 소화불량, 변비, 설사, 구역, 구토, 복통, 배가 부른 듯 거북한 느낌, 명치 부위가 답답하고 막힌 느낌, 식욕부진 등이 있는데 검사에는 이상 없어 여러 병원 전전하게 됩니다. 기능성 위장장애로 불립니다. 사실은 매우 흔한 질병으로서 한국인 70%가 한 가지 이상의 소화기 증상을 호소합니다. 소화 불량 16%, 과민성 대장증후군 8.6% 변비 8.1%에 이르고 그 원인은 신경성, 즉 심리적 원인으로 인한 위장병입니다. 심리적 원인이란 영혼의 원인이라는 것입니다.

복잡한 사회생활과 숨 가쁜 현대생활은 불규칙한 식사습관을 유발하고, 경쟁적인 사회분위기에서 비롯되는 각종 스트레스는 "신경성 위장병"이라는 새로운 병을 만들어 놓았습니다. 바쁜 생활 속에서 심지어는 아침식사 한 끼 정도 거르는 것은 정상적인 식생활 패턴으로 여겨지기도 합니다. 더욱이 각종 동창모임이나 친목모임 등이 늘어나면서 잦은 폭식과 폭음 폭연이 우리의 "위장"을 더욱 혹사시킵니다.

이로 인하여 주변에서는 "소화가 안 된다.", "음식만 먹으면 속이 쓰리다" "속이 메스껍고 트림이 자주 난다"또는 "속이 더 부룩하고 꽉 막힌 것 같다"는 등의 불편감을 자주 호소하게 됩니다. 병원에 가서 내시경검사나 위장관 X선 촬영을 해봐도 경미한 염증소견이 있다고 하거나 정상소견이라 하는데도 본인은 괴롭기만 합니다. 의사는 약간의 치료와 함께 마음을 편히 갖고, 신경쓰는 일은 피하고, 규칙적인 식사를 권합니다. 하지만 이것도 어려움이 많습니다. 어떤 분이 말하는 것과 같이 세상을 살아가는 데 스트레스를 받지 않고 살아갈 수가 없기 때문입니다.

그렇기 때문에 자신이 스스로 상처를 감당할 수 있는 내면의 능력을 기르는 것이 최선입니다. 어느날 병원에 능력치유 전도를 하러갔습니다. 환자 중에 26살 먹은 젊은 자매가 위궤양으로 입원을 한 것입니다. 침상 앞 명찰에 쓰여 있어서 알았습니다. 그래서 필자가 "자매님 예수님을 믿으십니까?", "예! 믿습니다. 저 아무개 교회에서 신앙지도를 받고 있습니다.", "그래요, 생활하시면서 상처와 스트레스를 많이 받으시는 가 봅니다." 그랬더니 이 자매가 하는 말이 "목사님! 세상을 살아가는데 상처와 스트레스 받지 않고 살아가는 사람이 어디에 있습니까?"하면서 혈기와 짜증을 내는 것입니다. 이 자매의 잠재의식에 상처에 의한 독소가 포화상태가 되었다는 증거입니다. 자신의 내면이 신경성 위장병을 만드는 분입니다. 그래서 "자매님의 말이 맞습니다. 세상을 살아가는데 스트레스 받지 않고 살아가는 사람이 없지요. 내가 자매님에게 물어본 것은 스트레스를 감당할 수 있는 마음에 여유가 없으시다는 것을 깨닫게 하려고 말씀드린 것입니다. 성령으로 충만한 믿음 생활을 하면서 성령으로 기도하여 스트레스를 감당할 수 있는 내성을 기르시기를 바랍니다. 퇴원하시거든 우리 충만한 교회 내적치유집회에 참석하여 잠재의식에 뭉쳐진 스트레스를 해소하시면 신경성 위장병이 완치가 될 것입니다." 그렇게 권면한 적이 있습니다. 이분은 잠재의식에 쌓인 영적이고 심리적인 독소를 성령으로 녹여서 배출해야 위장병에서 온전하게 해방될 수가 있습니다.

사람은 누구나 본의 아니게 상처를 입힐 수도, 입을 수도 있습니다. 어쩌면 태어나는 그 순간부터 말입니다. 그리고 받은 상처를 어떻게 치유하느냐에 따라 그 사람의 성격이 달라지거나 굳혀질 수 있습니다. 상대방이 상처를 주려고 한 행동이 아님에도 당사자는 상처를 받았다는 생각에 좌절하기도 합니다. 한평생 살아가면서 어떻게 좋은 일만 보고 살겠습니까? 상처는 상대방이 만들어내겠지만 상처가 덧나게 하는 건 자신입니다. 상처를 잘 아물게 치료할 수 있는 이도 자기 자신인 것입니다. 한 번 상처받은 사람은 다시는 되풀이하고 싶지 않아 기를 쓰며 사람들을 향해 벽을 만듭니다. 그런데 그게 더 큰 화를 불러일으킵니다. 상처를 받더라도 담담하게 받아들이는 방법이 최선입니다. 생명의 말씀과 성령의 역사로 내면에 능력을 기르는 것입니다. 성령으로 기도하면서 자신 안에 쌓인 독소를 배출하면 마음에 여유가 생기는 것입니다. 의외로 자신에게 상처를 준 사람은 전혀 의도하지 않았을 수도 있고, 지나가는 말로 내뱉었던 것일 수도 있습니다. 그 일로 마음의 문을 닫고 다른 사람이 들어올 틈조차 없애버린다면 자신 스스로를 보호하는 게 아니라 더 힘들게 만들 뿐입니다. 자신의 내면에 스트레스를 감당할 수 있는 공간을 만드는 것입니다. 이는 성령님에게 자신을 드리면 성령께서 치유하시며 공간을 만드십니다.

잠재의식의 독소로 인하여 신경성 위장병과 심장병으로 고통을 당하다가 치유 받은 분의 간증입니다. 저는 위장병과 심장 부정맥, 허리 디스크로 수년 동안 고생을 했습니다. 이것저곳 용하다는 한약방, 병원 할 것 없이 다 다녔습니다. 신유 능력이 있다는 목사님들의 안수를 수 없이 받았습니다. 좀처럼 치유가 되지를 않았습니다. 그러다가 친구의 소개로 충만한 교회에 오게 되었습니다. 목사님이 하시는 말씀이 나의 질병은 상처로 인하여 온 질병이니 상처를 치유 받으면서 온몸으로 기도하면 완치가 된다는 것입니다. 성령의 역사는 못하시는 것이 없으니 의지를 가지고 다니면서 치유를 받으라고 하셨습니다. 무엇보다도 자신의 의지가 중요하다는 것입니다. 그리고 다니면서 기도하고 안수를 받으면 성령을 체험하게 됩니다. 이때 지금까지 경험하지 못한 두려움과 무서움 아픔을 느낄 수도 있습니다. 이는 성령이 장악하는 현상이니 의심하지 말고 다니면 적응이 되고 치유가 된다고 했습니다.

그래서 이번에는 꼭 치유 받고 말겠다는 생각을 가지고 집회에 참석했습니다. 집회에 참석하여 첫 주는 그냥 그렇게 지나갔습니다. 두 번째 주가 되었습니다. 월요일을 그냥 지났습니다. 화요일 날 이였습니다. 오후 말씀을 듣고 기도를 했습니다. 강 목사님이 안수를 해주셨습니다. 그러자 갑자기 내 뱃속이 울렁거렸습니다. 무엇이 돌아다니는 기분이 들었습니다. 그러면서 아랫배가 심하게 아팠습니다. 머리가 어지럽다가 깨어지는 것같이 아팠습니다. 가슴이 터지는 것 같았습니다. 목사님에게 현상을 이야기 했더니 성령의 세례를 받았다는 것입니다. 앞으로 성령께서 장악하시며 내적인 상처 치유가 되면서 더러운 것들이 많이 떠나갈 것이라는 것입니다.

더러운 질병의 영들이 떠나가면 위장 질병이 차츰 치유가 될 것이니 절대로 낙심하고나 두려워하거나 조급하게 생각하지 말라는 것입니다. 성령의 역사에 몸을 맞기면 성령께서 하나하나 치유하여 주시니 참고 인내하라는 것입니다. 그래서 참고 계속 다녔습니다. 기도할 때마다 기침으로 나쁜 것들이 떠나갔습니다. 그러면서 마음이 평안해 지는 것입니다. 머리가 시원하고 몸이 가벼워지는 것을 체험적으로 느끼게 되었습니다.

몇 주를 다니고 나니 배가 아프지 않고 소화가 잘 되는 것입니다. 그렇게 숨이 가프고 힘이 들어서 계단을 제대로 올라가지 못했는데 계단 올라가는 것이 힘들지 않았습니다. 무엇보다도 허리 통증이 없어진 것입니다. 목사님이 허리 디스크 치유를 위하여 거의 하루에 한 번씩 안수기도를 해주셨습니다. 이제 병이 다 나았다는 생각이 들었습니다. 병원에 가보기로 했습니다. 내 시경을 해보니 위가 깨끗해 졌다는 것입니다. 심장

부정맥은 어떻게 되었을까하고 심전도를 해보니 정상이라는 것입니다. 허리는 내가 아픈 것을 느끼지 못하니 낳은 것이 확실합니다. 아니 내가 이 병 때문에 지난 7년 동안 모든 방법을 다 동원해도 치유되지 않았는데 치유되었다니 정말 신기하고 감사했습니다. 충만한 교회에 와서 감사헌금을 했습니다. 목사님에게 감사하다고 말을 했습니다. 목사님이 아직 완전하게 뿌리가 빠진 것이 아니니 조금 더 다니라는 것입니다. 순종하기로 했습니다. 무엇보다도 병이 치유되었다니 이루 말할 수 없이 기뻤습니다.

우리 교회 구역 예배는 토요일 밤에 드립니다. 구역 예배에 참석하니 집사 한 사람이 허리가 아파서 너무 고생을 한다는 것입니다. 내가 그 말을 듣는 순간 성령께서 안수하여 주라는 것입니다. 그래서 누워보라고 하니 골반이 틀어져서 오른 쪽 발이 길었습니다. 강 목사님이 저를 안수 할 때와 같이 발을 들고 골반을 돌리면서 기도를 했습니다. 다시 허리에 대고 안수를 했습니다. 그랬더니 기침을 사정없이 하는 것입니다. 저는 명령을 했습니다. 허리 통증을 일으키던 질병은 예수 이름으로 명하노니 떠나갈지어다. 막 기침을 하면서 허리를 비틀면서 악한 것들이 떠나갔습니다. 잠잠해져서 강 목사님이 매일 저에게 물어본 것같이 통증이 있습니까? 했더니 통증이 순간 사라졌다는 것입니다. 허리 디스크가 현장에서 치유된 것입니다. 한 번은 심장병으로 십년을 고생하던 성도가 저를 찾아와서 기도를 부탁했습니다. 기도를 했더니 가슴이 시원하고 평안해졌다는 것입니다. 심장병을 치유하는 신유은사도 주신 것입니다. 그 일이 있은 후부터 저에게 질병이 있다는 성도들이 많이 찾아옵니다. 안수하면 질병이 치유가 됩니다. 저는 성령의 인도로 충만한 교회에 와서 저의 난치병을 치유 받고 신유의 은사도 받았습니다. 하나님에게 감사와 영광을 돌립니다.

다른 분의 간증입니다. 충만한 교회 성령 내적치유집회에 참석한지 2주가 지났을 때의 체험입니다. 제가 충만한 교회 성령 내적치유 집회에 참석한 것은 신경성 위장병으로 10년 이상을 고생하며 지냈기 때문에 신경성 위장병을 치유 받으려고 집회에 참석한 것입니다. 한주가 지나고 두주가 되어 이제 마음속으로 방언기도를 하던 때입니다. 충만한 교회 성령 내적치유 집회 때에는 매시간 40분 이상 기도 시간이 있습니다. 이때 강목사님께서 개인별로 안수를 해주십니다. 첫 주에는 조금 생소했습니다. 점점 적응이 되면서 성령의 불이 임하는 체험을 했습니다. 무엇보다도 강 목사님이 성령을 체험하고 마음의 상처를 치유하는 기도에 대하여 자세하게 설명하여 주었습니다. 그래서 계속 기도를 하다가 보니 이제 숙달이 되었습니다. 그날도 영의 말씀을 듣고 찬송을 부르고 기도를 시작했습니다. 그런데 이 날은 강 목사님이 소리를 내지 말고 마음속으로 방언기도를 해보라고 가르쳐 주셨습니다.

그래서 순종하는 마음으로 호흡을 들이쉬고 내쉬면서 마음으로 방언기도를 했습니다. 오로지 방언기도에 몰입하여 마음으로 방언기도를 했습니다. 그러자 환상이 보이는 것입니다.

하얀 옷을 입은 사람 3명이 저의 몸을 만져주면서 지금까지 위장병으로 고생을 많이 했구나 하면서 배를 만져주는 것입니다. 그러면서 앞으로는 위장병으로 다시는 고생하지 않을 것이라고 말하면서 건강한 몸으로 영혼을 전도하라고 하면서 배를 계속 만져주는 것입니다. 그런데 너무나 배가 시원해지는 것을 체험했습니다. 그러더니 갑자기 기침이 사정없이 나오는 것입니다. 그래서 기침을 한동안 했습니다. 기침을 하고 나니 더 배가 시원하여 졌습니다. 배가 시원하여 지더니 속에서 불이 올라오기 시작을 하는 것입니다. 너무나 뜨거운 불이 마음에서 올라와 저를 태우는 것입니다. 그러면서 몸이 가벼워지는 것입니다. 마치 솜털같이 가벼운 기분이 들었습니다. 너무나 황홀하고 신비스러워 계속 마음으로 방언기도를 했습니다. 그러더니 이제 온몸을 마치 안마 하는 것같이 만져주었습니다. 그러면서 근육통증이 사라졌습니다. 너무나 좋아서 성령님 계속하여 주세요. 라고 기도가 저절로 되었습니다. 그렇게 신비한 현상을 체험하다가 어느덧 기도 시간이 종료되었습니다. 집회가 끝나고 강 목사님에게 현상을 이야기 했더니 성령께서 임재 하여 육체의 모든 부분을 치유한 것을 보증으로 보이게 보여주신 것이라고 했습니다. 그 후 저는 신경성 위장병과 근육통증이 완전하게 치유 되었습니다. 지금 생각을 하면 너무나 신비스럽습니다. 또 그런 성령님의 임재를 체험하고 싶습니다. 좌우지간 치유하여 주신 성령하나님에게 감사와 영광을 돌립니다.

8장 열 가지 질병을 완치하신 예수님

(시 103:2-5)"내 영혼아 여호와를 송축하며 그의 모든 은택을 잊지 말지어다 (3) 그가 네 모든 죄악을 사하시며 네 모든 병을 고치시며 (4) 네 생명을 파멸에서 속량하시고 인자와 긍휼로 관을 씌우시며 (5) 좋은 것으로 네 소원을 만족하게 하사 네 청춘을 독수리 같이 새롭게 하시는도다."

하나님은 예수를 믿고 성령으로 거듭난 성도들이 장수하면서 하나님의 살아계심을 증명하기를 원하십니다. "여호와께서 이르시되 나의 영이 영원히 사람과 함께 하지 아니하리니 이는 그들이 육신이 됨이라 그러나 **그들의 날은 백이십 년이 되리라 하시니라.**"(창 6:3). 하나님은 하나님의 자녀라도 육체적 정신적 질병 때문에 정한 수명을 살지 못할 것을 아시고, 수많은 다종의 교회와 목회자를 세우시고, 다종의 병원을 세우시고 전문 의사들을 양성하여 환자들을 치료하도록 하셨습니다. 그것뿐만이 아니고 영적이거나 정신적인 질병은 사람의 내면을 정확하게 진단하여 치료할 수 있도록 예수님의 이름과 말씀과 성령의 인도를 받는 전문 목회자를 두셨습니다. 그렇기 때문에 예수를 믿었어도 병이 들 수가 있다는 것입니다. 그런데 많은 성도들과 목회자들이 자신에게 질병이 생기면 죄악시하고 부끄러워하는 경우가 많이 있습니다. 이는 절대로 잘못된 사고입니다. 예수를 믿고 성령으로 세례를 받고 신앙생활을 열심 있게 해도 육체가 있는 이상 질병이 생길 수가 있는 것입니다. 그러므로 먼저 불치질병을 치유 받고 건강을 되찾아 하나님의 살아계심을 증명하려면 병에 대한 죄의식을 버려야 합니다.

그리고 하나님께 자신의 질병의 치유를 위하여 기도해야 합니다. 주변 사람들에게 자신의 질병을 숨길 것이 아니라, 자신의 상태를 거리낌 없이 자랑하듯 이야기를 하여 다른 사람의 말을 통하여 역사하시는 하나님의 뜻(계시)을 찾아야 합니다. 하나님은 주변 사람들의 지나가는 말을 통해서도 음성을 들려주시기 때문입니다. 그렇게 함으로 하나님의 뜻을 알아낼 수가 있습니다. 하나님은 절대로 믿는 자가 병으로 죽으라고 하시지를 않습니다. 병 걸려서 죽는 다면 세상에 병원을 만들어 놓을 이유가 없는 것입니다. 불치의 질병 중에서도 하나님의 역사하심으로 질병을 기적적으로 치유를 받아 하나님의 살아계심을 나타내시면서 체험하며 하나님의 살아계신다는 것을 믿도록 역사하십니다. 필자는 개인적으로 질병도 하나님께서 살아계신다는 것을 체험하며 하나님의 사람으로 성장하게 하기 위하여 잠시 허락하신 것이라고 믿습니다. 세상 의사들이 말하는 불치의 질병이라도 하나님께 기도하여 기적적으로 치유를 받음으로 하나님의 살아계심을 직접 체험함으로 살아계신 하나님으로 믿고 찾으니 하나님의 형상으로 바뀌기 때문입니다. 하나님은 "사람이 감당할 시험 밖에는 너희가 당한 것이 없나니 오직 하나님은 미쁘사 너희가 감당하지 못할 시험 당함을 허락

하지 아니하시고 시험 당할 즈음에 또한 피할 길을 내사 너희로 능히 감당하게 하시느니라"(고전 10:13). 말씀하심으로 시험을 당하더라도 피할 길을 주셔서 살게 하신다고 말씀을 하십니다. 성경을 잘 읽어보시기를 바랍니다. 병이 들어 죽은 사람들은 하나님께 기도하지 아니하고 먼저 세상 전문 의사를 찾은 사람들이 죽었습니다. 대표적인 사람이 아사 왕입니다. 아사왕은 처음 믿음은 아주 좋았습니다. 그러나 태평성대가 계속되니 그만 하나님을 잊었습니다. "아사가 왕이 된 지 삼십구 년에 그의 발이 병들어 매우 위독했으나 병이 있을 때에 그가 여호와께 구하지 아니하고 의원들에게 구하였더라 (13) 아사가 왕위에 있은 지 사십일 년 후에 죽어 그의 조상들과 함께 누우매"(대하 16:12-13)

그렇기 때문에 성도나 목회자가 병이 들었다고 하나님께 저주를 받은 것이 아닙니다. 육체를 가지고 있기 때문에 병이 들수가 있는 것입니다. 또 병을 통하여 하나님의 살아계심을 체험하게 하시려는 하나님의 섭리 일수가 있는 것입니다. 병이들었다고 낙심하고 죄의식을 가지고 병을 숨기려고 급급하지말고 하나님께 기도하고, 주변 동료들에게 자신의 질병을 말하기를 즐겨해야 합니다. 세상에 이런 말이 있습니다. '병은 자랑해야 산다.' 맞는 말입니다. 그런데 병을 숨기다 병을 키우는 사람들이 있습니다. 참으로 어리석은 자들입니다. 병을 자랑해야 도울 자가 있게 됩니다. 세상 방법으로는 유능한 의사를 소개받게 될 것이고, 하나님을 믿는 우리는 '여호와 라파', 즉 치료의 하나님을 만나게 될 것입니다.

나아만 장군의 이야기입니다. 그는 아람 왕 벤하닷의 군대 장관으로 외향은 멋있었지만 속은 썩어 가는 문둥병환자였습니다. 그는 병을 주변 사람들에게 자랑했습니다. 그래서 그의 이스라엘에서 끌고온 몸종이 이를 알고 이스라엘의 선지자 엘리사를 소개한 것입니다. 더욱이 아람 왕에게까지 병에 대해 말하자 왕은 이스라엘 왕에게 친서를 써주며 치료를 부탁했습니다. 나아만 장군은 그 말을 듣고 자존심을 버렸습니다. 그가 요단 강물에 일곱 번 몸을 담그니 살이 깨끗해졌습니다.

나아만은 병을 자랑하는 것까지는 좋았으나 목적을 위하여 자존심을 버리는 일을 어려워했습니다. 대개 교회의 직분 자들이 이런 경우가 많습니다. '내가 주의 종인데 어떻게 병이 들었다는 말을 하나? 남들이 뭐라고 할까?' '내가 이 교회 장론데 체면이 있지 어떻게 대놓고 안수를 받을 수 있담?' 그래서 쉬쉬하다 호미로 막을 병을 가래로도 막지 못하는 경우를 봅니다. 체면이 중요합니까? 목숨이 귀합니까? 목숨이 끊기면 자존심도 같이 죽는 겁니다. 그러나 자존심을 버리고 주 앞에 아뢰면 가장 귀한 생명을 얻게 되는 것입니다.

병을 죄악시하고 숨기면 하나님의 치유의 방법이나 세상에 수많은 전문 병원들의 지원을 하나도 받을 수가 없어서 결국 아사 왕과 같이 병으로 죽을 수밖에 없는 것입니다. 왜 죽었습니까? 병을 하나님께 아뢰기를 꺼려했기 때문에 하나님께서 가지고 계시는 수많은 병을 치유할 수 있는 자원을 하나도 이용할 수 없어서 죽은 것입니다. 우리가 바르게 알아야 할 것은 세상의 모든 병원이나 전문 의사나 모두 하나님께서 하나님의 사람들을 치유하여 건강하게 120년 동안 살면서 하나님의 살아계심을 증명하라고 만들어 놓은 것입니다. 그런데 자신이 자신의 힘으로 해결하려고 하나님께 아뢰지 아니하고 주변에 동료들에게 질병을 말하고 자랑하지 아니하니까, 세상에 그 많은 치료의 수단을 이용하지 못하고 결국 죽는 것입니다.

하나님은 찾지 않고 아뢰지 아니하면 말씀하시지 않습니다. 찾고 질문하는 자녀에게 대답해주십니다. 때로는 꿈으로, 때로는 음성으로, 때로는 환상으로, 때로는 주변에 나타나는 환경의 역사로, 때로는 주변의 동료들의 지나가는 말로 등등 하나님께 매달리는 자녀를 살리기 위하여 여러 가지 방법을 통해서 깨달아 알게 하여 순종하므로 죽지 않고 살아서 하나님의 행사를 선포하게 하십니다. "내가 죽지 않고 살아서 여호와께서 하시는 일을 선포하리로다."(시 118:17).

예수를 믿고 성령의 인도를 받는 성도라도 질병이 걸릴 수가 있습니다. 절대로 병에 걸렸다고 하나님의 저주를 받은 것이 아닙니다. 하나님께 기도하면 하나님께서 성령의 인도를 받는 치유를 전문으로 하는 목회자를 통하여 성령으로 마음의 상처와 맺힌 응어리와 몸속의 독소를 배출하면서 영-혼-육체의 기능을 정상으로 하여 불치병을 치유하실 수가 있습니다. 아니면 영-혼-육체의 질병이 발생하는 원인을 잘 아는 내면세계를 전문으로 다루는 목회자를 통하여 치유하시기도 하고, 전문병원의 전문 의사를 안내 받아서 치유를 받게 하실 수도 있습니다. 하나님의 치유방법은 여러 가지가 있기 때문에 절대 한 가지 치유방법에 몰입하고 고집하면 안 됩니다. 꼭 예수님의 이름과 말씀과 성령의 역사에 의한 영적치유만을 고집하면 안 됩니다.

영적치유도 있고, 전문병원을 통한 마음과 육체치유의 방법도 여러 가지가 있습니다. 지금 전문병원에 전문 의료 장비가 많습니다. 전문장비를 다룰 수 있는 전문의사가 많습니다. 몸속을 투시하여 밝히 볼 수 있는 장비가 X-ray, MRI, CT, PET-CT, 뼈 스캔, 초음파, 위와 장내시경, 심혈관CT 등등 다양한 장비가 있어서 몸속을 투시하며 보면서 결함을 발견할 수가 있는 것입니다. 거기다가 피 속의 상태를 정확하게 볼 수 있도록 혈액검사를 할 수가 있습니다. 정기적인 검사는 물론이고 자신의 신체에 이상이 생기면 정밀 검사를 받는 것이 좋습니다. 많은 성도들이 신체에 이상이 생기면 귀신들에 의한 영적인 문제라고 우기면서 병원 정밀검사를 받지 않는 경우가 많습니다. 사람은 생명체이기 때문에 육체에 문제가 생기면 자신의 몸이 알고 경고하는 것입니다. 이때 종합병원에 가서 정확한 검사가 필요한 시기입니다.

그렇기 때문에 암이나 중한 병이 있는 분들은 다종의 장비를 갖추고 있는 종합병원에 입원하여 진료를 받는 것이 자신의 생명을 연장할 수 있는 적극적인 활동입니다. 자신에게 중한 병이 있을 때 일반 병원에 입원을 하면 의사들의 심리가 자신의 병원에 전문장비가 없다면 그 장비가 별로라고 말하거나 그 장비로 치유를 받고 잘 못된 경우만 이야기함으로 자기네 병원이 최고라고 우겨서 결국 환자를 죽게 하는 경우가 많기 때문에 주의하지 않으면 안 됩니다. 교회에서도 마찬가지입니다. 다른 전문 치유 목회자를 만나면 쉽게 치유할 수가 있는 대도 전문성이 없는 자신의 교회에서 알려주는 방법만 고집함으로 시간이 점점 경과되어 나중에는 병이 깊어지고 악화되어 치유할 수가 없는 지경에 처하기도 합니다.

그렇기 때문에 병이 있다고 죄악시하여 주변사람들에게 말하기를 꺼려한다거나 한 가지 방법만 고집하지 말고 세상의 수많은 교회와 목회자를 통하여 치유 받으려는 넓은 마음을 가지고 주변 사람에게 물어보고 수소문하여 자신의 병을 치유 받는 것이 하나님의 뜻입니다. 병원도 마찬가시입니다. 세상의 수많은 병원의 전문적인 자원을 이용하여 자신의 병을 치유가능한 곳을 찾는 것입니다. 성경에 보면 하나님은 자신에게 맞는 사람을 만나 치유 받게 했다는 것을 알아야 합니다. 그렇기 때문에 자신의 불치병을 치유할 수 있는 사람을 만나야 합니다. 사람을 만나기 위하여 질병을 자랑하는 것이 중요합니다. 책을 읽는 독자도 사람을 잘 만나는 축복이 함께 하기를 바랍니다.

마음의 상처 스트레스가 만 가지 문제의 원인입니다. 필자는 하나님의 은혜로 성도들의 내면세계를 말씀과 성령으로 정화하여 영-혼-육체가 건강한 하나님의 성전 된 삶을 살아가도록 인도하는 목회를 20년이 넘도록 하고 있습니다. 목회를 하면서 깨달은 것은 예수를 믿고 성령으로 거듭난 성도들이라도 마음의 상처에 대하여 관심을 두지 않는 경우가 많습니다. 성경말씀을 관념적으로 보면 마음에 상처에 대하여 직접 언급한 말씀이 별로 없기 때문이라고 생각합니다. 성령으로 거듭나 성경말씀을 볼 때 역설적으로 저변에 깔린 부분까지 깨달으면서 읽으면 마음의 상처를 이해할 수가 있습니다. 그러나 성경말씀을 단편적으로 지식적으로 관념적으로 보고 읽으면 마음의 상처에 대하여 깨달을 수가 없기 때문이라고 생각합니다. 예수를 믿으신지 오래된 분들일수록 마음의 상처에 대하여 무관심하다가 건강에 큰 문제를 당하는 경우가 많습니다. 그때서야 이리 뛰고 저리 뜁니다. 그러나 이미 늦어서 정상으로 회복되는데 상당한 기간이 걸립니다. 기독교 신앙은 예방신앙이어야 합니다.

날씨가 서서히 추워지고 있습니다. 무엇보다 체온에 관심을 가져야할 계절입니다. 마음의 상처 스트레스는 혈관의 적입니다. 암보다도 무서운 질병이 혈액의 병입니다. 혈관은 온도 차이만큼 스트레스에 민감합니다. 일상생활에서 긴장된 상태가 지속되거나 스트레스를 많이 받으면 교감신경에 작용해 혈관이 수축됩니다. 스트레스는 혈전 생성을 빠르게 합니다. 고로 마음의 상처 스트레스는 말씀과 성령의 역사로 매일매일 정화하며 해소하며 부교감신경을 강화하면서 살아야 합니다.

이렇게 마음의 상처는 혈관에 영향을 끼칩니다. 마음의 상처와 스트레스가 혈관에 노폐물이 끼이게 하고, 림프에 노폐물이 끼이게 하여 혈액과 물이 온몸으로 순환하는데 지장을 초래하기 때문입니다. 혈액순환이 잘되지 않으면 정상체온을 유지하는데 방해 요소로 작용을 합니다. 마음의 상처와 스트레스가 쌓이면 얼굴이 화끈거리고 입으로는 열이 나오는 데 아랫배와 손발을 차갑게 됩니다. 이것을 울화라고 합니다. 체온은 건강에 밀접한 관계가 있습니다. 35℃ 이하 저체온 증상 때 암세포 증식이 가장 많아진다고 합니다. 저체온일 때 암세포가 빨리 증식한다는 연구 결과가 있습니다. 물론 염증이 활발하게 발생합니다. 저 체온은 암세포에게 대사 작용을 활발하게 해주는 좋은 환경입니다. 암이나 류머티즘 관절염, 각종 관절염, 폐질환, 심장질환, 뇌질환, 혈액순환장애, 소화기 장애, 생식기(자궁·난소·전립선) 질병에 걸리지 않으려면 항상 정상 체온(36.5-37.5℃)을 유지하는 것이 예방법입니다.

"혈관이 건강해야 노년이 행복하나"는 말이 있습니다. 혈관이 손상되면 치매·황반변성·심혈관질환과 같은 대표적인 노인성 질환이 찾아오기 때문입니다. 하지만 요즘 같은 겨울철은 혈관 건강이 가장 취약한 시기입니다. 차가운 기온 탓에 혈관이 갑자기 수축하고 혈압이 급격히 상승해 심 뇌혈관질환의 발생률이 높아지게 됩니다. 심뇌혈관질환은 전 세계적인 주요 사망 원인이며, 우리나라에서도 뇌혈관질환과 심장질환이 2004년 이후 지속적으로 각각 사망 원인의 2위와 3위를 차지하고 있습니다. 나이가 들수록 혈액 순환과 혈관 관리에 각별히 신경 써야 하는 이유입니다.

혈관과 관련된 질환은 무려 100가지가 넘습니다. 혈관이 건강하면 심장과 뇌는 물론 온몸이 건강하다는 말이 과언은 아닙니다. 마음의 상처와 스트레스, 노화, 고혈압, 당뇨, 비만, 스트레스, 흡연, 음주 등으로 혈관이 손상되면 혈관벽이 두꺼워집니다. 혈관벽이 두꺼워지면 혈관이 좁고 딱딱해져 혈압이나 온도 변화 같은 변화에 쉽게 막히고 터져 각종 질환을 유발합니다.

노년층이 제일 두려워하는 질환인 치매도 혈관 건강과 연관이 있습니다. 혈관성 치매는 뇌에 피를 보내는 혈관이 딱딱해지거나 노폐물이 쌓여 발생합니다. 영양분이 혈관을 통해 뇌에 제대로 전달되지 않아 뇌세포가 죽기 때문입니다. 치매를 예방하려면 말씀과 성령으로 마음의 상처를 정화하여 혈관을 깨끗하게 해야 합니다. 온몸 치유기도를 지속적으로 하면 치매가 예방되고 지연시킬 수가 있습니다. 동시에 뇌세포에 제대로 영양을 공급해야 합니다. 이는 필자가 임상적으로 체험한 사실입니다. 우리 교회에 96세된 권사님이 정정하게 잘지내고 계십니다.

혈관질환은 마음의 상처, 스트레스, 콜레스테롤, 당뇨, 과도한 음주나 흡연, 잘못된 식습관, 운동부족 등 다양한 원인으로 인해 발생할 수 있습니다. 평소 혈관 건강을 지키려면 영과 진리로 예배하며 성령 안에서 성령으로 온몸 기도하며 유산소 운동으로 혈액 속 노폐물 생성을 막고, 기름진 식습관을 피하며 불포화지방산이 풍부한 아보카도, 견과류 등을 섭취하는 것이 좋습니다. 성령의 인도가운데 60분 이상 복식호흡하며 마음으로 온몸기도하고, 하루 30분 이상 꾸준히 운동하면 정상보다 약간 높은 37℃ 유지하면 노폐물 방출이 활발하고 혈액도 정화가 된다는 것입니다.

인간은 온혈(溫血)동물입니다. 주위가 아무리 추워도 우리 몸은 일정한 온도(섭씨 36~37℃)를 유지합니다. 우리 몸의 온기(溫氣)는 유일한 에너지 공급원인 음식의 소화를 통해 대부분 얻게 됩니다. 몸에서 만들어진 온기는 20%가 간으로 가고, 약 20%는 근육으로 가게 됩니다. 손발을 움직이며 일이나 마음으로 기도하며 운동을 하게 되면 근육에 더 많은 온기가 갑니다. 온기 중 45%까지는 주위의 차가운 물건으로 모두 방사됩니다. 그래서 성령으로 기도하고 주기적으로 운동해야 합니다. 몸을 따뜻하게 하는 음식을 섭취해야 합니다.

우리 몸의 온도는 신체기관의 활동을 보장해주는 효소작용이 바로 37~37.5℃에서 일어나기 때문에 일정하게 유지됩니다. 만약 우리 몸의 온기를 만들어내는 핵(오장육부가 몰려 있는 부위) 온도가 3~4℃ 이상 벗어난다면 인간은 육체적, 정신적인 능력이 현저하게 떨어지게 됩니다. 높아도 안 되고 낮아도 안 되는 것입니다. 저 체온 증은 마음의 상처 스트레스가 쌓여있을 때와 운동이 부족할 때 잘 생기게 됩니다. 일반적으로 체온이 36~37℃일 때 정상 체온이라고 합니다. 저체온은 기본적으로 혈액이 제대로 순환되지 못하거나 신진대사에 장애가 있을 때 발생합니다. 몸이 차갑다는 말은 정상적인 신진대사가 이뤄지지 않고 있다는 것을 의미합니다. 마음의 상처가 쌓여서 신진 대사가 안 된다는 것입니다.

저체온(Hypothermia)의 가장 큰 원인은 운동량 부족과 마음의 상처 스트레스일 경우가 많습니다. 마음의 상처 스트레스가 쌓이는 것은 성령 충만하지 못한 경우입니다. 성령으로 기도하며 마음을 정화하고 유산소운동을 하면 근육에서 열이 만들어지고 이들 열에너지는 혈액에 의해 온몸의 세포 곳곳에 분배됩니다. 특히 거룩한 산 제물이 되어 영과 진리로 예배를 드리면서 성령으로 기도하면 부교감신경이 강화하여 영-혼-육체가 정상적인 기능을 유지함으로 혈액순환과 림프의 물 순환이 정상적으로 되도록 성령께서 오장육부 기능을 지배하십니다. 자연스럽게 노폐물이 끼이지 않고 건강하게 되는 것입니다.

거기다가 운동은 몸이 움직이면서 산소를 취하여 노폐물인 이산화탄소와 일산화탄소, 휘발성 유해물을 폐에서 방출합니다. 또 산소는 지방, 콜레스테롤, 불필요한 노폐물 등을 태워버리고 혈액을 정화시켜 암과 같은 질병을 예방합니다.

이런 점에서 거룩한 산 제물이 되어 영과 진리로 예배를 드리면서 성령으로 온몸 기도를 하여 마음을 정화하며 하루 30분씩 일주일에 5일 이상 꾸준히 운동할 것을 권유합니다. 하지만 현대인들은 운동하는 시간보다 컴퓨터나 텔레비전 앞에 앉아 있는 시간이 더 많습니다. 움직이지 않고 오랫동안 앉아 있으면 신진대사 율이 떨어져 열량이 몸에 비축되고 이는 비만으로 이어지기 쉽습니다. 이는 혈액순환 방해로 이어져 저체온의 원인이 됩니다.

저체온 증은 추운 곳에서 오랫동안 서 있어도 나타납니다. 우리 몸은 추위에 노출되면 체온을 높이기 위해 각종 신체반응이 일어나게 됩니다. 그러나 몸을 움직이지 않거나 반응이 일어나지 않으면 핵의 온도가 떨어지기 시작하고 결국 몸이 얼게 되어 저체온증이 생깁니다. 저체온이 되지 않도록 손발 몸을 움직여야 합니다.

이와 함께 세포 조직에 산소가 부족한 산소 결핍이 생기게 되고 근육이 딱딱하게 굳게 됩니다. 혈압이 떨어지고 심장박동이 약해집니다. 가장 많은 손상을 입는 것은 뇌로 감각이 없어지고 잠이 옵니다. 그리고 마치 따뜻하고 덥다는 환상이 생깁니다. 이 같은 현상이 계속 진행되면 뇌부종이 생기고 숨이 멈추면서 죽음을 맞게 되는 것입니다. 그래서 노인들에게 겨울에는 방한모자를 쓰고 다니라고 조언하는 것입니다.

말씀과 성령으로 마음의 상처를 치유하면서 혈행(피의순환)에 도움이 되는 영양소를 규칙적으로 섭취하는 깃도 중요합니다. 대표적인 영양소는 '오메가3'입니다. 오메가3는 '자연에서 발견한 가장 안전하고 위대한 치료제'로 꼽힙니다. 한 연구에 따르면 65세 이상의 노인이 오메가3 보충제를 매일 복용할 경우, 보충제를 먹지 않아서 생길 수 있는 심혈관계 질환 관련 의료비용을 최대 72%까지 절감할 수 있다고 합니다. 항혈전·항부정맥·항동맥경화 등의 효과로 심뇌혈관질환 발생 위험을 낮추고, 고혈압과 유방암, 대장암, 치매 등을 예방하는 것으로 알려졌습니다. 오메가3의 심혈관질환 예방 효능은 상당 부분 입증된 상태입니다. 오메가3는 혈중 중성지방의 수치를 낮춰주고 혈전으로 인해 혈액의 흐름이 막히지 않도록 돕습니다. 마음의 상처 스트레스가 무의식에 쌓이지 않도록 해야 합니다.

이는 영과 진리로 예배를 드리면서 걸어 다니는 성전이 되어 항상 마음으로 하나님을 찾으면서 성령 충만하게 지내야 합니다. 그렇게 하여 마음에 상처와 스트레스가 무의식에 쌓이지 않게 해야 합니다. 필자는 성도님들에게 자신의 영-혼-육체의 관리에 관심을 가지면서 지내시기를 권면 드립니다. 관심을 가져야 건강하게 지낼 수가 있습니다.

마음 안에 쌓인 상처와 스트레스로 인하여 열 가지 질병으로 고통당하다가 마음의 상처와 스트레스를 성령으로 내적치유하고 자유 함을 받은 분의 간증을 들어보시기를 바랍니다.

저는 여전도사로 하나님에게 쓰임을 받다가 정년이 되어 퇴임을 했습니다. 전도사를 20년을 했습니다. 전도사 하고 은퇴를 하고 병원에 가서 종합검진을 하니 질병이 열 가지가 있다는 것입니다. 당뇨병, 고혈압, 근육통, 요통, 허리디스크, 위장병, 화병, 두통, 불면증, 무릎관절염 등입니다. 의사가 하는 말이 모두 상처와 스트레스로 온 것이라 마음을 안정하고 쉬어야 한다는 것입니다.

약을 먹어도 몇 년을 먹어야 치유가 될 병이라는 것입니다. 그래서 하나님에게 기도하여 치유를 받겠다고 했습니다. 세상 사람들이 이를 알면 무어라고 하겠는가, 전도사 20년을 하고 나이 병이 열 가지라. 정말 이해하기가 힘든 일이다. 기독교 신문을 보니 '성령내적치유'를 한다는 광고가 눈에 들어왔습니다.

장소를 알아 참석을 했습니다. 성령의 은혜를 받지 못하다가 성령으로 세례를 체험하면서 마음의 상처와 스트레스를 정화하고 치유를 받으니 너무나 좋았습니다. 첫날 기도를 하니 성령께서 내가 너의 병을 치유해 주겠다고 감동하시는 것입니다. 하루하루 다니면서 너무나 많은 은혜를 받았습니다. 그렇게도 무겁던 몸이 가벼워지기 시작을 했습니다. 어느 날은 어깨 근육통이 사라졌습니다. 어느 날은 요통이 사라졌습니다. 어느 날은 그렇게 아프던 허리가 시원해졌습니다. 무릎이 아파서 계단을 제대로 올라가지 못했는데 통증이 없어졌습니다. 체험적으로 계속 질병이 치유되고 있는 것이 느껴졌습니다.

그렇게 6달을 다녔습니다. 남편이 하는 말이 너무나 얼굴이 평안하고 좋아졌다는 것입니다. 그러면서 다시 병원에 가서 검진을 받아보사는 것입니다. 그래서 검진을 예약하여 검진을 받았습니다. 결과를 받아보고 놀랐습니다. 당뇨정상, 혈압정상, 위장 정상 모든 것이 정상으로 치유가 되었다는 것입니다. 남편을 부둥켜안고 감사했습니다. 내가 체험하게 된 것은 성령으로 장악이 되니 질병이 모두 치유가 되더라는 것입니다.

하나님은 지금도 치유의 역사를 일으킨다는 것입니다. 마음의 상처와 스트레스로 발생한 열 가지 질병을 치유받기 위하여 많은 시간을 투자하여 집중적으로 치유를 받으니 불치의 질병들이 치유가 되더라는 것입니다. 하루 이틀 치유를 받아서는 효과가 적고 집중적으로 치유를 받아야 한다는 것을 알았습니다. 치유하신 하나님에게 감사와 영광을 돌립니다. 이제 남은 생을 하나님의 영광을 드러내는 일에 집중하겠습니다.

9장 허리디스크를 완치하신 예수님

(잠 17:22)"마음의 즐거움은 양약이라도 심령의 근심은 뼈를 마르게 하느니라."

마음의 상처 스트레스가 허리 디스크 뿐만이 아니라 뼈를 마르게 하는 것입니다. 마음의 상처는 감정을 상하게 합니다. 감정은 인간이 존재하는 데 꼭 필요한 부분입니다. 생존에 필요한 정보를 주기 때문입니다. "저건 위험해 조심해, 집중해 중요해, 잘못하면 목숨이 위험해, 기분 좋다 이건 괜찮은 일이야"라는 감정 정보를 통해서 행동지침을 알려줍니다. 뇌에는 감정만 따로 다루는 통로가 있습니다. 뇌의 이곳저곳을 빠르게 다니는 간선도로로 역할을 합니다. 모든 통로는 보통의 길처럼 흐름이 느리지만 자주 사용하는 일부의 통로는 고속도로처럼 엄청난 속도로 이동합니다.

특히 나쁜 감정통로는 이 감정이 맞는지 옳은지 사실인지 생각할 여유가 없이 엄청난 속도로 행동으로 이어지게 됩니다. 행복전령은 "그렇게 하니까 참 기분이 좋다 계속 그렇게 해"라는 메시지를 전달합니다. 슬픔의 전령은 "그 사람이 보고 싶어 돌아가신 그 사람을 되돌릴 수 없니"라고 말합니다. 분노의 전령은 "그게 뭐야 마음에 안 들어 못하게 해"라고 말하면서 행동까지 이어집니다.

뇌는 감정적인 반응을 생성하는 전자 경로와 화학경로를 만듭니다. 그래서 뇌의 적합한 곳으로 보내어 메시지를 이해하도록 합니다. 뇌의 많은 부분이 감정을 서로 조절하도록 설계되었습니다. 감정에 휘둘리지 않고 감정을 통제하고 살기 위해서는 뇌의 모든 부위가 잘 작동해야합니다. 일부의 뇌가 잘못 작동 된다면 감정을 조절하거나 메시지를 받아들이는데 어려움을 겪게 됩니다.

　어두운 그림자나 사람이 오고 있을 때 위험을 감지하면 도망치거나 싸울 준비를 순식간에 해야 합니다. 여유롭게 생각할 시간이 없습니다. 즉각 경계상태로 경고체계를 만듭니다. 메시지가 뇌 속을 가로질러 자그마한 아몬드 모양의 편도에 도착합니다. 편도는 감정적 경보 센터로 몸에 비상비상 이라고 큰소리로 알려주는 역할을 합니다. 경고를 받으면 멈추어 서서 어디에서 위험이 오는지 찾아봅니다. 그와 동시에 부신에 연락을 해서 스트레스 호르몬인 코르티솔을 분비하도록 합니다. 이것은 싸울 준비를 시키는 것입니다.

　그런데 적이 아니라면 어떻게 할까요? 뇌는 또 다른 통로를 가지고 있는데 이 통로는 뇌의 보다 정교한 통로를 지나며 상황을 폭넓은 눈으로 볼 수 있게 합니다. "저건 아는 사람이네 위험하지 않아 무서워할 필요 없어" 라고 생각할 수 있습니다. 뇌 속의 부신 옆에 있는 해마라는 부분은 과거에 있었던 감정적 경험을 기억하며 상황을 객관적으로 보게 합니다. 그리고 실제 위험이 없을 때 부신에게 코르티솔을 그만 분비하라는 신호를 보냅니다.

부신에게 코르티솔을 분비하라는 편도의 명령과 그만 분비하라는 해마의 명령은 섬세한 균형을 이룹니다. 머리 한쪽은 무척 소심한 사람이 한쪽은 안정적이지만 너무 쉽게 믿는 경향이 있는 사람이 있는 셈입니다. 편도는 조심해 위험해 도망가 덤벼 라고 말하고 해마는 걱정마 괜찮아 안전해 라고 말합니다. 위험이 현실로 밝혀지면 편도가 주도권을 갖고 허위 경보였으면 해마가 주도권을 갖습니다. 위험한 상황을 겪었거나 트라우마 상처의 경험 때문에 이러한 흥분과 안정의 섬세한 균형이 깨어질 수 있습니다.

목숨이 극도로 위험한 상황에 노출되었을 때 부신이 코르티솔을 과다분비해서 해마에 큰 손상을 입히기 때문입니다. 편도가 부신에게 "코르티솔 더 분비해라~" 라고 소리 지를 때 해마는 "제발 덜 보내세요"라고 속삭이는 정도가 됩니다. 해마는 점점 약해져서 정상의 1/6정도의 크기가 되기도 합니다. 이 때문에 세상에 대한 왜곡된 정보를 받게 되고, 방어적 태세로 살게 되고, 언제나 걱정과 긴장 속에서 살게 됩니다. 위험에서 살아남는 뇌로 재설계 된 것입니다.

방어적 공격의 상태로 갈 가능성도 있습니다. "위험하니까 피해~"라는 신호를 두려움의 신호로 바꾸어 공격해버리는 것입니다. 두려움과 비슷한 감정 도망치고 싶은 두려운 마음은 분노로 바뀌고 투쟁심으로 바뀝니다. 언성을 높이거나 위협적인 말을 하거나 두려움 대신 화를 내는 방식 이 방식은 상대의 화난 방어적 공격성을 자극하여 싸움이 벌어지거나 나쁜 상황을 만듭니다. 두려움과 분노는 서로 밀접한 관계의 감정입니다. 두 감정 모두 뇌에서 편도를 통해 이동합니다. 도주해야 할지 투쟁할 지, 위험한 상황에서 어떻게 대응할지 급하게 선택해야 하기 때문에 서로 긴밀하게 연결되어야 합니다.

우리는 가능한 편도를 자극할 이야기를 하지 않는 것이 좋습니다. 인격적인 공격이나 나무라는 태도의 말 등 감정적으로 위협이 될 만 한 이야기는 곧바로 편도로 가서 싸울 준비를 하거나 도망갈 준비를 하기 때문입니다. 그래서 의도한 가르침이나 좋은 의도의 이야기는 하나도 전달되지 못하기도 합니다. 편도를 달래고 편안하게 만들어 좋은 의도의 말이 잘 전달 될 상황을 만들어 주는 것이 좋습니다. 우리의 말이 전두엽으로 가서 객관적이고 사실적인 폭넓은 사고를 거쳐 결론이 나오도록 기회를 주어야합니다. 부드러운 말, 사랑과 이해를 담은 말이 도움을 줄 것입니다.

우리 몸의 자율신경계는 교감신경계와 부교감 신경계로 나뉘는데 스트레스가 쌓이면 교감신경계가 활성화 됩니다. 교감신경계는 일련의 호르몬 및 생리적 반응을 일으키는 투쟁 또는 도피 (스트레스) 반응을 담당합니다. 여기서 뇌의 편도체는 두려움 및 정서적 자극을 처리하는 역할을 하게 되고 필요한 경우에는 시상하부에 스트레스 신호를 보냅니다. 그러면 시상하부는 교감신경계를 활성화시키고 빠르고 얕은 호흡, 심박수 증가, 근육경직 등을 초래합니다. 인체가 자극을 위협으로 계속 인식함에 따라 시상하부-뇌하수체-부신 축이 활성화되고 코르티솔이 부신피질에서 방출되어 우리 몸이 계속 높은 경계 상태를 유지할 수 있도록 합니다. 정상적이라면 스트레스나 위험이 지나가면 코르티솔 수치가 진정이 되고 심박수, 혈압 및 기타 인체의 시스템이 정상으로 돌아옵니다.

하지만 계속 스트레스를 받아 교감신경계가 계속 활성화 된다면 어떻게 될까요? 교감신경계가 줄곧 지배적인 상태가 되면 코르티솔 수치가 높아져 다음과 같은 정신 및 육체의 건강 문제를 일으킬 수 있습니다. 불안 및 우울증, 공황장애, 두통, 심장질환, 기억력 및 집중력 문제, 소화 문제, 수면 장애, 체중 증가 등이 나타나게 됩니다. 코르티솔이 과다 분비될 경우 쿠싱증후군(Cushing Syndrome)이 발생할 수 있습니다. 쿠싱 증후군은 부신피질 자극 호르몬을 생성하는 종양 또는 특정 유형의 약물 복용 등의 요인으로 발생합니다.

쿠싱증후군의 증상은 다음과 같습니다. 가느다란 팔과 다리와 대조되는 얼굴, 가슴, 복부의 급격한 체중 증가, 홍조와 동그란 얼굴, 고혈압, 피부 변화(쉽게 멍이 드는 피부), 골다공증, 디스크약화, 뼈의 약화, 근육 약화, 당뇨병, 불안, 우울증, 기분 변화, 갈증과 배뇨 빈도 증가 등이 생깁니다. 장기간에 걸친 높은 코르티솔 수치는 또한 성욕감퇴를 유발할 수 있으며 여성의 경우 생리가 불규칙하거나 멈출 수 있습니다.

우리 몸이 코르티솔 호르몬을 충분히 만들지 못할 경우에는 애디슨병 (Addison's Disease)라고 불리는 질환을 가지고 됩니다. 증상은 일반적으로 시간이 지남에 따라 나타난다고 합니다. 치료하지 않을 경우 잠재적으로 생명까지 위협할 수 있다고 합니다. 증상은 다음과 같습니다. 흉터 및 피부 주름이 어두워지는 것과 같은 피부 변화, 만성 피로, 악화되는 근육약화, 설사, 메스꺼움, 구토, 현기증, 식욕 저하 및 체중감소, 저혈압 등이 발생하기도 합니다.

만성적인 스트레스는 코르티솔의 과다분비를 장기간 자극하기 때문에 결국 스트레스를 잘 조절하는 것이 과다분비를 막는 방법 중 하나가 됩니다. 세상적인 방법으로는 프로바이오틱스에 의한 스트레스 완화 작용이 최근에 주목을 받고 있으며, 이를 섭취하면 스트레스에 따른 코르티솔의 과도한 상승을 억제할 수 있다고 보고되었습니다. 대표적으로 식품으로 섭취할 수 있는 프로바이오틱스는 발효식품인 김치, 콤부차, 올리브, 생강, 피클, 사우어크라우트 등이 있습니다.

반듯하고 곧은 자세를 만드는 것입니다. 걸음걸이를 바르게 걷는 방법과 바른 자세로 앉는 것입니다. 우리 몸의 구조 특히 척추의 불균형은 신경이 뇌로 메시지를 전달하기 힘들게 합니다. 이 때문에 자세를 바로 잡는 것이 호르몬을 조절하는데 중요하다고 합니다. 하버드 대학교에서 실시한 연구에 따르면 다리를 넓게 벌린 상태로 서거나 앉는 자세가 코르티솔을 감소시킨다고 합니다.

마사지하는 방법이 있습니다. 스트레스와 불안을 줄여주고 수면의 질을 개선하며 피로를 풀리게 해주는 마사지는 부교감신경이 강화되어 코르티솔의 감소, 세로토닌과 도파민의 분비를 촉진한다고 합니다.

영적인 방법으로 제일 중요한 치유방법은 자신이 걸어 다니는 성전이 되는 것입니다. 성령께서 자신을 지배하시면 스트레스는 점점 소멸하게 됩니다. 말씀과 성령으로 치유를 하는 방법이 있습니다. 성령으로 기도를 하여 자신의 전인격이 성령의 지배를 받게 하는 것입니다. 성령 안에서 기도하고 찬양하고 명상을 하면서 부교감신경을 강화하는 것입니다.

밝히 알아야 할 것은 상처와 스트레스로 인하여 뼈와 디스크에 끼어있는 독소는 세상방법으로는 배출이 한계가 있습니다. 세상방법은 육체에만 해당이 됩니다. 육체에 있는 독소만 배출이 가능하다는 것입니다. 예수를 믿는 사람이던지, 믿지 않는 사람이든지, 뼈와 디스크에 쌓인 독소는 영적이고 심리적인 독소입니다. 그렇기 때문에 세상방법으로는 배출이 한계가 있는 것입니다. 영적이고 심리적인 독소이기 때문입니다. 반드시 성령의 깊은 역사가 있어야 뼈와 디스크에 쌓인 독소가 녹아지고 배출이 되어 치유가 되는 것입니다. 세상방법으로 독소를 제거하고 나면 얼마 지나지 않아서 요요현상이 일어납니다. 이는 근본 원인 제공자인 영적이고 심리적인 독소를 배출하지 않았기 때문에 요요현상이 일어나는 것이라고 보는 것이 옳습니다. 뼈와 디스크에 쌓인 독소는 반드시 성령의 지배와 장악이 되어야 완전배출이 되어 디스크나 관절이 치유가 되는 것입니다. 허리나 목 디스크로 고생하다가 수술을 받습니다. 그러나 얼마가지 않아서 재발합니다. 이유가 디스크를 유발한 근본 원인 제공자인 영적이고 심리적인 독소를 배출하지 않았기 때문입니다. 그래서 목 디스크나 허리 디스크 수술을 받은 후에 성령으로 근본 원인 제공자인 영적이고 심리적인 독소를 배출해야 재발하지 않는 것입니다.

모든 질병의 대부분이 자율 신경의 부조화에서 나오는 경우가 많기 때문에 내 영이 무거운 죄 짐이나, 불평이나, 원망의 무서운 독소에서 자유 함이 있어야 합니다. 자율 신경의 조화는 주로 마음의 평안과 영의 기쁨을 항상 유지하게 됩니다. **자율 신경의 교감신경은 불안 좌절 분노, 등의 결과를 유발합니다. 반면 부교감 신경은 주로 기쁨, 화평, 감사, 용서, 사랑, 절제, 인내, 자비와 양선과 충성과 온유함을 주관합니다.** 그래서 하나님은 빌립보서 4장 4절에서 "주 안에서 항상 기뻐하라 내가 다시 말하노니 기뻐하라." 말씀하시는 것입니다.

포도나무의 가지가 원줄기에 붙어 있어야 합니다. 그와 같이 우리의 영적 생명과 성령의 역사는 생명의 근원 되시는 예수님에게 붙어 있어야 합니다. 그래서 예수님으로부터 영적 신령한 생명이 계속 공급을 받아서 끊임없이 흘러나오거나 솟아나야 합니다. 이러한 생명의 흐름이나 성령의 흐름이 성경에서는 기름부음이라는 표현으로 설명되고 있습니다. 이러한 예수의 생명이 흘러넘치는 역사가 충만하기 위해서는 속사람(영)이 강건해야 합니다. 이 속 사람은 자율신경의 부교감 신경에 주로 영향을 줍니다. 자율 신경의 조화를 이루지 못하고, 분노나 불안이나 좌절 등을 일으키면 위장, 간, 심장, 폐, 등 오장육부의 혈관 정맥, 근육 등에 뻗어 있는 자율 신경에 자극을 주게 되어, 신체에 이상을 일으키고 질병을 유발시킵니다.

모든 쓰라림과 원한은 첫째 분노로부터 시작, 이것이 신체에 공급되는 아드레날린을 지나치게 분비시킵니다. 신체는 분비된 아드레날린의 초과량을 흡수할 수 없습니다. 결과적으로 그것은 신장으로 가지만 그러나 신장은 이 초과량을 수용할 수 없습니다. 그 결과로 그것은 신체의 관절에 모여 관절염을 일으킵니다. 관절염을 앓는 사람은 자신의 삶을 성찰하고, 혹 다른 사람에 대한 쓴 뿌리와 용서하지 않는 마음을 품고 있는지 여부를 알아보라고, 성심성의로 충고하기 바랍니다.

뼈와 신경의 질병은 몸 안에 물과 염분이 부족하여 생기기도 합니다. 사람은 흙으로 만들었습니다. 고로 흙이 응고가 되려면 일정량의 물과 염분이 있어야 합니다. 우리의 몸은 젊은 사람의 경우는 70%이상이 물로 되어있습니다. 그래서 물을 많이 먹는 것이 좋습니다. 그리고 우리 몸 안에는 항상 0.8%의 염분이 있어야 합니다. 이를 조절하지 못하면 뼈와 신경에 문제가 생깁니다. 금식을 할 때에도 필히 염분을 섭취해야 합니다. 그리고 약물을 과다 복용할 경우 독소를 쌓이게 하므로 뼈와 디스크에 문제가 발생합니다.

또 어려서나 젊어서 고생을 많이 한 경우에 발생하기도 합니다. 제가 노인정에 능력전도 하러 다닐 때 뼈 신경에 질병이 있는 분들과 대화를 해본 결과는 이렇습니다. 젊어서 상처와 스트레스를 많이 받고, 먹고 살려고 머리에 짐을 이고 다니고, 속상하고, 고통 받으면서 이를 악물어서. 치아와 허리, 목, 무릎에 독소가 쌓이면서 문제가 생겼다는 것입니다. 그래서 젊은 60대에 뼈와 신경질병으로 고생하고 계셨습니다.

척추나 관절이나 신경에 문제가 발생하여 고통을 당하시는 분들은 다른 방법이 없습니다. 병원에 가서 수술이나 시술을 받으면 얼마가지 않아 재발하는 것이 보통입니다. 이유는 척추나 관절이나 신경에 문제를 일으킨 독소를 처리하지 않았기 때문입니다. 이는 상당한 기간 동안 성령으로 기도하며 온몸을 성령께서 지배하셔야 독소가 떠나갑니다. 인내해야 합니다.

저는 허리 디스크로 15년 이상 고생을 하다가 치유 받고 신유의 은사를 받은 서석재 목사입니다. 허리 디스크로 사람노릇을 못하고 살았습니다. 어느 기도원장이 목회자가 되어야 하는데 사명을 감당하지 않아서 허리가 치유되지 않는다고 하여 신학을 시작했습니다. 그래서 목사가 되어 지금 교회를 개척하여 목회를 하고 있습니다. 우연한 기회에 인터넷에서 충만한 교회를 알게 되었습니다. 홈페이지에 기록되어있는 간증을 읽고 나도 치유를 받을 수 있다는 감동이 강하게 와서 신유집회에 참석하게 되었습니다. 신유집회에 참석하여 그동안 체험하지 못한 강한 성령의 불이 임하는 것을 체험을 했습니다. 내안에서 역사하는 악한 영들이 수없이 떠나갔습니다. 집회 마지막 날 강 목사님이 뼈와 신경 치유에 대한 강의를 마치시고 시범을 보이셨습니다. 뼈와 신경과 근육에 있던 질병들이 그 자리에서 치유가 되었습니다. 나도 저렇게 순간 치유를 할 수 있는 은사를 주셨으면 좋겠다는 말이 저절로 나왔습니다. 허리 디스크로 고생하는 분 나오라고 해서 나갔습니다. 누우라고 하시더니 양발을 잡으시더니 오른 발이 길다는 것입니다. 그러고는 양발을 잡고 성령이여 임하소서, 하시면서 기도를 하셨습니다. 머리와 어깨에 임하시고 사로잡아 주옵소서, 그리고 허리도 사로잡아 주옵소서, 골반도 사로잡아 주시고, 온몸 약한 부위를 사로잡아 주셔서 치유하여 주옵소서, 하고 임재를 요청하셨습니다. 그다음에 허리 골반을 강하게 사로잡아 주시고 치료하여 주옵소서, 허리도 돌려주시고, 완전하게 치유하여 주옵소서, 하고 목사님께서 기도를 하니 내 다리가 한쪽씩 올렸다 내렸다 합니다.

골반이 나도 모르게 돌려집니다. 이제 허리를 만지시는데 목을 뒤로하여 머리가 땅에 닿게 하시는데 꼭 허리가 부러지는 것 같았습니다. 투두둑 투두둑 하며 뼈가 만져지는 소리를 요란하게 냈습니다. 저는 순간 이러다 허리 부러지면 어떡하나 하고 걱정을 하기도 했습니다. 그러다가 이제는 다리를 쭉 펴더니 손으로 발을 잡고 으으으 하면서 일어섰다, 앉았다, 하게하면서 진동을 하더니 서서히 진동이 약해졌습니다. 목사님이 다리를 잡고 허리를 돌리면서 "지금까지 괴롭혔던 허리 디스크를 일으키던 병마는 떠나갈지어다"하시는 것입니다. 내가 기침을 한동안 막 합니다. 그러더니 휴우! 휴우! 소리가 나옵니다. 목사님이 일어나서 허리한번 만져 보세요. 아픈가, 일어서서 허리에 손을 잡고 허리를 돌려보았더니 하나도 아프지 않습니다. 10년을 괴롭히던 허리디스크가 깨끗하게 치유되었습니다. 할렐루야! 주님께 영광 돌립니다. 정말 나에게도 이런 은사가 나타나게 해달라고 기도를 쉬지 않고 했습니다. 주일날이 되었습니다. 오후 예배를 마치고 성령께서 뼈와 신경과 근육이 성도를 불러내어 안수를 하라고 감동을 하십니다. 그래서 선포를 했습니다. 뼈와 신경과 근육에 질병이 있는 분들은 종이에 병명을 써놓고 앞에 나와서 기도를 하라고 했습니다. 그랬더니 7명이 나왔습니다. 그래서 목사님이 가르쳐 준대로 안수 기도를 했습니다. 막 성령의 역사가 일어나 기침을 하고 울고 했습니다. 모두 안수를 해주었습니다. 끝난 다음에 일일이 물어보았습니다. 아픈 부위에 통증이 사라지지 않고 그대로 있느냐고 질문했습니다. 그러자 신기하다는 것입니다. 조금 전만 해도 그렇게 통증이 심하다가 안수 받고 나니 모두 시원해 졌다는 것입니다. 어디서 능력을 받아 왔느냐는 것입니다. 충만한 교회에 가서 십 오 년 묵은 질병을 치유 받고 신유의 은사도 받은 것입니다. 하나님! 감사합니다.

다른 분의 간증입니다. 저는 허리디스크로 인하여 양쪽 다리가 아파서 제대로 걷지를 못했습니다. 병원에서는 수술을 하라고 하는데 한번 수술을 받았으나 치유되지 않고 재발하여 수술을 하지 않고 하나님의 은혜로 치유를 받기 작정을 했습니다. 치유를 받기 위하여 이곳저곳 신유집회를 하는 곳은 다 다녔습니다. 한 일 년을 다닌 것 같습니다. 그러다가 충만한 교회 강요셉 목사님이 하나님의 은혜로 디스크를 잘 치유하신다고 들었습니다. 그래서 충만한 교회에 오게 되었습니다. 집회에 참석하여 은혜를 받았습니다. 2일째 되는 날 말씀은 전하시고 찬양을 부른 후에 "아픈 곳이 있는 분은 나오시오!" 하고 말씀을 하는 것입니다. 그래서 내가 나갔습니다. 목사님이 "어디가 아프십니까?" 질문을 해서 양쪽 다리가 굉장히 아프다고 했습니다. 목사님이 저에게 누우라고 하고 양발을 잡고 발의 상태를 점검하는 것입니다. 그러면서 하시는 말씀이 오른쪽 발이 약 2센티 정도 길다는 것입니다. 그러면서 양쪽 다리를 들고 골반을 돌이면서 기도를 하셨습니다. 목사님이 다리를 잡고 기도를 했는데 갑자기 내가 머리를 바닥에 박고 몸이 활과 같이 휘어졌습니다. 순간 아 이렇다가 허리가 부러지면 어떻게 하지하며 은근히 걱정이 되었습니다. 막 투두둑 하는 소리가 나면서 빙글빙글 돌았습니다. 계속 돌았습니다.

목사님은 저의 발에 손을 얹고 있었습니다. 목사님이 연속적으로 성령님 강하게 역사하여 주옵소서, 하고 기도를 한 후에 계속해서 빙글빙글 돌도록 내버려두셨습니다. 어느 정도 안정이 되자, 목사님이 허리디스크를 일으켜서 양다리가 아프게 한 질병의 영은 떠나가라 하고 명령을 하셨습니다. 그러니까 계속 활과 같이 휘어지면서 기침을 사정없이 했습니다. 허리디스크를 발생하게 한 악한 영은 예수 이름으로 명하노니 완전하게 해놓고 떠나갈지어다. 하고 권위 있게 명령을 했습니다. 기침을 막하다가 잠잠해졌습니다. 일어서라고 하셨습니다. 목사님이 지금도 양발이 아프십니까? 하시는 것입니다.

그래서 통증이 순간 없어졌다고 대답을 했습니다. 그러면서 저에게 "어떻게 그렇게 허리 디스크가 발생이 된 것이냐?" 질문을 하시는 것입니다. 제가 몇 년 전에 건축 공사장에서 일을 했습니다. 공사장에 가면 난간 같은 곳에 쇠파이프를 많이 해 놨습니다. 그가 거기를 지나가다가 그 쇠파이프에 이마를 정통으로 부딪쳤습니다. 얼마나 충격을 받았는지 허리까지 뒤로 재껴졌습니다. 그때 허리를 다친 것 같습니다. 그러니까 앉으라고 하셨습니다. 앉으니까, 그 때 공사장에서 놀랄 때 들어온 귀신은 떠나갈지어다. 명령을 하시는 것입니다. 막 기침을 사정없이 하면서 귀신이 떠나갔습니다.

목사님이 지금은 치유되어서 통증이 없어졌지만 다시 재발을 할 수가 있으니 몇 주더 다니면서 은혜를 받으라고 해서 6주 동안 다녔습니다. 지금 치유를 받은 지 일 년이 되었는데 아프지를 않습니다. 완벽하게 치유하여 주신 것입니다. 허리에는 척추가 있습니다. 우리 몸에서 가장 중요한 부분이 척추입니다. 우리 몸에 각종 기관에 연결되는 신경이 척추와 연결돼 있습니다. 공사장에서 척추를 다쳤을 때 다리로 내려가는 신경에도 영향을 받았기 때문에 아팠던 것입니다. 하나님이 아시고 안수할 때 하나님께서는 허리의 신경과 뼈가 제자리로 돌아오도록 하신 것입니다.

그리고 그때 놀랄 때 들어온 귀신이 성령의 역사로 떠나간 것입니다. 그래서 순간에 축귀를 받고 허리디스크가 치유되고 쇠파이프에 이마를 정통으로 부딪쳐 놀랄 때 들어왔던 귀신이 떠나가므로 순간 치유가 된 것입니다.

10장 한쪽 마비를 완치하신 예수님

(잠 17:22)"마음의 즐거움은 양약이라도 심령의 근심은 뼈를 마르게 하느니라."

상처와 스트레스로 인하여 만들어진 몸속독소는 성도들을 불행하게 합니다. 하나님은 예수를 믿고 성령으로 거듭나 성전 된 크리스천들이 지금 천국을 만끽하며 누리기를 소원하십니다. 필자는 20년이 넘도록 마음의 상처를 정화하는 개별정밀치유 사역을 하고 있습니다. 개별치유사역을 하다가 체험한 것이 크리스천들이 몸속의 독소로 인하여 지금 천국을 누리지 못한다는 것입니다. 분명하게 하늘나라 천국은 예수님이 통치하는 곳을 말합니다. 지금 예수님은 예수를 믿고 성령으로 거듭난 성도들의 마음 안에 성전삼고 주인으로 계십니다. 예수님께서 주인으로 계시기 때문에 지금 천국을 만끽하면서 살아야 합니다. 그런데 몸속의 영적이고 심리적인 독소로 인하여 이유 없는 영육의 고통을 당한 다는 것입니다. 생명의 말씀과 성령의 역사로 몸속의 독소를 배출하고 나면 몸이 가볍고 머리가 시원하여 기분이 좋아지면서 천국으로 바뀐다는 것입니다.

문제는 몸속의 독소 때문에 지금 천국을 누리지 못하는 것을 이해하거나 깨닫지 못한다는 것입니다. 모두 밖에서 해결책을 찾고, 보이는 면에 사고가 고착되었기 때문입니다. 자신의 내면에 문제가 있다는 것을 이해하지 못하니 내면이 정리 정돈 될 수가 없는 것입니다. 자신 안에 관심을 가져야 내면이 안정되어 지금 평안을 찾고 천국을 누리면서 살아가는데, 내면에 관심이 없으니 자신을 무엇이 괴롭히고 힘들게 하며 항상 불안하고 쫓기는 생활을 하는지 근본원인을 깨달아 알아낼 도리가 없는 것입니다. 필자가 얼마 전에 **"마음상처 투시와 완전치유"** 라는 책에서 여러번 설명했지만 자신 안에 상처가 있다는 것을 본인이 직접 성령으로 깨달아야 치유 받으려고 하기 때문입니다. 몸속의 독소로 인하여 영·혼·육이 정상기능을 발휘하지 못하면 영육의 질병이나 마음의 병이나 탈진이나 무기력이 찾아옵니다. 무리하게 사용하여 탈진이나 무기력이 찾아오는 것이 아니라, 몸속의 독소로 영·혼·육이 정상기능을 발휘하지 못하여 발생하는 것입니다. 문제를 일으키는 근본인 몸속의 영적이고 심리적인 독소를 생명의 말씀과 성령으로 배출하면 몸이 가뿐하고 평안해지면서 질병과 상처가 없어지고 얼굴이 밝아지고 천국을 체험하는 것입니다.

세상방법으로 몸의 독소를 제거하면 한동안은 괜찮다가 요요현상이 일어나는 것은 근본인 영적인 상처를 해결하지 않았기 때문입니다. 우리가 알아야 할 것은 세상방법으로 일반적인 독소는 해소가 됩니다. 그러나 근본적인 영적이면서 심리적인 몸속의 독소는 해결이 되지 않기 때문에 재발하고 완전 배출이 불가능합니다. 암 병을 수술하고 재발하고, 디스크를 수술하고 재발하는 것은 근본적인 문제의 근원인 잠재의식의 영적이고 심리적인 독소를 배출하지 않았기 때문입니다.

잠재의식에 쌓여있는 영적이고 심리적인 독소는 세상방법으로 배출이 불가능하기 때문입니다. 영적인 독소는 생명의 말씀과 성령의 깊은 역사가 자신을 지배하고 장악을 해야 영적인 독소와 심리적인 독소가 배출이 됩니다. 영적인 독소와 심리적인 독소는 모두 잠재의식에 형성되어 있기 때문에 세상방법으로 독소가 배출되지 않는 것입니다. 이 책을 읽어가노라면 영적이고 심리적인 독소를 배출하는 비결을 터득하게 될 것입니다. 몸속의 독소는 성도들을 영육의 건강과 마음의 평안에 해악을 끼쳐 지금 천국을 만끽하며 누리지 못하도록 방해합니다.

쇠붙이가 산화되면 녹이 슬듯 인체도 산화되면 각종 장기나 세포가 망가집니다. 이렇게 산화되는 것을 방지하는 것이 성령의 역사로 내면을 정화하는 것입니다. 정화하면서 쌓인 독소를 밖으로 배출하는 것입니다. 독소를 밖으로 배출하여 하나님께서 최초 사람을 창조하신 에덴동산의 영성으로 회복하는 것입니다. 그렇기 때문에 성령님이 자신의 전인격을 지배와 장악을 하여 성령의 인도를 받는 삶을 살아야 합니다. 주기적으로 몸속의 독소를 제거해야 합니다. 이는 세상방법과 영적인 방법을 병행해야 합니다. 세상방법은 육체에 뭉쳐진 독소만 배출이 가능합니다. 영적이고 심리적인 독소는 성령의 깊은 역사로 배출해야 됩니다. 영적이고 심리적인 독소 뒤에 악한 영적존재가 역사하고 있기 때문입니다. 성령의 깊은 역사로 영적이고 심리적인 독소를 배출하면 끝나는 것이 아닙니다. 생명의 말씀과 성령 충만한 믿음생활을 하는 것은 물론이고 세상에서 걸어 다니는 성전의식을 가지고 항상 하나님과 함께하는 믿음을 유지해야 합니다.

여기서 알고 계실 것은 성령의 지배와 장악으로 독소를 배출했다고 완전하게 끝났다고 방심하면 안 됩니다. 크리스천들도 육체를 가지고 있으므로 지속적인 성령의 지배와 장악이 되지 않으면 재발할 수가 있는 것입니다. 그렇기 때문에 주일날 성령으로 충만한 예배를 통하여 지속적인 성령의 지배와 장악이 되도록 해야 합니다. 크리스천들은 자신이 육체를 가지고 있어서 완벽하지 못하다는 것입니다. 하나님은 육체가 세상을 향할 수 있어 아브라함을 25년 훈련하여 온전하게 순종하는 사람이 되게 하신 것입니다. 지속적인 성령의 지배와 장악이 되고, 성령의 인도를 받아야 몸속에 독소가 형성되지 않습니다.

사람에게 제일 중요한 것은 무엇일까요? 많은 사람들이 돈과 재산이 제일이라고 생각하면서 사는 분들이 있습니다. 하나님은 심령이 중요하다고 하십니다. 하나님은 자신의 심령 안에 주인으로 계십니다. 자신의 심령이 하나님의 나라가 되면 영-혼-육체 온몸이 건강하고 외부의 모든 일들이 순조롭게 풀리게 됩니다. 그러기 때문에 자신의 심령관리에 집중하는 것이 최고로 중요한 것입니다. 사람들은 자신의 제일 중요한 것이 무엇인지 잘 모르고 있습니다.

많은 사람들이 자신의 심령에는 관심이 없고 돈을 벌고 직위가 올라가는 외부적인 일에만 관심을 집중하고 살아가는 경우가 다반사입니다. 그러다가 자신의 몸에 이상이 생기면 그때서야 자신을 돌아보는 일에 관심을 갖게 됩니다. 그러나 질병이 깊어지게 되면 아무리 돈을 많이 벌었고, 지위가 높아도 아무런 소용이 없게 되는 것입니다.

하나님은 누가복음 12장 15-21절에서 이렇게 말씀하십니다. "그들에게 이르시되 삼가 모든 탐심을 물리치라 사람의 생명이 그 소유의 넉넉한 데 있지 아니하니라 하시고 (16) 또 비유로 그들에게 말하여 이르시되 한 부자가 그 밭에 소출이 풍성하매 (17) 심중에 생각하여 이르되 내가 곡식 쌓아 둘 곳이 없으니 어찌할까 하고 (18) 또 이르되 내가 이렇게 하리라 내 곳간을 헐고 더 크게 짓고 내 모든 곡식과 물건을 거기 쌓아 두리라. (19) 또 내가 내 영혼에게 이르되 영혼아 여러 해 쓸 물건을 많이 쌓아 두었으니 평안히 쉬고 먹고 마시고 즐거워하자 하리라 하되 (20) 하나님은 이르시되 어리석은 자여 오늘 밤에 네 영혼을 도로 찾으리니 그러면 네 준비한 것이 누구의 것이 되겠느냐 하셨으니 (21) 자기를 위하여 재물을 쌓아 두고 하나님께 대하여 부요하지 못한 자가 이와 같으니라." 이 중요한 말씀을 성령으로 깨달아 마음 판에 새겨야 합니다.

필자가 어느 날 이런 분을 치유한 적이 있습니다. 중소기업을 하시는 분인데 너무나 사업에만 집중하다가 보니 마음의 병이 심각해져서 불면증에다가 공황장애가 심각하여 정상적인 생활을 하지 못하는 형편이 되었습니다. 설상가상으로 갑상선에 암이 걸려서 수술을 하지 않으면 안 되는 상황에 처했습니다. 불면증으로 저녁에 잠을 제대로 자지 못하고 공황발작이 순간순간 찾아와서 정신적, 육체적으로 피폐해진 것입니다.

이분의 누나가 필자에게 보냈습니다. 이분과 대화를 하는데 그분이 하는 말이 자신은 지금까지 자나 깨나 사업에만 정신을 집중하고 살았다는 것입니다. 그런데 어느 날부터 불면증이 찾아오고, 혈기와 분노가 심해지더니 불안하고 두려운 생각이 들다가 가슴이 답답해지면서 숨을 쉬지 못할 지경까지 가는 날이 많아졌다는 것입니다. 그렇게 고통을 당하고 나서 인생길을 돌아보니 자신을 위하여 시간을 투자한 날이 하루도 없었다는 것입니다. 몸과 정신에 문제가 발생하면서 사업도 어려워졌다는 것입니다. 그러면서 이제 정신을 차리고 인생길을 돌아보니 자신이 자신의 몸과 마음과 정신을 망가지게 하는 삶을 살았다는 것을 깨달았다는 것입니다.

그래서 필자가 영적정신적인 상태를 진단한 결과 하루 이틀 치유를 해서는 정상적인 삶을 살수가 없고 1년 이상 심령치유를 해야 될 상황이었습니다. 그래도 물질에 애착이 심해서 필자가 이렇게 조언을 해주었습니다. 돈을 많이 벌고 사업에 성공했는데 마음과 육체에 문제가 심해져서 죽음을 맞이한다면 무슨 소용이 있겠느냐고 하면서 누가복음 12장 15-21절을 읽어보시고 현명한 판단을 하여 돈을 벌어 사업에 성공하고 건강을 잃어버리면 무슨 소용이 있는지 판단하여 보라고 했습니다.

많은 분들이 이분과 같이 자신의 심령관리에 등한이 하면서 오로지 돈과 명예를 위하여 세월을 보내는 분들이 있습니다. 그러다가 암과 뇌출혈 등 불치병이 생기고 정신적인 질환이 생겨서 정상적인 생활을 하지 못하는 지경에 처해서야 지난날의 생활을 후회하고 비로소 자신을 돌아보는 분들이 많습니다. 하나님께서 사람을 창조하실 때 6일은 일하고 하루는 쉬면서 하나님께 예배를 드리면서 영혼과 육체와 정신의 쉼을 얻도록 창조하셨습니다. 그리고 낮과 밤을 창조하셔서 낮에는 일하고 밤에는 쉬도록 하셨습니다. 그런데 이와 같은 하나님의 창조섭리를 어기게 되면 자신의 영혼과 육체에 문제가 발생하기 시작을 하는 것입니다. 사람의 육체는 무쇠가 아닙니다. 일할 때는 일하고 쉴 때는 쉬어야 자신 안에 피로가 쌓이지 않는 것입니다.

몸과 심령에 피로가 쌓이면 이런 일이 생깁니다. 피로가 쌓이면 몸에 활력이 떨어져 마음과 육체에 질병이 생기고 하고자 하는 일의 능률이 많이 떨어져 일이 잘 풀리지 않을 수가 있습니다. 아무 일도 아닌데 순간 분노나 혈기가 나오고, 짜증이 생기고, 불면증이나, 두통이나, 피부병이나, 우울증이나, 귀울림이나, 가슴 답답함이나, 근육통이 생겨 어깨가 결리기도 하고, 무기력해지기도 합니다. 피로는 만병을 일으키는 근원이 됩니다. 피로를 하루하루 풀면서 지내는 것이 복중의 복입니다.

몸의 피로는 뇌의 피로라는 말도 있습니다. 뇌의 피로를 풀어야 합니다. 독자분들은 피로를 잘 풀고 계세요? 뇌의 피로를 푸는 좋은 방법을 소개합니다. 만성피로를 6개월 이상 느끼는 사람들의 뇌를 촬영한 결과 뇌의 특정 부위가 쪼그라져 있는 것이 보고되기도 했는데 이러한 만성피로는 뇌의 피로에서 비롯되었다고 봅니다. 뇌와 몸은 신경계를 통해 서로 정보를 주고받으며 서로 영향을 주고받습니다. 필자가 치매에 대하여 관심을 가지다가 깨달은 것은 상처와 스트레스로 육체와 정신이 비정상이 되어 만성피로로 발전하게 되면서 뇌가 비정상이 되어 치매로 진전이 된다는 것입니다.

우리의 인생은 1,600g 정도의 용량을 가진 뇌에 의해 컨트롤됩니다. 우리의 몸에서 발생하는 모든 변화와 외부 세계의 정보를 뇌를 통해 수집하고 분석하고 판단합니다. 뇌는 그만큼 많은 정보를 처리하기 때문에 뇌에서 발생하는 열이 쌓이게 되면 그것이 뇌의 피로로 남게 되어 우리 몸 전체의 건강에 영향을 미치게 되는 것입니다. 뇌에 쌓인 열이 뇌의 피로의 주범인 것입니다. 뇌의 피로를 예방하기 위해 가벼운 스트레칭과 생각과 감정을 멈추어 열이 발생하지 않도록 복식호흡을 하면서 성령의 지배가운데 명상을 하면 도움을 받을 수 있습니다.

또 뇌의 피로는 뇌에서 발생하는 열을 제대로 처리하지 못해 열이 쌓여 발생하기 때문에 뇌의 피로를 방지하기 위해서는 성령으로 건강한 호흡을 할 수 있는 환경이 중요합니다. 성령의 지배가운데 아랫배를 통하여 들숨과 날숨이 교차하며 뇌와 눈의 열을 식히고, 충분한 산소가 공급될 수 있도록 해야 하는 것입니다. 뇌를 숨을 쉬면서 피로치료는 성령의 인도로 건강한 호흡을 통해 뇌와 눈의 열을 식히고 산소가 원활하게 공급될 수 있도록 돕는 뇌의 피로를 푸는 최고의 방법입니다.

사랑하는 성도여러분 피로는 만병의 원인입니다. "돈을 잃으면 조금 잃는 것이요, 명예를 잃으면 많이 잃은 것이요. 건강을 잃으면 모든 것을 잃는다.”는 말이 있습니다. 자신의 건강을 지키면서 돈도 벌고 명예도 추구해야 합니다. 돈을 많이 벌고 명예가 높아졌으면 무엇 합니까? 건강을 잃으면 끝입니다. 하루하루 피로는 푸는 습관을 길러야 합니다. 여기 한 사례를 소개합니다.

“광주의 장씨(50세)는 서울에서도 잘 나가는 사람이었다. 내장목수 오야지로 일해 온 그는 공사를 도급 맡아 돈을 많이 벌었다. 그는 광주에 고급주택을 2채나 사서 가지고, 1억 원이나 되는 은행예금도 있었다.

돈이 불어나는 만큼 그에게는 스트레스가 엄청 많이 쌓였고 동시에 고혈압, 불면증과 같은 정신적 육체적인 질병과 과음, 편식 등 나쁜 생활습성이 자랐다. 3년 전 어느 겨울날, 공사대금을 받지 못해 심한 스트레스를 받은 데다 홧김에 친구들과 밤새 술을 폭음한 그는 이튿날 새벽 뇌출혈로 화장실에서 쓰러졌다. 서울의 유명병원에 입원하여 치료를 받았지만 워낙 상태가 심하다 보니 별 호전이 없었다. 전국을 돌며 유명하다하는 명의들에게 치료를 받았지만 효과가 별로였다. “긴병에 효자가 없다”고 중환자간호에 신심이 지친 그의 아내는 주변의 따가운 시선도 아랑곳 않고 제 살길을 찾아 어디론가 떠났다. 수족이 완전 마비상태이고 말도 한마디도 하지 못하는 그는 간병인의 도움으로 침대에 누워 투병생활을 하고 있는데 “돈을 다 써도 걸을 수만 있다면…” 자기 발로 걸어 다니면서 세상을 사는 것이 최대소원이라 한다.”

사람의 제일 중요한 곳은 자신의 심령입니다. 혈관 건강입니다. 혈관의 질병이 암보다 무섭습니다. 심령이 하나님의 나라가 되게 하여 날마다 하나님의 복을 누리면서 사시기를 바랍니다. 필자가 예배 때마다 강조하는 바와 같이 걸어 다니는 성전으로 살아가야 합니다. 복식호흡을 하면서 자신의 심령에 상처와 스트레스가 쌓이지 않도록 자기 관리를 잘하셔서 강건하게 장수하면서 하나님의 영광을 나타내면서 사시기를 바랍니다.

상처와 스트레스가 쌓이다가 결국은 어깨와 한쪽 손을 마비하게 하여 고통 중에 성령의 역사로 상처와 스트레스를 처리하고 치유 받은 목사님의 간증이야기입니다. 좌측 반신인 어깨 손 마비를 치유하여 주신 하나님께 영광을 돌립니다. 저는 전남 광수에서 조직 교회인 은혜교회를 목회하는 정 목사입니다. 영적으로 미숙하고 성령으로 충만하지도 않으면서 성도들을 축귀하고 안수하여 주었습니다. 그러던 어느 날 왼 쪽 어깨 손이 마비되었습니다. 유명한 한의원을 다 다니고, 능력이 있다는 목사님들의 안수를 수도 없이 받았습니다. 5년을 이곳저곳을 돌아다니면서 치유를 받으려고 했습니다. 그래도 치유되지 않고 점점 상태가 나빠졌습니다. 그러다가 저의 사모가 충만한 교회 소문을 듣고 저에게 이야기 하여 광주에서 서울까지 매주 다니게 되었습니다. 그때당시 저의 건강 상태가 워낙 좋지 않은 상황이라 거리가 문제가 되지를 않았습니다. 다행히 큰 아들이 주변에 대학을 다니면서 자취를 하여 자취방에서 함께 기거하며 다니기로 했습니다. 첫날 와서 은혜를 받았습니다. 직감적으로 성령의 역사가 강하다는 것을 느꼈습니다. 다음날 상담을 신청하여 목사님에게 사정이야기를 했습니다. 목사님의 질병이 오래되어 시간이 걸리지만 의지를 가지고 참석하면 완전하게 치유가 된다고 하셨습니다. 의지가 중요하다고 하셨습니다. 또, 치유를 받으려면 어린 아이가 되어야 하니 목사님이 시키는 대로 기도를 하라는 것입니다. 계속 말씀을 듣고 기도하고 안수 받고를 계속했습니다. 다른 사람들은 바로 성령을 체험하고 치유를 받는데 나는 냉랭했습니다. 그래도 변화는 일어나는 것을 체험할 수가 있었습니다. 한 주가 지나도 두주가 지나도 성령이 저를 사로잡지를 못했습니다. 워낙 강하게 묶여서 그런 것입니다. 기도시간에 호흡을 들이쉬고 내쉬면서 주여! 주여! 아무리 소리를 내어도 성령이 사로잡지를 못했습니다. 의지를 가지고 치유를 받자하고 두 달을 다녔을 때 드디어 성령의 불세례를 받았습니다. 몸은 가누지 못할 정도로 흔들렸습니다. 이제 몸이 막 떨리는 것 이였습니다. 나도 모르게 막 팔을 흔들면서 소리를 질렀습니다. 그러면서 방언이 터졌습니다.

방언을 하면서 진동이 더 강하게 일어났습니다. 그러자 강요셉 목사님이 오셔서 안수를 해주셨습니다. 안수를 하면서 더 강하게 역사하여 주시옵소서. 하고 기도하니까, 내 속에서 비명이 나왔습니다. 그러면서 몸이 뒤틀리기 시작을 했습니다. 정말 내가 감당할 수 없었습니다. 몸이 뒤틀리면서 속에서 괴성이 계속 나왔습니다. 성령께서 임재 하시고 지배하시어 저의 양팔을 사정없이 돌리시는 것입니다. 아픈 좌측 팔을 돌리는

데 조금 전만해도 아파서 꼼작도 못했는데 팔을 돌려도 아프지를 않았습니다. 점점 진정이 되는 것 같았습니다. 강 목사님이 오셔서 마비된 좌측 어깨와 팔은 풀릴지어다. 하면서 명령하니 막 기침이 사정없이 나왔습니다. 좌측 어깨와 팔이 마비되게 한 귀신은 떠나갈지어다. 명령을 하셨습니다. 막 아랫배와 어깨에서 강한 통증을 유발하면서 귀신들이 떠나갔습니다. 조금 어깨도 풀리는 것 같았습니다. 이제 성령이 장악하여 영의 통로가 열려서 기도할 때마다 귀신들이 떠나갔습니다.

지난 5년동안 반신불수가 되지 않을 까 걱정을 많이 했는데 지속적으로 7개월을 다니니 완벽하게 마비되었던 좌측 어깨와 손이 정상이 되었습니다. 정말하나님께 감사를 드립니다. 8개월을 다니면서 매주 다른 성령과 영성에 대한 밀씀을 배우게 하셔서 영적으로 박식하게 하셨습니다. 영안도 열리고 영적인 세계도 열리게 하시니 감사합니다. 하나님은 못하시는 것이 없습니다. 단 본인의 의지가 중요합니다. 저도 한두달 다니다가 포기했더라면 이런 기적을 체험하지 못했을 것입니다.

다음은 8년 동안 고생하던 오십견을 치유 받은 사례입니다. 전북 익산에서 8년 동안 오십 견과 어깨 근육통증으로 고생하다가 치유 받은 목사님의 이야기입니다. 이 목사님이 우리교회에 치유의 능력을 받기 위해서 오셨습니다. 하루가 지나고 이틀이 지났습니다. 3일째 되던 날, 제가 오십 견이나 근육통으로 고생하는 분이 있으면 앞으로 나오라고 했습니다. 그랬더니 이분이 손을 들고 앞으로 나왔습니다. 나와서 저에게 이렇게 말했습니다.

"목사님 저는 8년 동안 오십 견과 어깨 근육통증으로 오른쪽 팔을 사용하지 못합니다." 그래서 필자가 "성령께서 이 시간 치유하여 주실 것입니다." 그랬더니 이분이 비웃는 것입니다. 8년 동안 이 방법, 저 방법을 다 사용해도 낫지 않았는데 어떻게 금방치유 되냐는 것입니다. 내가 아무 소리도 하지 않고 어디가 아프냐고 하니까, 오른쪽 팔이라는 것입니다.

그래서 내가 어깨에 손을 대니까, "아~"하면서 괴성을 질렀습니다. 아프다는 오른쪽 어깨에 손을 얹고 본인에게 호흡을 들이쉬고 내쉬라고 하면서 성령의 불을 집어넣었습니다. 어느 정도 성령으로 장악이 되었습니다. 원래 오십 견이나 근육통을 성령의 불을 집어넣어 성령이 장악되면 금방 치유가 되는 경우가 많습니다. 그래서 제가 "예수님의 이름으로 명령한다. 목과 어깨를 잡고 팔과 연결된 신경과 인대 디스크는 제자리에 들어갈지어다."하고 명령을 했습니다. 그러면서 성령의 감동을 받으니 성령께서 어깨를 상처와 스트레스를 받을 때 들어온 악한 영이 잡고 누르고 있으니 귀신을 물리치라는 것입니다.

그래서 "예수님의 이름으로 명령한다. 어깨를 잡아서 오십 견을 일으키는 귀신은 정체를 밝힐 지어다." 했더니 기침을 하면서 팔을 막 돌리다가 흔드는 것입니다. 성령께서 지배하시고 역사하시는 것이 눈으로 보였습니다. 그래서 "성령님 더 강하게 역사하여 주옵소서." 하면서 계속 숨을 들이쉬고 내쉬라고 하면서 불을 집어넣으면서 강하게 역사하여 주실 것을 명령했습니다. 조금 지나니 팔 흔드는 것이 약해지는 것입니다. 성령의 권능에 의하여 오십 견을 일으키는 질병의 영이 제압을 당한 보증입니다. 내가 명령을 했습니다. "지금 이렇게 팔을 흔들었던 더러운 질병의 영은 떠나갈지어다."하니까 기침을 사정없이 한 동안 했습니다. 기침이 잠잠해졌습니다. 그래서 목사님에게 팔을 올려보라고 했습니다. 그랬더니 어깨통증이 있어 올리지를 못하겠다는 것입니다. 그래서 내가 어깨에 손을 얹고 "어깨 통증을 일으키는 사기와 독소는 예수 이름으로 명하노니 떠나가라." 했더니 막 소리를 지르는 것입니다. 그러면서 기침을 했습니다. 저는 계속 "어깨에 손을 얹고 통증은 뿌리까지 빠질 지어다." 하면서 명령을 했습니다.

한 5분 동안 기침을 하다가 멈추었습니다. 그래서 목사님에게 팔을 올려보라고 했더니 머리위로 쑥 올리는 것입니다. 통증이 없느냐고 했더니 어깨에 통증이 조금 있다는 것입니다. 그래서 어깨에 손을 얹고 "통증은 완전하게 치유될 지어다." 하고 한참 안수를 하고 팔을 올려보라고 하니 잘도 올리는 것입니다. 8년 동안 고생하던 오십 견과 어깨통증이 단 10분 만에 치유가 된 것입니다. 이분이 치유를 받고 신유은사가 강하게 나타나 치유사역을 하다가 교재를 사러 왔습니다. 와서 하는 말이 1년이 지난 지금까지 아프지를 않다는 것입니다. 이렇게 성령의 역사에 의한 내면치유와 축귀는 오십 견과 어깨통증도 치유합니다. 내면 치유와 축귀가 그냥 되는 것이 아니고 성령이 장악을 해야 순간 치유가 됩니다.

3부 정신적인 질병을 완치하신 예수님

11장 공황장애를 완치하신 예수님

> (시42:5)"내 영혼아 네가 어찌하여 낙심하며 어찌하여
> 내 속에서 불안해하는가, 너는 하나님께 소망을 두라 그가
> 나타나 도우심으로 말미암아 내가 여전히 찬송하리로다."

공황장애를 가지고 고통을 당하는 분들이 많습니다. 제일 문제가 공황발작이 일어나 환자 자신은 죽을 것 같은데 주변의 보호자들은 꾀병을 앓는 것으로 이해를 한다는 것입니다. 왜냐하면 가정의 상황이나 직장의 상황이 좋지 않을 때 공황발작이 일어나기 때문입니다. 예를 들어 설명하면 멀쩡하던 부인이 시어머니가 오니까, 공항발작이 일어났다고 꼼짝을 못하기 때문입니다. 공황장애에 대하여 이해를 못하는 분들은 꾀병으로 착각하고 환자를 대하는 경우가 많습니다. 정작 공황발작이 일어난 환자는 숨을 쉬지 못하고 죽을 것과 같은 고통을 당하는데 겉으로 보기에는 아무런 표시가 없기 때문입니다.

시험을 치르기 바로 전이나 중요한 면접을 앞둔 상황, 그리고 거북한 만남의 자리에 있어서 온 몸이 뻣뻣해지면서 손발에 땀이 나고 극도의 긴장이 몰려오면서 가슴이 쿵쾅거리는 증상은 일생을 살면서 누구나 한번쯤은 겪어본 상황일 것입니다.

이런 상황은 이미 스스로 어느 정도 준비가 되어있는 상태에

서 맞닥뜨리는 결과이기에 우리 몸에 이런 상황이 보인다고 해서 크게 문제시 여기는 경우는 없습니다. 하지만 이런 증상이 아무런 예고증상 없이, 또는 아무 긴장도 야기되지 않는 상황 속에서 몸을 통해 연출이 된다면 어떤 느낌을 받게 될까요? 불안함과 긴장감을 야기할만한 그 어떤 자극이 없는데도 불구하고 호흡곤란, 가슴부위 통증, 식은땀, 어지럼증과 같은 증상이 나타난다면, 그 사람은 극도의 불안감에 휩싸일 수밖에 없을 것입니다.

대부분의 사람들은 이런 상황이 발생하면 응급실을 찾게 됩니다. 그런데 응급실에서 시행하는 각종 검사(심전도, CT, MRI 등) 상 아무런 이상증상이 나타나지 않는다면 어떤 느낌이 들게 될까요? 분명 자신은 금방이라도 죽을 것 같은 고통을 느껴서 병원을 찾아왔는데도 불구하고 각종 검사 상 아무런 병석 반응이 나타나지 않는다고 한다면, 그 또한 불안하기 그지없을 것입니다.

분명 죽을 것과 같은 신체의 이상반응을 감지했는데 검사 상 아무 이상이 없다면 대부분 나 스스로 꾀병을 이야기하는 것이 아닌가라는 생각을 하게 됩니다. 태어나서 이런 고통을 처음 느껴본 사람들은 아무리 생각해도 꾀병은 아님이 분명하다고 느낍니다. 바로 이런 상태를 일컬어 '공황장애'라고 부릅니다. 다시 말해 특별한 자극이나 스트레스가 없는 상황에서 온 몸이 극도의 교감신경항진상태에 빠지게 되어 심장박동의 증가 및 호흡곤란과 불안감을 온 몸으로 느끼며, 몸이 뒤틀리며, 마치 죽음이라는 상태를 몸 전체로 인식하게 되는 상태가 되어 이것이 반복적으로 지속되게 되는 상태를 가리키는 말인 것입니다.

이런 공황장애가 반복적으로 발생 시 대부분 신경정신과를 찾게 됩니다. 그러면서 자율신경을 조절해주면서 억제성 신경 전달물질을 증가시켜주는 약을 처방을 받게 됩니다. 그러면 일시적으로 증상은 개선되지만, 근본적인 치유는 불가능합니다. 평생 정신과 약을 복용해야 합니다. 말씀과 성령으로 하는 영적인 치유 많이 완벽한 치유가 가능합니다. 이 증상 자체가 아무런 예고 없이 찾아오고 또한 그 원인을 정확하게 파악하지 못했기 때문에 이것을 대비한다는 것이 결코 쉬운 일은 아닙니다.

공황장애란 불안장애의 일종으로 급작스런 공황발작 즉 극심한 불안과 함께, 몸의 뒤틀림, 두통, 현기증, 가슴 두근거림, 질식감, 호흡곤란, 가슴 통증, 오한, 사지마비 감, 또는 저림 등의 증상이 나타나는 것이 반복되는 질병입니다.

공황발작이란, 사람이 생명에 위협을 느낄 정도의 극심한 상황에서나 느낄 수 있을 정도의 심각한 공포를 갑작스럽게 느끼는 것을 의미합니다. 환자들은 쉬고 있거나 차를 타고 있거나 자고 있던 중에 증상이 나타나 매우 당황하게 되고 급한 나머지 응급실을 방문하기도 합니다.

공황발작시의 특징적인 신체증상도 환자를 더욱 곤혹스럽게 합니다. 불안감과 동시에 나타나는 신체증상은 심각한 신체질환의 증상과 매우 유사하여 환자들은 내과, 신경과 등 타과를 방문하기도 합니다.

공황장애의 원인은 크게 생물학적인 원인과 정신사회적 원인으로 나눌 수 있습니다. 이를 좀 더 쉽게 설명하면 마음의 상처와 스트레스를 받아 영-혼-육체의 밸런스가 깨어질 때 발생하게 됩니다. 이는 그동안 필자가 공황장애로 고통을 당하던 환자를 치유하고 깨달은 것입니다. 이는 공황장애환자에서 흔한 증상에서 쉽게 깨달을 수가 있습니다. -가슴 두근거림 -몸의 뒤틀림 -땀 흘림 -떨림 또는 전율 -숨 가쁨 또는 숨 막히는 느낌 -질식감 -흉부통증 또는 가슴 답답함 -토할 것 같은 느낌 또는 복부 불 편감 -현기증, 불안정감, 머리 띵함, 또는 어지럼증 -비현실감 -자제력상실에 대한 두려움 또는 미칠 것 같은 두려움 -곧 죽을 것 같아 죽음에 대한 두려움 -감각의 이상 -오한 또는 얼굴이 화끈 달아오름 -사지의 뒤틀림 등입니다.

생물학적 원인으로는 유전이론, 카테콜아민이론, 청반이론, 대사이론, CO_2과민성의 증가 등이 있습니다. 유전이론에 따르면 공황장애환자의 직계가족에서 공황장애의 발병률이 4~8배 높은 것으로 알려져 있으며, 일란성쌍생아에서의 공황장애발병 일치 율이 이란성에 비해 약 3배 높은 것으로 알려져 있습니다.

카테콜아민이론에 의하면 신경 화학적 공황 유발 물질들(예: yohimbine, caffeine, isoproterenol등)이 중추신경계의 노르에피네프린, 세로토닌, GABA수용체에 작용하여 공황을 일으키는 것으로 보고되고 있습니다. 호흡과 관련하여 공황을 일으키는 물질들(예: 젖산, CO_2 등)은 과 호흡을 유발하거나 생체내의 산-염기 평형을 와해시켜 공황을 유발합니다.

뇌 구조적으로는 뇌의 간뇌에 있는 청반이 관련되는 것으로 보고되고 있는데, 청반은 불안의 중추조직으로 인체의 경보장치 역할을 합니다. 공황발작은 인체의 경보장치가 지나치게 예민해져서 아무런 이유 없이 혹은 사소한 자극으로도 작동하기 때문에 일어나는 것입니다. 그 외에도 불안을 중개하는 편도 핵의 역할이 중요한 것으로 알려지고 있으며 기타 불안관련 중추신경에서 불안을 종합하는 능력의 상실이 공황을 일으키는 원인으로 보고되고 있습니다.

정신사회적으로는 성격이 너무 내성적이고 의존적이거나 너무 완벽 지향적이고 성취욕이 높으며, 경쟁적인 경우에 많고 스트레스가 많아 과음하거나 생활이 불규칙하거나 카페인이 든 음식을 과다하게 섭취하거나 항상 수면이 부족한 사람에게서 흔합니다. 정신분석적 입장에서는 억압이 중요한 공황장애환자들의 방어기제로 보고하고 있으며, 개인이 받아들이기 어려운 소망, 충동들이 억압되어 있다가 의식화되려 할 때 불안과 공황발작이 나타나는 것으로 설명하고 있습니다. 행동주의 이론에서는 불안이 부모로부터 학습한 결과이거나 전형적인 조건화반응을 통하여 나타난다고 보고 있습니다.

이밖에 공황장애는 등이 굽어서 흉추 3, 4, 5번들이 틀어졌을 경우에 오기 쉬운 병입니다. 보통은 몸과 마음이 다른 것으로 생각하기 쉬우나 몸의 병이 마음에 나타나기도 하고 마음의 병이 몸으로 나타나기도 하는데, 대부분 몸을 건강하게 하면 정신적인 증상도 사라지게 됩니다.

가슴이 답답한 것은 등이 굽고 어깨가 앞으로 틀어짐으로써 가슴을 압박하기 때문이며, 등이 굽고 어깨가 처지면 목을 잡아

당기게 되어 목도 삐어있는 경우가 대부분인데 그러면 머리로 올라가는 신경이 약화되어 여러 이상이 나타나게 됩니다.

우리 몸은 골격만 바로 서 있으면 큰 일이 없는 한 건강하도록 되어 있습니다. 몸 골격에서 가장 중요한 부분은 '고관절' 로서, 고관절 이란 다리와 골반을 이어주는 부분으로 집에 비유하자면 '주춧돌' 처 럼 가장 기초가 되는 곳인데, 이 고관절은 외부 충격을 받아서 틀어질 수도 있지만, 요즈음은 대부분 나쁜 생활습관과 자세를 오랫동안 지속함으로써 고관절이 쉽게 틀어지고 있으며, 푹신한 침대, 소파, TV시청에 더하여 컴퓨터의 보급으로 인해 몸의 자세가 무너지고, 이로 인해 거의 모든 병이 발생한다고 해도 과언이 아닙니다.

고관절이 틀어지면 〉골반이 기울고 〉다시 그 위의 요추와 흉추가 굽거나 휘게 되며 〉등이 굽으면 어깨가 처지고 목이 삐게 되는데, 이처럼 우리 몸은 하나로 연결된 유기체 이므로, 고관절이 틀어짐으로써 집이 무너지듯이 점차 이상이 생기게 되는 것입니다. 또한 몸이 굽으면 위장을 비롯한 모든 내장기관들이 아래로 처지면서 제 기능을 못하는 것은 물론이고 몸 살림 운동에서 '공명' 이라고 말하고 있는 아랫배 부분이 꼭 막혀서 깊은 호흡이 안 되고 가슴으로 할딱할딱 숨을 쉬게 되므로 몸에 필요한 산소를 공급하지 못하게 되어 악순환이 거듭되게 됩니다. 치유를 위하여 '고관절 자가 교정' 과 '어깨 자가 교정' 들도 익혀서 할 수 있다면 더욱 도움이 되겠습니다. 허리를 곧게 세우고 가슴을 활짝 펴는 바른 자세를 갖는 것만으로도 건강할 수 있습니다. 나쁜 생활습관으로 해서 몸이 굽은 것을 약이나 시술 또는 타인의 도움을 받을 수 있는 것은 아주 제한적 이라는 것을 잘 이해해서 매일 자세를 바로 하는 꾸준한 운동으로 스스로의 몸을 바로 세우면 건강해지는 것입니다.

공황장애의 진단 및 증상. 공황장애의 진단을 위해서는 정신과의사의 철저한 문진과 정신과적 검사가 시행되고 불안을 유발하는 신체적인 질환을 감별하기 위하여 기본적인 이학적 검사, 갑상선기능검사 등이 시행됩니다.

앞에 말씀드린 14가지 증상 중에 5가지 이상의 증상이 동시에 나타나는 경우 공황발작이 있는 것으로 진단되고 이러한 발작이 반복되거나 또 그런 발작이 반복되는 것을 두려워하는 경우 공황장애로 진단됩니다.

공황장애의 발생시 일어나는 현상. 대개의 경우 공황발작의 첫 증상은 흔히 특별한 유발요인 없이 저절로 시작됩니다. 그러나 일정기간 동안의 육체적 과로나 심각한 정신적인 스트레스를 겪고 난 후에 증상이 처음 시작되는 경우도 많습니다. 대개 공황발작은 10분 이내에 급격한 불안과 동반되는 신체증상이 최고조에 이르며 20~30분 정도 지속되다가 저절로 사라지게 됩니다. 증상이 1시간 이상 지속되는 경우는 드물며, 증상의 빈도도 하루에 여러 번씩 나타나거나 1년에 몇 차례만 나타날 수 있을 정도로 환자에 따라 차이가 큽니다.

증상과 다음 증상 사이에는 예기 불안이 동반되기 쉬우며 발작 중에 이인감이나 우울 감을 경험하기도 합니다. 평소에 카페인 음료나 알코올을 과도하게 섭취해도 증상이 악화될 수 있습니다.

많은 환자들이 공황 발작이 있을 때 응급실을 방문하거나 내과 등, 다른 신체질환을 다루는 의사를 찾게 되며 증상의 원인을 찾기 위해 각종 임상 검사들을 하지만 공황발작 당시의 일시적인 혈압상승이나 과 호흡 증상 이외에는 특별한 이상이 없는 것으로 판정되곤 합니다.

다음 중 5가지 이상의 증상이 갑자기 발생하여 10분 이내에 증상이 최고조에 이르게 됩니다. - 심계항진, 가슴이 심하게 두근거림, 빈맥, - 몸이 뒤틀리면서 가누기가 힘이 든다. - 발한, - 몸이 떨리거나 후들거림, - 숨이 가쁘거나 답답한 느낌, - 숨막히는 느낌, - 흉통 또는 가슴의 불쾌감, - 메스꺼움 또는 복부 불편감, - 어지럽거나 불안정하거나, 멍한 느낌이 들거나 쓰러질 것 같은 느낌, - 이인증 또는 비현실감, (이인증은 정신이 육체와 분리되어 있다는 느낌, 신체의 일부가 짝짝이라는 느낌, 자기가 자기 자신을 멀리서 바라보고 있다는 느낌 등등) - 스스로 통제할 수 없거나 미칠 것 같은 두려움, - 죽을 것 같은 공포감, 감각과민, - 춥거나 화끈거리는 느낌 등입니다.

공황장애의 진단기준은 이렇습니다.

① 다음의 ⓐ, ⓑ가 모두 존재합니다.

ⓐ 반복적이고 예기치 못한 공황발작

ⓑ최소한 한 번 이상의 공황발작과 더불어 한 달 이내에 다음 중 한 가지 이상의 증상이 있습니다. (a) 또 다른 발작이 올까

봐 계속 염려함. (b) 발작이나 그 결과의 함축된 의미(스스로에 대한 통제를 잃어버리거나 심장발작이 오거나 혹은 미쳐버리지 않을까)에 대해 걱정함. (c) 공황발작과 관련된 행동에 있어 뚜렷한 변화가 온다.

② 광장공포증이 없거나 혹은 있습니다.

③ 공황발작은 물질(습관성 물질의 남용이나 약물투여 등)이나 일반 신체적 상태(갑상선 기능항진증 등)의 직접적인 생리적 영향 때문이 아닙니다.

④ 공황발작이 사회공포증, 특정 공포증, 강박장애, 외상 후 스트레스장애, 분리불안장애와 같은 다른 정신질환에 의해 더 잘 설명되지 않습니다.

공황장애를 치유하려면 이렇게 해야 합니다. 공황장애의 근본적인 원인은 "마음의 상처와 스트레스"와 "영적인 문제"이기 때문에 원죄의 해결과 마음의 상처 치유가 먼저 되어야 합니다. 죄의 개념이 율법을 범하는 차원에서만 생각하지 않기를 바랍니다. 죄란 바로 나 자신의 일부로서 육을 통하여 나타나는 생각이나 감정이나 의지가 다 죄입니다.

육신이 바로 죄이며 육신적으로 사는 것이 죄입니다. 영으로 살지 않는 사람은 육신적으로 사는 죄의 대가인 혼의 질병이 오게 됩니다. 그리고 자신의 죄가 아니더라도 조상의 죄악으로 오는 경우가 많습니다. 그리고 용서를 해야 합니다. 많은 경우 질병이 있는 환자는 말 못할 큰 충격을 받은 일이 있습니다. 나에게 이 충격을 일으킨 사람을 용서해야합니다.

1) 원죄를 용서받고 치유를 받으려면 예수를 영접하여야 합니다. 예수를 영접하므로 성령의 역사로 치유가 이루어지기 시작합니다. 모든 치유는 성령의 능력으로 됩니다. 자신에 내재하는 인간의 영의 선한 힘(영력)이라 하고, 예수를 믿어 내면으로 들어오신 하나님의 영은 인간의 능력을 초월하여 5차원으로 나타나는 영적 능력으로 역사합니다. 성령의 능력이 이때부터 나타납니다. 그래서 사람은 할 수 없으나 할 수 있는 하나님의 영력(형상)이 나타나서 성령이 충만하게 됩니다. 영력은 나타나는 상태와 조건인 마음을 열고 온몸으로 기도해야 강해집니다.

2) 성령의 역사가 나타나는 말씀을 듣고 성령의 세례를 받아야합니다. 그 조건과 상태는 여러 가지이지만 첫째 의지를 발동시켜야 합니다. 치료 받고자 하는 의지를 발동하게 하여 주여! 주여! 소리 내어 기도하면서 성령세례를 받는 것이 제1의 원리요, 그 다음은 말씀과 성령의 역사하심으로 내적 치유하는 것이 제2의 원리요, 귀신 추방의 제3 원리입니다. 귀신추방은 성령의 역사가 마음 안에서 일어나서 상처와 스트레스가 처리되기 시작하면 자동으로 떠나가는 것이 보통입니다. 그리하여 생각이 바뀌고, 마음이 감동되어, 믿음이 생겨서, 본인의 의지가 발동되어, 몸이 움직여지고, 행동으로 옮겨지는 과정을 거쳐야 합니다. 이 영적 원리는 모든 것에 적용됩니다.

3) 성령의 인도로 말씀을 잘 알아들을 수 있어야합니다. 성경에서는 내 뜻과 정성과 힘을 다하여 하나님을 섬기라 했고(신 28장), 크게 사모하는 자에게 제일 좋은 길을 보여 준다고 했습

니다(고전12:31). 네가 낫기를 원하느냐고 예수님은 말씀했습니다(요5:6), 영과 진리로 예배하는 자에게 찾아오신다 했습니다(요4:23). 모든 영적인 일에 마음을 열고 진심으로 구하고 구하면 얻을 것이요, 찾고 찾으면 찾을 것이고 두드리면 열립니다. 마음을 열고 소리내어 기도하면 성령을 주십니다. 강한 순종과 믿음과 승리의 의지를 발동시키고 행동으로 옮기십시오. 행동으로 옮기지 못하게 하는 장애요인(죄)이 자신에게 있습니다. 이것을 성령으로 깨닫고 회개하여 제거하십시오. 귀신의 역사에 의한 병과 정신병의 구분을 잘 해야 합니다.

4) 앞의 과정을 거친 다음에 질병의 원인을 성령께 질문해야 합니다. 영적인 그림을 그리라는 말입니다. 전체의 그림을 보면서 자신의 문제의 원인이 어디에 있는 지를 찾아야합니다. 시간이 많이 걸릴 수가 있습니다. 왜냐하면 성령께서 완전하게 장악을 한 다음 원인을 알 수 있고 치유도 되기 때문에 하나님의 시간표를 따라 기다려야 합니다. 급하다고 되는 일이 아닙니다.

5) 성령께서 알려주는 질병의 원인에 따라 조치를 해야 합니다. 조상이나 자신의 죄악은 회개하고, 상처를 준 사람은 용서하고, 가문의 대물림되는 귀신 역사는 성령의 역사로 유전은 절단하고 원인을 제거해야 합니다. 악한 영의 역사라면 귀신을 축사해야 합니다. 그리고 지속적인 치유를 받아야 합니다.

6) 이때부터 내적치유하며 악한 영을 축사해야 합니다. 의지를 가지고 지속적으로 해야 합니다.

7) 하나님과 영적인 관계를 지속하며 감사해야 합니다.

공황장애의 치유는 반드시 말씀과 성령으로 가능한 것입니다. 먼저 예수를 믿어 옛 사람이 죽어야 합니다. 그리고 새사람으로 태어나야 합니다. 옛 사람이 그대로 살아있는 이상, 완전 치유는 곤란합니다. 옛 사람이 죽고 새사람으로 태어나는 고통을 감내해야 치유가 됩니다. 그러므로 공황장애를 치유 받으려면 반드시 성령의 세례를 받아야 합니다.

성령으로 세례를 받아, 성령의 이끌림을 받으면서 지속적인 기도를 하면 자신 안에서 성령의 불이 나오면서 성령의 역사로 내면의 상처를 치유 받아야 합니다. 한마디로 자신이 변해야 완치가 되기 때문입니다. 사람은 할 수 없으되 하나님은 하십니다. 하나님의 말씀에는 불치가 없습니다. 믿음을 가지고 치유 받아 새로운 삶을 살 수가 있습니다. 반드시 예수 안에서 치유된다는 믿음이 굉장히 중요합니다. 하나님이 하십니다.

공황장애는 말씀과 성령의 역사로 내면과 정신과 영적인 문제를 치유하면 정신 신경과 약을 먹지 않고 완치가 가능합니다. 정신과 약을먹으면 죽을 때까지 복용해야 합니다. 약 부작용으로 몸이 비대해집니다. 2020년 12월 하순 새벽 1시에 우리 충만한교회에 다니는 분으로부터 전화가 왔습니다. 몸이 뒤틀리고 가슴이 답답하고 불안하여 119구급차를 불러서 지금 구급차를 타고 응급실에 가려고 한다는 것입니다. 그러면서 기도를 해달라는 것입니다. 필자는 코로나19로 인하여 성도들을 대면하여 안수기도를 못해서 전화로 기도를 해주고 있습니다. 전화로 기도하니 성령의 역사로 기침을 했습니다. 기침을 심하게 하니까, 119구급차의 간호사가 혹시 코로나19에 걸린 것이 아닌가 거리낌을 갖거나 이상하게 생각하는 것 같아서 그냥 119구급차를 타고 병원 응급실을 가라고 했습니다.

새벽 4시가 되어서 전화가 왔습니다. 응급실에 도착하여 여러 가지 검사를 했는데 이상이 없다고 퇴원을 하라고 하더랍니다. 그러면서 공황장애라고 하더랍니다. 그래서 필자가 앞으로는 발작증상이 나타나더라도 구급차를 부르지 말고 그냥 호흡을 깊게 하면서 기도하면 10분정도 지나면 잠잠해진다고 걱정하지 말고 두려워하지 말라고 했습니다. 대중교통을 타고 가거나 직장에서 일할 때 증상이 나타나거든 절대로 두려워하지 말고 숨을 깊게 들이쉬고 내쉬면서 성령으로 기도하면 부교감 신경이 강화되어 잠잠해지니 참고 인내하라고 당부했습니다. 그리고 성령하나님께서 공황장애를 완전 치유하여 주실 것이니 두려워하지 말고 기도하자고 했습니다.

교회예배당에 나오지 못하는 날은 전화로 기도를 해주었습니다. 우리 교회는 매주 토요일 날 영적-정신적-육체적으로 고생하는 4-6명을 대상으로 오랜시간 집중치유기도를 합니다. 이때 참석하게 하여 지속적으로 성령으로 기도하게 했습니다. 기도를 계속하는 기간에도 버스를 타고 가다가 발작 증상이 일어났다고 말하기도 했습니다. 그럴 때마다 절대로 두려워하고 무서워하면 발작증상이 더 심해질 것이니 성령하나님께서 보호하여 주신다는 것을 믿고 마음으로 기도하라고 알려주었습니다.

그리고 계속 집중 기도를 하여 마음의 상처와 스트레스와 두려움을 주는 상처를 성령의 역사로 밖으로 배출하게 했습니다. 공황장애는 마음의 상처와 스트레스로 발생하는 경우가 많기 때문입니다. 이 성도의 동생은 예수를 믿지 않는데 2년 전에 공황장애로 공황발작이 연속적으로 찾아와 지금 정신과에서 공황장애 약을 처방받아 먹고 있는데 잠을 많이 자고 머리가 멍하고 몸이 비대해져서 정상적인 생활이 곤란하다는 것입니다. 그래서 약을 먹으면 평생 먹어야 함으로 성령의 역사로 마음을 치유하여 평안하게 하면 공황장애는 완치 된다고 안심을 시키고 성령으로 기도하게 했습니다. 그러니까, 자신의 동생 상태를 익히 보고 알고 있어서 필자가 하는 말을 받아들이고 영적치유를 계속했습니다. 그 결과 1년이 지나고 2월이 지났는데 아무런 증상이 없고 평안하게 직장생활 정상적으로 잘하고 있습니다.

공황장애는 전적으로 마음의 상처와 스트레스로 인한 영적 문제로 발생합니다. 특별하게 가족력이 있는 분들에게 발생합니다. 그러니까, 말씀과 성령의 역사에 의한 내면의 치유가 중요한 것입니다. 온몸으로 기도하면 성령의 역사로 내면의 상처가 치유되면 부교감신경이 강화되면서 머리에 도파민과 세로토닌이 정상적으로 분비됨으로 완치가 되는 것입니다. 공황장애로 정신과에서 약을 처방해주는 것은 치료제가 아니고 도파민과 세로토닌이 정상적으로 분비되도록 해주는 약입니다. 그러므로 약을 먹기 시작하면 평생 약을 먹어야 합니다. 제일 좋은 치유는 말씀과 성령의 역사에 의한 마음의 상처와 스트레스 영적 정신적인 치유입니다. 공황장애는 완치가 가능합니다.

12장 우울증을 완치하신 예수님

(시 42:11)"내 영혼아 네가 어찌하여 낙심하며 어찌하여 내 속에서 불안해 하는가 너는 하나님께 소망을 두라 나는 그가 나타나 도우심으로 말미암아 내 하나님을 여전히 찬송하리로다."

우울증은 하나의 원인으로 발생하는 질환이라기보다는 다양한 원인에 의하여 발생되는 것으로 생각됩니다. 유전적인 소인, 내분비 이상, 살아가면서 겪는 상처와 스트레스, 성격적 특성, 대인관계의 문제, 아동기의 갈등이 원인이 될 뿐 아니라, 최근에는 뇌 내 신경전달물질을 관리하는 체계에 이상이 있다는 많은 증거들이 밝혀졌습니다. 신경전달물질은 신경의 끝에서 분비되어 연결된 다른 신경에 정보를 전달하는 미세한 물질입니다. 우울증 약물을 복용하면 우울증을 초래한 신경전달물질의 이상이 정상화 되어 우울증에서 회복이 되기도 합니다. 그러나 우울증을 발생하게 했던 상황이 재현이 되면 재발합니다. 그렇기 때문에 말씀과 성령의 역사에 의한 마음의 상처와 스트레스를 처리해야 완치가 가능한 것입니다.

우리는 성장 과정에서 많은 어려운 일을 겪고 많은 부정적이며, 자신에게 상처 주는 말을 듣고, 보고, 경험했던 사건들이 내 안에 형성되어 있습니다. 돌, 가시덤불, 너는 못났다. 바보다. 귀찮다. 저리 가라. 쓸모가 없다. 너는 아무 것도 못할 거야. 너는 되는 일이 없어. 이번에도 실패 할 것이다. 차라리 죽어 버려라. 이러한 부정적이고 비관적인 언어가 우리의 마음에 깊이 심겨져 있습니다.

말은 단순히 말로 그치지 않고 마음에 깊이 남게 됩니다. 그리고 그 사람의 인생에 큰 영향을 주게 됩니다. 말은 자신과 가까운 상태의 사람의 말은 깊이 무의식에 심겨 집니다. 어머니, 아버지의 말은 아이는 그대로 믿고 그 말을 받아들입니다. 우울증과 그리스도인이란 두 단어는 서로가 성립되지 않는 말들이고 함께 어울릴 수 없는 말들입니다. 진정으로 성령님에 의해 거듭난 체험을 하고 확실히 성령의 충만함을 경험한 사람이라면 절대로 우울증에 빠지는 일이 있을 수 없습니다. 이 말이 맞습니까? 그렇지 않습니다. 그리스도인도 상처와 스트레스를 받아 믿음이 떨어지는 순간 우울증이 찾아옵니다.

사람은 밥을 먹고 소화를 시키고 일을 하고 휴식을 취하고 (긴장-이완-긴장-이완)가 규칙적으로 일어나야 합니다. 그러나 긴장만 있어서도 안 되고, 이완만 있어서도 안 됩니다. 긴장이나 이완된 상태에서 계속될 때, 심리적인 문제가 생깁니다. 다음에 질병이 찾아오게 됩니다. 그러므로 항상 성령이 충만한 믿음 생활로 내면관리를 해야 하는 것입니다. 무엇보다도 예방 신앙이 중요합니다. 필자가 치유사역을 하다가 보면 막연하고 안일하게 신앙생활을 하다가 질병이 발생한 다음에 후회하는 분들이 있습니다.

우울증의 대표적인 현상은 이렇습니다. ① 앞으로 아무런 희망도 없다고 느껴질 때 우울증을 의심해 보아야합니다. ② 차라리 죽는 것이 낫다고 생각될 때 우울증을 의심해 보아야합니다. ③ 세상에 나 혼자라고 느껴질 때 우울증을 의심해 보아야합니다. ④ 그대로 있으면 무슨 일을 저지를 것 같을 때 우울증을 의심해 보아야합니다. ⑤ 괴로움을 혼자 견디기 힘들 때 우울증을 의심해 보아야합니다. ⑥ 불면증에 시달릴 때 우울증을 의심해 보아야합니다. ⑦ 체중의 감소 혹은 증가가 심할 때 우울증을 의심해 보아야합니다. ⑧ 지나친 죄책감에 시달릴 때 우울증을 의심해 보아야합니다. ⑨ 병원에서 진찰을 받은 결과 몸에 이상이 없다고 하는데도 근육통이나 몸이 계속 아프거나 심각한 병이 있다는 생각에 빠져들 때 우울증을 의심해 보아야합니다. ⑩ 누가 자신을 놀리거나 남들이 나에게 피해를 주고 있는 생각 때문에 괴로울 때 우울증을 의심해 보아야합니다. ⑪ 주위에 아무도 없는데 사람의 목소리가 들리는 경험을 할 때 우울증을 의심해 보아야합니다. ⑫ 아무 일도 하기 싫어 주부가 집안일을 못하거나 직장인이 업무를 제대로 못하거나 학생이 공부를 할 수가 없어 성적이 떨어지는 경우에 우울증을 의심해 보아야합니다. ⑬ 말수가 줄어들거나 짜증이 늘어나는 등 성격이 변한 것 같은 경우에 우울증을 의심해 보아야합니다. ⑭ 술, 담배, 기타 여러 약물(진통제 등)을 상습적으로 복용 또는 남용하는 경우에 우울증을 의심해 보아야합니다. ⑮ 고혈압, 당뇨 등 신체적인 질환이 있는 사람이 우울해 할 때 우울증을 의심해 보아야합니다. 의사의 말을 믿을 수 없을 때 우울증을 의심해 보아야합니다. 자신의 상태를 누구에게 물어봐야 할 지 모를 때 우울증을 의심해 보아야합니다. 나는 이상이 없다고 생각하는데 남들이 병원에 가 보라고 권할 때 우울증을 의심해 보아야합니다. 병원에 가야 하는 것을 알면서도 병원에 가기 싫을 때 우울증을 의심해 보아야합니다.

여기에 추가적인 우울증의 증상은 이렇습니다. 우울증 환자 90%가 신체 통증을 호소한다는 것입니다. 대한우울·조울병학회에서는 여의도성모병원과 서울아산병원 등 13개 병원에서 치료중인 우울증 환자 393명을 대상으로 역학조사를 한 결과 우울증 환자 대부분이 가슴이 답답하거나 호흡이 곤란한 신체증상을 동반하는 것으로 나타났다고, 2010년 3월 18일에 밝혔습니다. 조사결과에 따르면 응답사의 90%(340명)는 머리와 가슴, 목, 어깨 등의 부위에서 통증을 느끼고 있는 것으로 분석됐습니다. 부위별로는 두통을 호소하는 환자가 71.4%(275명)로 가장 많았으며, 목이나 어깨 통증 67.8%(262명)명, 근육통 48.9%(188명), 가슴 통증 46.9%(180명), 허리 요통 46.1%(177명) 순으로 흔했습니다.

성별로 보면 남성이 여성보다 허리통증을 더 많이 느꼈으며, 우울증이 심하다고 응답한 사람일수록 신체 통증을 더 많이 느끼는 것으로 조사됐습니다. 응답자 중에는 자살을 생각해 본 적이 있는 응답이 40%에 달했으며, 이중 8% 정도는 실제 자살을 시도했던 것으로 집계됐습니다. 학회에서는 "우울증 환자에게 나타나는 통증은 우울증을 더욱 깊게 만들고, 이는 더욱 심각한 통증 및 다른 신체 증상으로 이어지는 악순환으로 작용한다"면서 "우울증 환자가 조속한 시간 내에 적절한 치료를 받을 수 있는 시스템과 교육이 필요하다"고 말했습니다.

그래서 우리 그리스도인에게 기쁨과 평안은 필수적입니다. 그러나 우리의 내면이 그렇지 못합니다. 우리는 코로나로 우울한 소식을 많이 듣습니다. 그리스도인들도 우울해질 수 있습니다. 다윗은 지금 자신의 감정을 시로 표현합니다. 이는 믿음의 사람 다윗이 낙심하며 매우 불안해하고 있다는 증거이기도 합니다. 우울증은 특정한 사람이 걸리는 심리적인 병이 아닙니다. 여자, 마음이 약한 사람, 내성적인 사람, 믿음이 약한 사람, 특정한 사람이 걸리는 병이 아니라 누구든지 걸릴 수 있는 질환입니다. 심리적인 질환에서 가장 우리나라 사람에게 많이 있는 병입니다.

공통적인 질병은 감기입니다. 감기는 어린아이부터 성인에까지 걸리기 쉬운 병입니다. 병중에 가장 기본적인 병이나 모든 병을 일으키는 근원이 되며, 가장 치사율이 높은 병입니다. 감기처럼 우울증도 역시 모든 정신적인 질환에서의 기본적인 병입니다. 감기는 언제 잘 걸립니까? 환절기 기온의 차이가 많을 때, 몸의 상태가 나쁠 때, 과로할 때 많이 걸립니다. 우울증 역시 환절기에 많이 걸립니다. 기분의 차가 심할 때. 복잡한 일이 있을 때. 기온의 차이가 심할 때. 영적인 상태가 약할 때에 잘 나타납니다. 이러한 현상은 누구에게나 찾아올 수 있습니다. 환절기에 감기에 걸리는 것처럼 말입니다. 골리앗을 쓰러트린 담대한 다윗이 우울증에 빠졌던 경우가 있었습니다(시

57:1-2). 갈멜산에서 850명의 이방신 제사장들과 싸워 이긴 엘리야도 우울증에 시달렸습니다(왕상19:4). 요나와 같은 선지자들도 어려움에 빠져 심리가 불안정하게 되었던 경우가 있었습니다(욘4:3). 믿음의 선진들도 우울증을 경험했습니다.

우울증은 마음의 상처와 스트레스가 쌓여서 발생하는 질병입니다. 우울증을 치유 받으려면 성령으로 세례를 받고 성령으로 내면을 치유하여 마음의 밭을 옥토로 만들어야 합니다. 어떻게 옥토로 만듭니까? 말씀과 성령의 역사로 만듭니다. 왜 마음을 옥토로 만들어야 합니까? 마음이 넓으면 상처를 덜 받으니까? 그래서 하나님은 우리에게 항상 기뻐하라. 쉬지 말고 기도하라. 범사에 감사하라고 하시는 것입니다. 성령 충만한 믿음생활을 하면 우울증은 나타나지 않습니다. 성경 말씀은 모두 우리를 위하여 하나님이 주신 것입니다. 우리는 성령으로 충만하여 항상 기뻐해야 합니다. 항상 기뻐하면 건강에도 좋습니다.

우울증을 완전치유 받으려면. 코로나19가 2년이 다되도록 위세를 떨치고 있는 가운데 '코로나블루'라는 신조어가 생길정도로 우울증, 공황장애, 불면증, 울화병 환자들이 많이 발생하고 있습니다. 필자는 23년이 넘도록 사람들의 마음의 상처 스트레스를 치유하면서 정신적인 질병인 우울증, 공황장애, 불면증, 울화병으로 고생하는 수많은 분들을 말씀과 성령의 역사로 치유하여 평안한 삶을 살아가도록 했습니다. 이런 분들을 치유하면서 깨달은 것은 정신적인 문제를 치유하려면 전문성이 있어야 한다는 것입니다. 조금 아는 것으로는 우울증으로 고생하는 사람을 자유하게 할 수가 없습니다. 오히려 병세를 더 악화시키는 경우가 허다합니다. 선무당이 사람을 잡는 것이기 때문입니다. 우울증 환자나 보호자는 전문인을 찾아야 합니다.

많은 수의 우울증, 공황장애, 불면증, 울화병 환자들이 치유를 받으려고 수소문하다가 전문성이 없는 목회자나 사역자를 만나서 질병이 더 악화되고 시간적으로 물질적으로 사기를 당하는 경우가 많습니다. 실제로 얼마 전에 필자에게 전화하여 우울증과 공황장애와 불면증으로 6개월이 넘도록 고통을 당하면서 사시는 분의 사례입니다. 이분이 처음 증상이 발생하여 정신적인 문제를 치유한다는 분에게 안수기도를 받았다는 것입니다. 그분이 하시는 말씀이 자신에게 안수기도 한번만 받으면 치유가 된다고 했다는 것입니다. 그런데 문제는 질병이 더 심해졌다는 것입니다. 그래서 다른 사람을 만나서 안수기도를 받았는데 병세가 호전되지 않고 더 심해만 갔다는 것입니다. 이렇게 5군데를 찾아가서 자신의 정신적인 질병을 단기간에 치유 받으려고 했는데 생각대로 되지 않고 병세가 더 나빠졌다는 것입니다. 그러면서 사기를 당했다는 것입니다. 필자도 믿지 못하겠으니 교회 다니는 성도 중에 우울증을 치유 받은 성도 전화번호를 알려달라는 것입니다. 우리 성도 중에 우울증을 치유 받은 성도가 다수가 있는데 모두가 직장을 다니고 있기 때문에 전화를 걸어도 받지 못할 것이고 개인 정보이니까, 잘못하면 문제가 생길 수가 있다고 그냥 믿고 찾아오시면 치유 받을 수 있다고 말했습니다. 사기를 많이 당해서 믿지 못하는

데 진실도 믿지 못하면 그대로 고통당하면서 사는 수밖에 없는 것입니다. 우울증을 일으키는 귀신의 역사인지도 모릅니다.

필자가 그렇게 이사람저사람을 통해서 정신적인 문제를 단번에 치유 받겠다고 돌아다니면 병세는 점점 더 심해집니다. 그랬더니 맞습니다. 지금 병세가 너무 심해져서 불안과 두려워서 밖에 나가지를 못하고 있습니다. 급기야 남편하고 떨어져서 친정에서 지내고 있습니다. 교회직분이 집사라는 것입니다. 그래서 필자가 집사님 그렇게 단기간에 치유 받으려고 마음을 먹으니까, 사기를 당하는 것입니다. 정신적인 문제가 안수기도 한번 받아서 치유가 되지 못합니다. 저는 23년간 마음의 상처와 스트레스로 발생한 질병을 치유하는 사역을 했습니다. 필자는 순간 기분이 좋아지는 치유가 아니라, 온전하게 치유되어 행복한 생활을 하도록 하는 것에 목적을 두고 사역을 합니다.

집사님 6개월간 고생을 하셨으니 적어도 3개월을 집중적인 치유를 받으셔야 합니다. 물론 필자를 처음 찾아오셔서 2시간 정도 안수기도 받으면서 본인이 기도하면 마음이 편안해지고 머리가 맑아지고 기분이 좋아집니다. 이는 세상에서 말하는 '사이다'로서 이것은 순간 성령의 역사로 느끼는 기분에 불과합니다. 치유된 것이 아니고 앞으로 완전치유가 될 수가 있다는 것을 성령께서 본인에게 느끼게 하여 믿고 집중적으로 치유하여 완치하라고 알려주시는 것입니다. 이를 치유된 걸로 오해하고 계속적인 집중치유를 하지 않으면 2-3일이 지나면 더 심해지는 것이 보통입니다.

필자는 이런 분을 치유할 때 2시간이상 집중적인 기도를 5-8회 이상 하게 합니다. 1주일 만에 5-8번을 하는 것이 아니고, 1주에 1-2회 밖에 못합니다. 상처스트레스가 치유가 되면 체력소모가 많이 되기 때문에 1주에 1-2회가 적당합니다. 자기 안에서 일어나는 성령의 역사로 우울증을 일으키는 상처 스트레스를 떠나보내기 때문입니다. 너무나 급하게 생각하면 우울증을 완치할 수가 없습니다. 그러면 1주에 1-2회 2시간이상 집중기도하면 우울증을 일으키는 불안전 요소들이 많이 없어집니다. 상처와 스트레스로 발생한 불안전 요소들 때문에 우울증이 발생한 것이기 때문에 우선적으로 마음 안에서 일어나는 5차원의 초자연적인 성령의 역사가 우울증을 일으키는 요소(상처, 스트레스, 영적존재)들을 떠나보냅니다. 우울증을 일으키는 요소들은 초인적인 4차원입니다. 그렇기 때문에 능력이 있다고 자처하며 우울증을 잘 치료한다는 사람이 치유할 수가 없는 것입니다. 반드시 5차원의 초자연적인 성령의 역사가 환자의 마음 안에서 일어나야 우울증이 치유가 되는 것입니다.

그리고 지속적으로 주1회씩 집중 기도를 하게 합니다. 이는 환자 안에서 우울증을 이기는 면역력이 강화 되도록 하는 활동입니다. 쉽게 말하면 성령으로 충만해진다는 것입니다. 자신 안에서 면역력이 강화되어야 우울증을 이기면서 행복하게 살아갈 수가 있기 때문입니다. 이런 활동도 본인이 마음을 열고 받아들여야만 가능합니다. 마음을 열어야 성령님이 역사하시면서 우울증을 일으키는 요소들을 치유하시기 때문입니다. 우울증은 절대로 능력 있는 사람이 할 수가 없습니다. 성령하나님만이 우울증을 치유하실 수가 있습니다. 우울증을 일으키는 상처 스트레스로 발생한 불안전 요소들이 마음 안 무의식에 쌓여있기 때문입니다. 그래서 환자가 치유 받고 자유함을 누리려는 의지가 있어야 성령으로 치유할 수가 있는 것입니다.

그렇게 하면 우울증이 치유되어 마음이 편안하고, 마음이 기뻐지고, 행복하고, 잠을 잘 자고, 불안과 두려움이 봄에 눈이 녹듯이 사라지게 됩니다. 성령하나님께서 자신을 점령하셨기 때문입니다. 쉽게 말하면 하나님의 나라 천국이 되었기 때문입니다. 이렇게 지속적으로 관리를 받으면서 믿음생활 잘하면 완치가 되어 우울증으로부터 영원하게 이별하게 되는 것입니다. 완전 치유를 받은 다음에 관리를 잘해야 합니다. 의사 분들이 이렇게 말을 하는 것을 들으신 분들도 계실 것입니다. 환자는 몸 안에 종양이 잘 생기는 체질입니다. 이분은 몸과 마음이 평안하지 못하여 자신 안에서 이런 불안전요소들이 자라는 것입니다. 마찬가지로 우울증이 자주 발생하는 분들도 자신의 마음 안에서 우울증을 일으키는 요소들이 자라기 때문입니다. 이를 방지하기 위하여 예수님을 믿고 성령으로 충만하여 체질을 바꾸는 것입니다. 체질을 바꾸는 일은 전적으로 사람을 창조하신 하나님께서 하십니다. 성령으로 충만한 생활을 하면 몸에 종양이나 우울증이 생기지 않습니다. 이와 마찬가지로 우울증으로 고생하셨던 분들은 성령으로 충만하면 우울증이 발생하지 않는 것입니다. 성령하나님은 만병의 의사이십니다. 믿고 건강하게 하나님의 축복을 받으면서 살아가시기를 바랍니다.

우울증으로 남편과의 불화가 심하다가 치유 받은 분의 간증입니다. 저는 남편과의 불화가 너무 심하여 우울증으로 고생했습니다. 저의 남편이 평소에 술은 드시지만 술주정을 하거나 다른 실수를 하는 분도 아닙니다. 그런데 남편이 술을 드시는 모습을 보기만 하면 참지 못하고 온갖 혈기를 다 부리는 것입니다. 남편이 술을 많이 먹는 분도 아닌데 술 냄새만 났다하면 남편을 집에 들어오지 못하게 하면서 혈기를 부렸습니다. 저는 저의 혈기 때문에 남편과의 불화가 끊이지를 않았습니다. 남편도 정말 힘이 들었을 것입니다. 그래서 오랜 세월동안 울며 기도하고 금식기도도 했지만 전혀 나아지지 않았습니다. 이 문제로 인하여 오랜 세월 고통하며 지내던 중 충만한 교회 내적치유세미나에 참석하게 되었습니다. 그 세미나에서 이 모든 문제의 근원이 저에게 있음을 깨닫게 되었습니다. 기도하던 중 갑자기 나의 기억 속에 떠오르는 것이 있었습니다. 이것은 내가 초등학교 저학년 시절에 집의 마루에서 공부를 하고 있었을 때 갑자기 아버지가 술에 취해 집으로 들어오셔서 손에 삽을 들고 저를 죽이겠다고 소리치며 달려들었습니다. 놀라서 집 뒤로 도망가서 보리밭으로 달려가 그 속에 엎드려 숨어 있었습니다. 멀리서 아버지가 소리치며 악을 쓰는 소리에 오랜 시간 공포에 떨었습니다. 얼마나 이 때 큰 상처를 입었는지 모릅니다. 시간이 흐르고 점차 기억 속에서 사라져 갔습니다. 그러나 나의 삶 가운데 나타나게 된 것이 바로 남편이 술만 마시면 아무

실수를 저지르지도 않았건만, 지나치게 과민반응을 보이고 혈기를 부린 것입니다. 이것이 바로 이때의 아픈 기억 때문인 것을 비로소 깨닫게 되었습니다. 그래서 치유받고 집에 돌아가 남편하고 화해를 했습니다. 그러니 남편이 너무나 좋아했습니다. 그런데 중요한 것은 남편이 술을 마시고 들어와도 전과 같은 혈기가 나지 않는다는 것입니다. 정말 내적치유는 좋은 것입니다. 내가 왜 진작 내적치유를 알지 못했나, 후회도 됩니다. 예수님의 사랑으로 저는 내적치유 받고 그렇게 험난하던 부부생활의 문제를 회복하고 지금은 아주 평안하고 행복한 생활을 하고 있습니다. 치유하여 주신 성령 하나님에게 감사를 드립니다. 그리고 매시간 기도를 바르게 하도록 도와주시고 안수하여 주신 강요셉 목사님에게도 감사를 드립니다.

저는 실어증과 우울증이 심하고 영적인 문제에 시달리다가 충만한 교회에 오게 되었습니다. 영적인 문제는 다름이 아니고 자꾸 눈에 악한 영들이 보이고, 밤에는 아예 잠을 자지 못할 정도로 불면증과 악한영의 괴롭힘에 일 년 반을 시달렸습니다. 그리고 심한 우울증과 실어증(언어상실증)으로 일 년을 고생 하였습니다. 이분의 아버지가 필자에게 하는 말이 "아파트 문을 열고 들어가면 아빠 여기 귀신이 있어요, 하고 놀라고, 또 저기도 귀신이 있어요, 하며 놀라고, 자다가도 귀신이 나타났다고 소리를 질렀다는 것입니다. 그러면서 나에게 하는 말이 목사님 한번 생각해 보세요.

잘 길러서 미국 유학을 7년이나 다녀와 영어를 그렇게 잘하던 딸이 연속적으로 스트레스를 많이 받다가 그만 스트레스가 쌓여서 저렇게 순간적으로 변해 버리니 아버지의 마음이 찢어집니다. 지난 일 년 반 동안 안 해본 것 없이 다 해보았습니다. 목사님 저희 딸을 예수 이름으로 치유하여 종전같이 회복 되도록 도와주세요." 그래서 내가 이렇게 대답 했습니다. "예수님은 못하시는 것이 없습니다.

의지를 가지고 제가 하라는 대로 순종하고 연속적으로 집회에 참석하여 말씀 듣고 불같은 성령을 체험하고 안수기도 받으면 정상으로 회복이 될 것입니다." 하고 안심을 시켰습니다. 본인의 말로는 무당 옷을 입은 귀신은 밤에 많이 나타나고, 흉측하게 생긴 귀신은 낮에도 아파트 문을 열면 나타나 놀라게 했다는 것입니다.

그래서 이곳저곳을 돌아다니면서 치유 받으려고 하다가 도저히 해결 받지 못하고 국민일보 광고와 어느 분의 소개를 받고 우리 교회를 알고 왔다는 것입니다. 그래서 매일 다니면서 치유를 받게 되었습니다. 우리 교회에 아버지와 어머니 모두 등록을 하고, 매주 마다 영적인 말씀을 듣고 영성 훈련을 했습니다. 이 자매가 치유를 받고 이렇게 간증했습니다. "매시간 목사님의 안수를 받으면서 악한 영들이 때로는 울면서 떠나가고, 어떤 때는 악을 쓰면서 떠나가고, 어떤 때는 얼굴과 몸이 뒤틀리다가 떠나가고, 그리고 떠나가면서 각각 형상으로 보여주면서 떠나갔습니다.

그렇게 한 달 정도 치유를 받으니까, 눈에 그렇게 보여서 나를 놀라게 하고 괴롭히던 악한 영들이 서서히 보이지 않았습니다. 영적인 깊은 말씀을 듣는 중에도 하품을 통해서 말도 못하게 떠나갔습니다. 하루에 화장지 한통이 들어갈 정도로 많은 더러운 것들과 상처들이 떠나면서 치유되었습니다. 한 두 달이 지나니까, 잠이 잘 오고 불면증도 서서히 사라졌습니다. 그리고 악한 것들도 보이지 않고 밤에도 조용하게 잠을 잘 수 있었습니다. 그러나 우울증의 현상은 완전히 없어지지 아니하고 여전히 남아서 저를 괴롭혔습니다. 그래서 끝까지 마음을 치유받아 정상적인 생활을 한다고 생각하고 계속 다녔습니다.

4개월이 지나고 5개월 중간쯤 되니까, 마음이 상쾌해지고 삶에 생기가 돌고 우울증이 사라졌습니다. 그리고 목사님의 말씀이 꿀같이 날게 들려졌습니다. 성경을 읽으면 옛날에는 하나도 보이지 않았는데, 눈에 쏙쏙 들어오는 것을 보니 영안도 열린 것이 분명했습니다. 그래서 저는 이렇게 생각합니다. 하나님이 못 고칠 질병이 없고 못 떠나보낼 악한 영이 없다는 것입니다. 그리고 눈에 악한 영이 보인다고 자랑하는 사람들은 정신적으로 영적으로 조금 문제가 있는 사람입니다. 이렇게 체험적으로 알게 되었습니다. 왜냐하면 그렇게 낮이나 밤이나 눈에 보이면서 괴롭히던 귀신들이 이제 봄 햇살에 하얀 눈이 녹아 없어지듯이 없어졌기 때문입니다." 우울증의 치유는 예수님을 믿고 성령으로 충만하여 체질을 바꾸는 것입니다. 체질을 바꾸는 일은 전적으로 사람을 창조하신 하나님께서 하십니다. 우울증치유후 성령으로 충만한 생활을 하면 우울증이 재발하지 않습니다.

13장 울화병을 완치하신 예수님

(엡4:26-27)"분을 내어도 죄를 짓지 말며 해가 지도록 분을 품지 말고 (27) 마귀에게 틈을 주지 말라"

울화병이란 고부간의 갈등이나 남편의 외도 등 강한 스트레스를 적절하게 해소하지 못하는 한국여성에서 주로 발생하는 '문화결함증후군'의 하나로 알려져 있으며 현대사회에서 직장인들의 주요한 직업병 중 하나이기도 합니다. 한 온라인 취업포털 사이트의 2007년 남녀직장인 1315명이 설문조사를 실시한 결과 직장인의 63%가 직장생활 질병을 앓는다는 것으로 나타났고 이 중에서 '화병' 등과 같은 스트레스성 질환이 30.4%를 차지했습니다. 요즘 사람들은 여러 가지 어려움으로 인한 마음의 상처로 고통스러워합니다. 교회는 이들을 치유해야 합니다.

또한 가정들도 40% 이상의 이혼율을 보인다고 합니다. 그래서 우리나라가 세계에서 이혼율이 2위라고 합니다. 정말 문제가 아닐 수 없습니다. 남자들은 실직, 은퇴로 재취업을 하는 과정에서 받는 스트레스로 화병(火病)에 걸려 병원을 자주 찾는다고 합니다. 회사의 부도로 실업자가 된 47세의 김모씨는 불면증에 시달린다고 합니다. 사소한 일에도 화가 나 부인과 자주 싸우다 보니 부부 사이도 별로 좋지 않게 되었고, 직장을 겨우 구하기는 했지만 마음에 들지 않는 등 삶의 의욕조차 없어졌습니다. 할 수 없이 도움을 청하기 위해 병원을 찾아갔습니다. 병원에 가서 검사를 해보니 화병이라는 진단이 나왔다고 합니다.

중년남성들에게 점점 많이 확산되고 있는 화병은 공통적으로 다음과 같은 증상들이 나타나는데, 가슴이 답답하고, 속이 자꾸 더워져서 찬물을 많이 마시고, 잠을 잘 때 몸에 열이 나서 이불을 덮지 않고, 두통과 불면증에 시달린다고 합니다. 사람이 젊을 때에는 신체기능이 활발해서, 그 때 그 때 쌓인 스트레스에 잘 대처할 수 있지만 40대가 넘어 중년이 되면 해소되지 않는 스트레스가 누적돼 병으로 나타나는 것입니다. 스트레스가 자꾸 쌓이면 암, 성인병, 각종 현대병이 되기 때문에 의사들은 운동을 많이 하고, 마음을 편안하게 하고, 취미생활을 적극적으로 하라고 권유하고 있습니다. 하나님은 우리에게 쌓인 화와 분을 성령의 임재 하에 풀어내라고 하십니다.

화병이란 생활 속에서 일어나는 억울한 감정이나 과중한 스트레스를 제 때 발산하지 못하고 억지로 참음으로써 오랫동안 누적되어 생기는 신경질적인 화가 원인이 되어 생기는 병입니다. 화병은 우울한 감정, 속상함 등의 스트레스가 수년간 쌓임으로써 발병하는데, 이러한 스트레스를 제때 풀지 못하여 명치 부위가 답답하고 얼굴이 화끈거리는 느낌이 들면 이미 화병에 걸렸다고 볼 수 있겠습니다. 이 병은 우리나라에만 있는 고유한 형태의 병으로 호랑이 같은 시어머니와 남편의 외도에 시달려온 우리네 주부들의 한 맺힌 병으로서 "울화병"이라고도 부릅니다.

경희의료원 화병 크리닉 전문의인 김종우 박사는 말하기를 "화병으로 병원을 찾는 환자들 대부분이 수년간 남편과 시어머니의 갈등을 겪어 온 공통점이 있다"는 것입니다. 가장 많은 원인은 남편의 바람기와 술을 마시는 버릇 때문에 화병에 걸리고, 그 다음으로는 시부모와의 갈등으로 인해 화병이 발병한다고 합니다.

1. 화병의 증상과 발병단계. 화병은 화가 치밀어 오르는 불행한 현실을 벗어날 방법이 없는 사람에게서 발병합니다. 즉 경제적으로 독립할 여건도 안 되고, 교육수준이 낮은 계층에서 많이 생기는 병입니다. 남자들은 사업실패, 명예실추, 배신, 돈 떼임, 사기의 피해, 예상하지 못한 실직 등의 이유로 생기고 여자들은 시댁의 구박이나 가정문제로 발병합니다. 직장인들은 과도한 업무 스트레스로 발병이 되기도 합니다.

부부의 대화부족, 시어머니와의 갈등 또는 자녀교육 등의 과다한 스트레스나 정신적인 갈등의 화열(火熱), 큰 병을 앓고 난 후나 노약자 등의 허약(虛弱), 비만이나 수척한 체질적인 소인의 습담(濕痰), 병리적인 산물인 어혈(瘀血), 기후나 계절적인 요인인 풍(風) 등이 있습니다. 신체적 증상으로는 두통과 어지러움을 느끼고 얼굴에 열기가 느껴지며 가슴이 뛰고 답답하며 명치 끝이 아프고, 울화가 치밀어 오릅니다. 또 목이나 가슴에 덩어리가 느껴지기도 하고 소화 장애가 나타나기도 합니다. 가슴이 답답해 호흡을 하기가 힘이 드는 경우도 있습니다.

정신적 증상으로는 우울, 불안, 신경질, 짜증 등이 자주 나타나고 깜짝깜짝 자주 놀라며 쉽게 화를 폭발하기도 합니다. 그밖에 "사는 재미가 없고 의욕이 없다" "허무하다" "죽고싶다"는 생각이 들기도 합니다. 화병의 발생 빈도는 중년 이후의 여성에게 많이 나타나며 학력과 경제적 수준이 낮을수록 많이 발생합니다. 화병이 일반적 스트레스성 질병과 다른 점은 발병원인이 분명하며 발병기간이 10여 년에 걸친 만성적인 병이라는 점입니다. 그래서 성령 안에서 장기적으로 마음을 치유해야 합니다.

2. 화병의 증상들은 이렇습니다. 진단하여 보기를 바랍니다. ① 특정한 스트레스 사건으로 인해 생긴 억울한 감정이 누적되어 해소되지 않은 상태가 3개월 이상 지속됩니다. ② 가슴이 답답하거나 숨이 막히는 증상과 함께 뭔가 치밀어 오르는 증상을 나타냅니다. ③ 가슴이 두근거리고 뜁니다. ④ 가슴이나 목에 뭉친 덩어리가 느껴집니다. ⑤ 두통이나 어지러움이 자주 옵니다. ⑥ 몸이나 얼굴에 열감이 오르는 느낍니다. ⑦ 잠을 잘 자지 못합니다. 놀라서 잘 깹니다. ⑧ 갑작스런 화가 폭발하거나 혹은 분노감이 있습니다. ⑨ 우울 또는 허망한 기분이 자주 듭니다. ⑩ 불안 혹은 초조감을 많이 느낍니다. ⑪ 신경질이나 짜증이 심합니다. ⑫ 억울함을 자주 느낍니다. ⑬ 소변을 자주 보게 됩니다. ⑭ 대응능력에 따라 고혈압 등 순환기계, 두통 등 신경계, 호흡기계, 소화기계 등 다양한 증세로 나타날 수 있습니다.

3.화병은 다음과 같은 단계를 거친다.
1)충격기 - 이것은 화가 나는 충격을 받아 갑자기 변하는 급

성기를 말합니다. 상대에 대한 배신감과 증오심 등이 격하게 일어나 살의까지 품게되는 극한 상황이 연출됩니다.

2)갈등기 - 분노를 품은 사람이 충격기를 지나 이성을 회복하기 시작하면 고민에 빠집니다. 만일 남편이 외도를 했다면 이혼을 생각합니다. 그러나 그 생각은 오래가지 못합니다. 체면을 중시하고 사회윤리의식이 강하기 때문에 이혼을 하지 못하는 것입니다. 자녀가 있는 경우라면 고민의 정도가 더욱 심하게 됩니다. 점점 마음의 응어리는 커지게 됩니다.

3)체념기 - 이 시기가 되면 사람들은 근본적인 치료방법보다는 자신의 불행을 그대로 받아들이는 자세가 됩니다. 운명이고 팔자소관일 뿐입니다. 그렇다고 상대방을 용서하는 관용은 볼 수 없고 그저 상대방과 감정관계를 맺지 않으려는 성향을 보이며 우울증이 많이 나타납니다. 분방 등의 수단이 동원됩니다.

4)증상기 - 그 동안 쌓여왔던 것이 한꺼번에 폭발해 우울증, 가슴앓이, 만성 스트레스 등 신체적인 병으로 나타납니다. 이렇게 화병은 몇 가지 단계로 나누어지는데, 전문의의 말에 의하면 화병의 패턴이 차츰 바뀐다고 합니다. 불과 얼마 전까지만 해도 시부모와 남편과의 갈등으로 인해 화병에 걸리는 경우가 대부분이었는데, 최근에는 자녀문제 때문에 화병에 걸리는 경우가 늘고 있다는 것입니다. 또 직장 문제로 화병에 걸리기도 합니다.

4. 치유는 가족의 이해와 도움이 가장 중요. 화병은 어떻게 치료해야 하는가? 안타깝게도 근본적인 원인을 제거하기 전에

는 치유방법이 없다는 것이 정설입니다. 남편과 시부모와의 갈등 때문에 화병이 발병했을 때는 다소 치료하기가 힘이 듭니다. 효과적인 치료를 위해서는 가족의 이해와 도움이 무엇보다 중요한데 이는 사실상 매우 어렵습니다. 왜냐하면 주부의 건강에는 가족들이 의외로 무관심하기 때문입니다. 남편의 바람기 때문에 화병에 걸린 주부환자의 경우는 남편에게 아내의 상태에 대해서 이야기하고 협조를 구하지만, 많은 남편들의 반응이 대체로 비슷합니다. "나는 그런 사실이 없다"또는 "여자가 성질이 못됐으니까 병에 걸렸지"라는 식입니다.

또 환자 본인의 마음가짐도 치료에 도움이 안 되는 일이 많습니다. "시어머님이 집에 계신데 어떻게 장기간 치유 받으러 다녀요? 그냥 정기적인 예배만 참석하여 드리면 치유되지 않을까요?" 하고 말하는 환자도 적지 않다고 합니다. 반면에 자녀문제로 인해 화병에 걸린 경우에는 치료하기가 비교적 수월한 편입니다. 남편의 협조가 가능하고 취미나 운동 등으로 스트레스를 풀 수 있기 때문입니다. 화병을 치료하기 위해서는 여러 가지 치료법이 동원되지만 무엇보다 가족의 이해와 도움이 가장 중요합니다. 대부분은 한 달 가량 말씀과 성령으로 온몸 기도하며 집중 치료하면 많이 좋아지지만, 심한 경우에는 3개월 이상 장기간 치료를 받아도 쉽게 낫지 않습니다. 또한 치료기간 동안 스트레스에서 벗어나 있으면 치료에 상당한 도움이 됩니다.

5. 건설적으로 화를 내면 화병 예방. 우리가 분명히 알아야

할 것은 화를 참았다고 해서 드러나지 않는다는 것은 아니라는 것입니다. 화는 여러 가지 방식으로 나타납니다. 중요한 점은 얼마나 건설적으로 나타나느냐 입니다. 화가 건설적으로 나타나지 않을 경우 그 화는 그냥 없어지지 않습니다. 화를 억눌렀을 경우 그 화는 결국 자신과 남들에게 파괴적인 모습으로 나타나기 때문입니다. 그러므로 통성 기도를 해서 푸는 것이 좋습니다. 성령이 충만해지면 무의식의 화가 현제의식으로 떠오르게 됩니다. 이를 억제하지 말고 가감 없이 풀어내는 것입니다. 성령의 임재 가운데 주여! 주여! 주여! 주여! 하면서 잠재의식에서 올라오는 심경을 하나님에게 토설하는 것입니다. 그렇기 때문에 우리는 화의 원인을 정확하게 알아내어 화를 직접적이고 건설적인 방법으로 표현해서 화병을 예방하고 우리자신과 상대방이 함께 성장할 수 있는 좋은 기회로 삼아야 할 것입니다.

상대방에게 안 보이는 곳에서 분을 푸르세요. 어느 학력이 고졸인 여인이 인물이 잘생겨서 박사 남편을 만나 결혼을 했습니다. 그런데 남편이 툭하면 무식하다고 구박을 하는 것입니다. 그래서 화병이 생긴 것입니다. 그래서 제가 이렇게 조언을 했습니다. 남편이 없는 곳에서 남편이 베고 자는 배 게를 가지고 남편을 욕하면서 발로 콱콱 밟으라고 했습니다. 그래서 하루는 남편이 출근하고 난 다음에 침대 위에서 남편의 배 게를 발로 밟으면서 있는 대로 분을 다 풀었습니다. "그래 나는 고등학교 밖에 나오지 못했다. 너는 대학원을 나오고 박사가 되어서 잘났다. 그래 잘났어, 그렇다고 나를 이렇게 무시 하냐" 하면서 막

발로 배 게를 꽉꽉 밟았다는 것입니다, 그런데 남편이 출근을 하다가 보니 서류를 놓고 간 것입니다. 서류를 가지러 왔다가 자기 부인이 하는 소리를 다 들은 것입니다. 그 다음에는 말과 행동을 조심해서 치유가 되었다는 이야기입니다.

두 번째 방법은 기도로 하나님에게 자신의 감정을 속이지 말고 아뢰는 것입니다. 우리가 다윗이 쓴 시109:1-31절을 읽어보면 다윗의 심경을 알 수가 있습니다. 그리고 거기에서 교훈을 얻을 수가 있습니다. 하나님에게 다 일러바치세요. 속이 시원하게 하나님에게 말씀을 드려서 푸는 것입니다. 그런데 저의 교회에 치유 받으러 오시는 권사님들을 보면 많은 분들이 울화병으로 고생을 하십니다. 그래서 제가 안수를 해드리면서 하나님에게 모두 이야기해서 풀어가라고 조언을 합니다. 아니 성령 안에서 기도하면 성령께서 마음에 있는 분을 풀게 하십니다.

6. **화병을 진단하는 방법.** 병리적인 화를 중심으로 화에 대하여 알아보면 다음과 같습니다. 인체의 화를 관장하는 장기는 심장이고, 또 심장은 감정을 관장한다고 한방의학 서적에는 기술되어 있는데, 심장이 스트레스에 대하여 직접적으로 반응을 하게 됩니다. 화는 오행 중에서 불의 성질을 가집니다. 그러므로 증상이 나타나게 되면 얼굴이나 가슴의 열기, 분노, 충혈 등이 나타나게 되는 것입니다. 화는 양(陽)의 특성을 가져 위로 올라가려는 속성을 가지고 있습니다.

그러므로 화병의 증상은 주로 가슴 위의 부분에서 나타납니다. 두통이나 어지럼증, 상열감, 가슴부위의 답답함이나 열기가 나타나게 됩니다. 화는 온몸의 진액을 손상시킵니다. 불은 물을 마르게 하고, 습기를 건조하게 하는 작용을 가지고 있는 것처럼, 화병은 신체를 건조시키는 작용을 합니다. 입술이 타거나 목이 마르는 증상이 나타나는 것도 그 이유에서 입니다.

다음과 같은 조건이 충족되어야 화병이라고 할 수 있습니다. 억울한 감정이 누적되고 해소되지 않은 상태가 6개월 이상 지속되었다면 화병입니다. 단기적인 스트레스나 충격은 화병이라고 할 수 없습니다. 가슴이 답답하거나 숨이 막히는 증상과 무엇인가 치밀어 오르는 증상이 나타납니다. 이것은 화병의 필수 증상입니다. 가슴 명치 끝 정중앙 부위를 누르면 심한 통증이 나타납니다. 가슴의 정중앙은 전중이라는 침 자리로 감정의 기운이 많이 모이는 곳입니다. 그러므로 이 부위를 눌렀을 때 심한 통증이 있다면 정서적인 스트레스를 많이 받았다고 보아도 좋을 것입니다. 또한 이 자리는 화병을 진단하는 자리이면서 경과를 관찰할 수 있는 중요한 자리입니다. 치료에 따라 화병의 증상이 좋아지면 이곳의 통증도 점차로 완화가 됩니다.

특징적인 4가지 증상은, 즉 ①가슴의 답답함, ②무엇인가 치밀어 오르는 증상, ③몸이나 얼굴에 열이 오르는 느낌, 그리고 ④급작스러운 화의 폭발 혹은 분노 혈기 중에서 최소한 2가지 이상은 현저하게 나타나야 합니다.

7.화병을 예방하는 법. 화병은 치료도 필요하지만 예방하는

것이 더욱 중요합니다. 또한 화병을 앓고 나서 치료가 된 이후에도 병의 재발을 방지하기 위해서는 예방법은 필수적입니다. 다음과 같은 몇 가지 사항을 염두에 두고 생활을 하는 것이 좋습니다. 화가 난다고 화를 바로 폭발하지 말아야 합니다. 또 다른 화를 부를 수 있습니다. 화가 폭발한 경우는 전신을 이완시켜야 합니다. 이 경우 침묵기도나 묵상기도 등의 방법을 미리 익혀서 화로 인하여 발생되는 전신의 경직을 풀도록 하여야 합니다. 화를 참기만 하지 말고 풀어낼 줄 알아야 합니다. 마음의 기도로 풀라는 것입니다. 화를 계속해서 참는 것은 바람직하지 않습니다. 하나님에게 아뢰는 습관을 드리세요. 급작스런 화가 가라앉은 후에는 대화를 적극적으로 시도해야 합니다. 자신이 하는 일에 자부심을 가지고 있어야 합니다. 화병을 앓고 있는 사람이 가지기 쉬운 것이 자신이 다른 사람의 희생양이라는 생각입니다.

즉 자신은 어쩔 수 없다는 생각입니다. 우선 자신이 하고 있는 사소한 일부터 자부심과 자신감을 가져야 합니다. 화를 가지고 잠자리에 들지 않아야 합니다. 스트레스를 받은 경직된 상태에서 수면을 취하게 되면 스트레스가 체내에 쌓이게 되고, 다음 날까지도 그 스트레스는 연결이 됩니다. 되도록 그 날의 스트레스는 그날 풀도록 하십시오. 성령 안에서 온몸기도로 풀어버리고 주무시기 바랍니다. 영적인 생활을 열심히 해서 성령 충만하게 지내고 자신에 맞는 운동이나 취미를 지속적으로 해야 합니다. 화에 대한 저항력은 결국 건강한 육체와 정신에서 비롯되므로 미리 자신의 육체와 건강을 튼튼히 하는 것이 중요합니다.

8. 화병을 치유하는 법. 화병치료에 있어서 가장 중요한 점은 나타나고 있는 증상을 없애는 것과 스트레스를 받고 있는 환경을 어떻게 개선해야 하느냐는 것입니다. 성령으로 기도하여 마음을 평안하게 하는 것입니다. 증상을 개선하기 위해서는 가슴에 뭉친 기를 풀어주는 방법, 열을 가라앉히는 방법, 위로 올라간 화와 아래로 내려간 한랭의 기를 순환시키는 방법, 날카로운 신경을 안정시키는 방법 등을 고려하여 치료에 임해야 합니다. 이는 말씀과 성령으로 마음 상처를 정화하고 치유해야 합니다.

말씀과 성령으로 하는 영적치유가 최선의 방법입니다.

① 성령 안에서 하나님께 자신의 마음을 숨김없이 토하시기를 바랍니다(시62:8)"백성들아 시시로 그를 의지하고 그의 앞에 마음을 토하라 하나님은 우리의 피난처시로다."

② 감정의 입에서 이를 뽑으시기를 바랍니다. 성령의 인도를 받아야 합니다. (시58:6)"하나님이여 그들의 입에서 이를 꺾으소서 여호와여 젊은 사자의 어금니를 꺾어 내시며"

③ 하나님에게 지금 나보다 높은 곳으로 인도해 달라고 부르짖으시기를 바랍니다(시61:2) "내 마음이 약해 질 때에 땅 끝에서부터 주께 부르짖으오리니 나보다 높은 바위에 나를 인도하소서"

④ 계속 솔직한 심경을 주님께 간구하시기를 바랍니다(시55:9)"내가 성내에서 강포와 분쟁을 보았사오니 주여 그들을 멸하소서 그들의 혀를 잘라 버리소서." 나를 괴롭히는 자의 혀를 나누게 해달라고 기도하는 것처럼 솔직한 심경을 숨김없이

하나님께 고하시기를 바랍니다.

⑤ 성령 충만한 믿음 생활입니다. 성령으로 세례받고 성령으로 내적치유하며 기도하는 것입니다. 그래서 말씀과 성령으로 하나님의 전신갑주를 입어야 합니다. 진리의 허리띠, 의의 흉배, 평안의 신, 믿음의 방패, 구원의 투구, 성령의 검, 성령 안에서의 기도를 해야 합니다. 부정적인 사고와 어두움의 생각을 버리고 마음을 밝히며 평온을 유지하시기를 바랍니다.

애써서 긍정적인 사고를 가지려고 노력해야 합니다. 성령 안에서 온몸으로 기도하고, 새로운 성품과 습관을 가지려고 노력하세요. 항상 하나님께 가까이 나아가는 마음을 가지는 것이 화병의 치유에 좋습니다. 항상 말씀을 가까이 하여 말씀 안에 거하며 묵상하는 삶을 살아가는 것입니다. 성령으로 기도의 삶을 살아가려고 의지적인 노력을 하십시오. 사람을 사귀는 것도 성령 충만하고 영적인 사람과 사귀어야 합니다. 사람을 통하여 여러 가지 좋지 못한 요소들이 전이될 수 있기 때문입니다.

감사하는 마음, 찬양, 사랑을 고백하는 마음을 가지세요. 성령으로 충만한 상태에서 귀신을 대적해야 합니다. 말씀과 성령이 역사하는 장소에서 온몸으로 기도하며 전문성있는 분의 내적치유를 자주 받는 것이 좋습니다. 그리하여 성령의 역사에 순종하는 성령의 사람이 되면 화병은 치유되고 예방이 됩니다.

⑥ 성령의 이끌림을 받는 기도를 하십시오. 기억을 위하여 성령님께 도움을 요청하면 자신의 깊은 곳에 감추어져 있던 상처의 기억과 감정이 생생하게 살아납니다. 성령님의 도우심으로

특정한(분노, 불안, 두려움, 공포, 눌림, 혈기, 스트레스, 마음의 상처, 자존심의 상처 등) 사건의 현장으로 돌아가서, 그때 받았던 묻혀진 상처의 기억을 떠올리며, 상처와 함께 그때에 겪었던 당황함, 부끄러움을 회상하시기 바랍니다. 하나씩 앞으로 회상해 나가면서 떠오르는 상처를 주님에게 드려야 합니다. 충만한 교회 같이 온몸으로 기도하며 성령으로 내적치유를 전문적으로 하는 곳에 가서서 전문 치유사역자의 도움을 받아 어느 정도 영의 통로가 열리고 성령의 깊은 임재에 들어갈 줄 알아야 스스로 치유 가능합니다. 빠른 시간 내 전문적인 치유를 하는 곳을 찾아가서 성령을 체험하면서 치유를 받기를 바랍니다.

울화병을 치유 받은 분의 간증을 들어보시기를 바랍니다. 저는 수원에 있는 장로교를 다니고 있는 63세의 권사입니다. 저에게는 불치의 질병이 있습니다. 병원에 가서 진단을 하고 MRI, CT 검사를 해도 나타나지 않는 울화병입니다. 의사들을 신경성이라고만 합니다. 약 처방은 신경안정제 정도입니다. 겉으로 보면 멀쩡합니다. 그런데 스트레스만 받으면 가슴과 목에 뭉쳐진 응어리가 느껴지고, 숨을 쉴 때마다 명치끝에서 통증이 강하고 입으로 불이 올라오는 것입니다. 움직이지 못할 지경에 처합니다. 음식을 넘기지 못합니다. 사람구실을 못할 정도가 됩니다. 저의 친정어머니도 저와 같은 울화병으로 고통을 당하시다가 나중에는 치매가 찾아와서 사람대접을 받지 못하고 요양병원에 8년을 입원해 계시다가 3년 전에 돌아가셨습니다.

남편이 하도 보기에 안 좋으니까, 한 의원에 데리고 갔습니다. 한의사가 진단을 해보더니 울화병이라는 것입니다. 한약을 1년 이상 먹어도 완치를 기대하기 어렵다는 것입니다. 그래서 약을 지어다가 3달을 먹었습니다. 차도가 없는 것입니다. 이제 하나님의 방법으로 기도하여 치유를 받겠다고 수소문하다가 충만한 교회에 오게 되었습니다. 목사님께서 안수를 해보시더니 울화병이라는 것입니다. 이병은 세상방법으로 치유가 불가하고 성령하나님만이 치유하실 수 있다는 것입니다.

그래서 화-수-목 집회를 빠짐없이 다녔습니다. 목사님께서 안수하실 때마다 성령의 불세례를 받으면서 기침이 사정없이 나오면서 가래가 나왔습니다. 성령님이 악을 쓰면서 기도하게 하셨습니다. 3주를 다녔습니다. 토요일 집중치유도 받았습니다. 정말 말로 표현할 수 없을 정도로 더러운 것들이 나왔습니다. 아마 귀신도 나오는 것 같았습니다. 더러운 것들이 떠나가면 갈수록 마음이 평안해 지는 것입니다. 지금은 가슴과 목에 뭉쳐진 응어리가 느껴지지 않고, 명치끝이 아프지 않고, 숨을 쉴 때마다 명치끝에서 올라오던 불이 올라오지 않습니다.

목사님께서 하시는 말씀이 토요일을 포함하여 한 3주 더 다니면 완전하게 치유가 된다는 것입니다. 순종하고 다녔습니다. 지금은 스트레스를 받아도 분노가 나오지 않고 명치끝에 통증이 없어지고 명치끝에서 입으로 불이 나오지 않습니다. 음식도 잘 먹습니다. 치유가 된 것이 확실합니다. 1년을 약을 먹어도 치유가 되지 않는 다는 울화병을 3달 만에 치유 받았습니다. 살아서 역사하시는 하나님께 영광을 돌립니다.

14장 불면증을 완치하신 예수님

(시127:2)"너희가 일찍이 일어나고 늦게 누우며 수고의 떡을 먹음이 헛되도다 그러므로 여호와께서 그의 사랑하시는 자에게는 잠을 주시는 도다."

말씀과 성령으로 마음의 상처와 스트레스를 정화하고 치유하면 하나님의 나라가 됩니다. 하나님의 나라가 되면 하나님께서 사람을 창조하신대로 낮에는 일하고 밤에는 잠을 잘 자게 됩니다. 하나님께서 밤을 창조하신 이유는 사람들로 하여금 낮에 쌓인 영육의 피로를 잠을 자면서 풀면서 살아가라는 깊은 뜻이 있습니다. 그런데 생활리듬이 어느 불미스러운 존재들과 충격적인 사건들로 인하여 밤에 잠을 제대로 자지 못하는 분들이 있습니다. 모두 상처와 스트레스로 인하여 생활리듬이 깨어진 결과입니다. 하나님은 이를 성령으로 정화하고 치유하여 건강을 되찾아 행복한 삶을 살아가도록 하십니다. 불면증으로 고통을 당하는 분들은 성령하나님의 은혜로 치유 받을 수 있다는 믿음이 중요합니다. 마음을 열고 하나님의 은혜를 받으려고 해야 불면증에서 자유 함을 누릴 수가 있습니다.

불면증의 원인은 무엇일까요? 모든 병과 마찬가지로 불면증도 다양한 원인으로 발생할 수 있습니다. 특히 마음의 상처와 스트레스를 잘 받아 마음의 상처로 생활습관이 안 좋은 사람들과 다종의 약물을 복용하는 습관들이 불면증을 초래할 수 있으며, 대표적인 예로는 음주, 흡연, 카페인 성분이 포함된 음료들을 마시는 것이라고 볼 수 있습니다. 대표적인 불면증을 초래하는 약물로는 항암제, 갑상선치료제, 항 경련제, 항 우울제, 경구용 피임제 복용하여도 수면장애가 발생할 수 있습니다.

심리적 요인으로 인해 불면증이 생기는 경우도 있습니다. 일반적으로 불면증은 우울증의 대표적인 증상으로 알려져 있으며, 미미한 심리적 요인들도 또한 불면증과 관련되어 있다고 합니다. 상처와 스트레스를 해소하지 못하고 잠재의식에 쌓이면 발생하는 것입니다. 따라서 불면증을 극복하기 위해서는 어떤 하나의 요인을 제거한 다기 보다는 잠을 잘 자기 위해 전체적인 몸의 컨디션을 끌어올려주는 것이 좋습니다. 예를 들어 성령 중만한 예배나 집회에 참석하여 찬양하고 말씀을 듣고 온몸으로 기도하는 것입니다. 성령으로 기도를 하는 것입니다. 명상기도도 불면증 치유에 아주 좋은 방법입니다. 운동을 꾸준히 하여 몸을 활성화시키고 햇빛을 받아 잠을 자게 만드는 호르몬을 발생시키는 것이 대표적이라고 할 수 있습니다.

불면증은 잠이 쉽게 들지 못하고 잠을 자도 자주 깨며 이른 아침에 깨는 특징을 갖는 증상을 일컫는 말입니다. 불면증은 밤에 잠을 잘 이루지 못하는 불편뿐 아니라, 낮 시간의 활동에도 영향을 미쳐서 주의집중의 저하나 피로감으로 작업장에서 재해의 원인이 되기도 하고, 졸리움으로 인한 교통사고의 위험이 증대되기 때문에 이에 대한 사회적 관심이 증가되고 있는 추세입니다. 국제수면협회의 자료에 의하면, 일 년 동안 인구의 27%에서 일시적인 또는 간헐적인 불면증상을, 인구의 9%에서는 만성적인 불면증을 보인다고 하였습니다.

불면증은 편의상 6개월 이상 지속되는 만성 불면증과 4주 미만동안 지속되는 급성 또는 단기불면증으로 나누고, 임상적으로는 흔히 최소한 3-4주 이상 지속적인 불면 증상을 보이는 경우 치료 대상으로 삼습니다. 만약 불면증이 6개월 이상 지속이 되는 경우는 흔히 여러 가지 소인(예 : 불안증)과 촉발인자(예: 새로운 직업), 영구화시키는 인자(예: 술 혹은 수면제 남용)를 가지고 있기 때문에 아주 복잡한 양상을 띠게 됩니다. 이때는 수면제의 지속적인 복용, 불면과 수면제에 대한 두려움, 붕괴된 수면의 각성리듬과 아주 나빠진 수면 위생으로 치료가 더욱 어렵게 됩니다. 이러한 불면증은 반드시 원인에 대한 정확한 평가가 이루어져야 제대로 치료를 받을 수 있기 때문에 이런 경우 꼭 정신과 의사나 성도들의 내면치유를 전문으로 하는 성령치유목회자를 찾아 상담하여 보시기를 권면합니다.

1.불면증 증상
1) 불면증의 심각한 증상.
① 수주 이상 거의 밤마다 잠이 들기 어려울 경우는 불면증입니다. ② 잠이 들기 어렵기 때문에 불안하여 잠자리에 들기가 무서울 경우는 불면증입니다. ③ 낮 동안 몹시 피곤하고 제대로 집중하거나 활동할 수 없을 경우는 불면증입니다. ④ 잠을 자기 위해 술이나 약물에 의존할 경우는 불면증입니다.

2) 수면의 기능에 대해

수면의 기능은, 잠을 못 자게 했을 때 나타나는 현상을 보고 짐작할 수 있습니다. 사람에게 잠을 못 자게 하면 결국엔 자아붕괴, 환각, 망상이 나타납니다. 동물실험에서 수면박탈은 음식섭취증가, 체중감소, 체온저하, 피부장애, 그리고 사망까지 초래함을 보였습니다. 꿈을 못꾸게 해도 과민성, 피로가 나타납니다. 질병, 과로, 임신, 스트레스, 정신기능 과다 등이 있을 때 수면요구가 많아집니다. 잠이 적은 사람이 잠이 많은 사람보다 능률적이고 야심적이며, 만족해한다고 합니다.

3) 수면은 크게 5가지 기능을 갖는다.

① 낮 동안 소모되고 손상된 부분(특히 중추신경계)을 회복시켜 주는 기능이 가장 중요한 수면기능중의 하나입니다. ② 발생학적 기능인데 그래서 급속안구운동수면(REM 수면)은 특히 성장이 활발한 신생아에서 더욱 활발합니다. ③ 인성학적 기능으로 수면은 낮 동안의 생존기능과 본능적 보존 기능을 잘 할 수 있도록 준비시키고 조절하고 연습하도록 합니다. ④ 인지적 기능으로 특히 급속안구운동수면이 낮 동안 학습된 정보를 재정리하여 불필요한 것은 버리고 재학습 및 기억시키는 기능을 합니다. 급속 안구운동, 수면 중 단백질 합성이 증가되는 것은 학습된 정보를 기억으로 저장시키는 과정이기도 합니다.

⑤ 감정조절기능입니다. 불쾌하고 불안한 감정들이 꿈과 정보 처리를 통해 정화되어 아침에는 상쾌한 기분을 갖도록 해줍니다. 특히 흥미로운 것은 우울감정과 수면의 관계입니다. 건

강한 사람에서는 충분한 수면을 취하고 나면 우울한 감정이 감소 되는 현상을 보이나, 어떤 사람들에서는 수면이 우울감정을 악화시킵니다. 그래서 이런 환자들에게는 수면박탈을 통해 우울을 치료합니다.

4) 불면증은 크게 3가지 원인이 있습니다.

① 정신과적 질환과 동반된 경우인데, 이 경우는 정신과 장애와 관계된 수면장애로 분류합니다. ② 신체장애가 그 원인인 경우는 신체장애와 관계된 수면 장애로 분류합니다. ③ 스트레스, 병원 입원과 일상의 중대한 변화 등과 같은 환경적 변화로 생긴 불면증으로 흔히 억압이 많고 완벽주의 성향이 강한 강박적 성격의 사람들이 수면이 자기 뜻대로 조절되지 않을 때 쉽게 긴장하고 불안해 질 수 있습니다. 그런데 이런 사람은 낮에는 잘 지내다가 수면시간이 가까울수록 정신 생리학적 긴장과 각성이 높아지면서 불면증으로 이행될 수 있습니다.

필자가 내적치유 집회를 하다가 어려서 물에 두 번 빠져서 사경을 헤매다가 구출되었고, 불속에서 한 번 구출된 경험이 있는 60세 된 목사님을 내적치유와 축귀를 통하여 치유한 경험이 있습니다. 이 목사님이 불면증으로 2년을 고생하시다가 저희 충만한 교회 성령치유 집회에 연속적으로 참석했습니다. 여러 곳을 다니면서 치유를 받으려고 했지만 불면증을 치유 받지 못하다가 국민일보 광고를 보고 참석하기 시작했습니다.

몇 개월 동안 열심히 다니면서 능력과 치유를 받았습니다. 그런데 어느날 아마 밖의 날씨가 영하 8도 정도 내려갈 때인데 집회를 마치고 집으로 돌아 가시려고 하는데 필자가 보니까 땀을 비가 내리듯이 흘리면서 몸을 가누지를 못하는 것이었습니다. 그래서 내가 그냥 가시면 안 된다고 잠시 안정을 취하고 가시라고 의자에 앉게 했습니다.

그리고 머리에 손을 얹고 안수하며 기도를 했습니다. 그러니까, 성령께서 이렇게 감동을 하시는 것입니다. "어려서 심하게 놀란 일이 있습니다. 본인에게 한번 물어보아라." 그래서 본인 보고 어렸을 때 놀란 일이 있는지 생각하여 보라고 했습니다. 그랬더니 한 참을 눈을 감고 생각을 하더니 "목사님 이제 생각이 났습니다. 제가 물에 두 번 빠져서 죽을 뻔 했는데 하나님의 은혜로 살아나왔습니다. 그리고 불에도 한번 들어가서 타죽을 뻔 했습니다."

그래서 제가 안수를 시작했습니다. 성령이여 임하소서. 성령이여 사로잡으소서. "불속에 집어넣고, 물속에 집어넣어 죽이려고 했던 귀신아 내가 예수 이름으로 명하노니 정체를 밝히고 나와라. 정체를 밝히고 나와라." 하니까 한참을 흐느끼다가 서서히 정체를 드러내기 시작을 했습니다. 온몸이 부르르하고 한참을 떨었습니다. 숨을 몰아쉬더니 기침을 한동안 사정없이 하다가 떠나갔습니다. 목사님 얼굴이 아주 평안한 상태가 되었습니다. 그렇게 줄 줄 줄 흐르던 땀이 싹 멈추었습니다. 축귀를 한 후에도 계속 몇 개월 동안 다니면서 은혜를 받았습니다. 목사님이 저의 사모에게 말하기를 축귀를 받고 2년 동안 고통당하던 불면증을 치유 받았다는 것입니다.

2.불면증의 영적치료. 건강한 수면을 위해서는 가능한 충분한 수면 시간을 취하고, 규칙적인 생활을 하는 것이 중요합니다. 세상에서 이렇게 말합니다. ① 규칙적인 기상시간을 지킬 것. ② 평소 수면시간만큼만 침상에 있을 것. ③ 불규칙한 낮잠을 피하고, 아무 때나 드러눕지 말 것. ④ 잠을 충분히 잠으로 일어났을 때 상쾌한 기분을 갖도록 할 것. ⑤ 안락하고 적절한, 소음이 차단된 그리고 따뜻한 수면환경을 조성할 것. ⑥ 적당한 운동량과 자극량을 유지할 것. ⑦ 저녁시간에 자극적인 것을 피할 것. ⑧ 잠자기 전 20분 정도 뜨거운 샤워(체온을 올리는)를 해볼 것. ⑨ 일정시간에 식사할 것, 수면 전 과식을 피할 것, 그러나 자기 전에 배고픔을 잊기 위해 소량의 우유나 스낵 등을 먹는 것은 도움이 될 수 있습니다. ⑩ 그리고 술(잠이 잘 오기는 하나 자주 깨게 한다)과 담배, 지나 친 각성 음료등 중추신경계 작용물질을 피할 것. ⑪ 정기적으로 저녁에 이완요법(호흡기도, 명상)을 시행해 볼 것. ⑫ 자기 전에 물을 많이 마시지 말 것. ⑬ 잠이 안와 초조하거나 화가 날 때, 자꾸 자려고 하지 말고 일어나 불을 켜고 침실을 나와 쇼파에 앉아 마음의 기도를 하는 것도 좋습니다. 호흡을 들이쉬면서 예수님! 내쉬면서 사랑합니다. ⑭ 그러나 아무리 적게 잤어도 다음 날 제시간에는 일어날 것. ⑮ 자꾸 시계를 보게 되면 시계를 감추어 버릴 것, 그리고 낮에 아무리 복잡한 일이 있고 나쁜 감정이 있었더라도 그날 자기 전에 성령 안에서 온몸기도하며 정리하여 가능한 한 단순하고 편한 마음으로 잠자리에 들 것 등입니다.

불면증이 왜 생깁니까? 저녁에 잠을 잘 수가 없기 때문입니다. 왜 잠을 자지 못합니까? 마음을 불안하게 하고 두렵게 하고 잡념에 사로잡히게 하는 요소들이 자신의 무의식에 잠재하여 있기 때문입니다. 그럼 왜 마음을 불안하게 하고 두렵게 하고 잡념에 사로잡히게 하는 요소들이 자신 안에 잠재하게 될까요? 그것은 마음의 상처와 스트레스가 1차적인 원인이 됩니다. 상처와 스트레스 뒤에 역사하는 4차원의 귀신들이 있기 때문입니다. 귀신들이 언제 활동을 합니까? 밤에 활동을 합니다. 밤에 활동을 하면서 자신이 지배하고 있는 대상자를 통하여 역사하는 것입니다. 밤은 낮에 일에 지친 육체를 쉬는 시간이기도 하지만 귀신들이 활동하는 시간이기도 합니다.

이는 밤 11시만 되면 울고 잠을 자지 못하는 이기들을 생각하면 쉽게 이해가 될 것입니다. 아기들이 초저녁에 잠간 잠을 자다가 저녁 10-11시경이 되면 깨어서 울기 시작을 합니다. 왜 울겠습니까? 마음이 편안하지 못하고 두렵고 불안하기 때문에 우는 것입니다. 아기 안에 아기를 불안하게 하는 귀신들이 있기 때문입니다. 이는 필자가 전도사일 때 실제로 체험한 사실입니다. 친구 전도사집에 간 적이 있습니다. 전도사 사모님이 하시는 말씀이 아기가 이제 2살인데 저녁 11시만 되면 울면서 잠을 자지 못한다는 것입니다. 그래서 저녁내 없고 앉고 다니다는 것입니다. 그러다가 새벽 4시가 지나면 잠을 자기 시작한다는 것입니다.

필자가 오전 10시경에 전도사님 집에 갔는데 그때까지 아기가 잠을 자고 있었습니다. 필자가 이것은 아기에게 역사하는 귀신의 장난이라는 것을 깨닫고 아기의 배에 손을 가만이 얹고 안수기도를 했습니다. 잠시 지나자 아기의 아랫배가 꿈틀거리기 시작을 했습니다. 주먹만 한 것이 꿈틀꿈틀하는 것입니다. 거기에 있는 모든 사람들이 눈으로 보았습니다. 다들 아~아~ 하며 비명을 지르면서 놀랐습니다. 필자가 조용히 하라고 경고했습니다. 조용해져서 필자가 기도를 했습니다. "내가 예수님의 이름으로 명령한다. 아기에게 역사하는 귀신은 정체를 밝히고 입으로 떠나갈지어다." 하면서 기도를 하니까, 꿈틀꿈틀하면서 위로 올라오는 것이었습니다. 조금 있다가 아기가 잠에서 깨어나더니 울면서 기침을 사정없이 한동안 했습니다. "다시 머리에 손을 얹고 안수기도를 하면서 건강하고 지혜롭고 슬기로운 아이가 될지어다. 밤에 잠을 잘 잘지어다." 하고 기도하고 돌아왔습니다. 그리고 몇달이 지난 다음에 전도사님에게서 전화가 왔는데 아기가 밤에 울지 않고 잘 잔다는 것입니다.

불면증이 심한 사람들에게 물어보세요. 저녁이 되면 오만가지 생각이 떠오르면서 불안하고 두려워서 잠을 잘 수가 없다고 합니다. 심지어는 저녁내 여러 가지 소리를 하면서 지내거나 이리저리 움직이고 돌아다니면서 부스럭거리고 그 사람이 기거하는 방은 꼭 돼지우리같이 하고 산다고 말합니다. 그렇게 저녁내 돌아다니거나 소리를 지르거나 하다가 새벽 4-5시경이 되면 그때부터 잠을 잡니다. 밤과 낮이 바뀌었다고 말합니다. 모두 어려서 상처 스트레스 영향입니다. 태중에서나 유아일 때에 공포와 두려움에 처해 있을 때 들어와 집을 짓고 있는 귀신의 영향입니다. 그러므로 불면증을 치유하려면 성령으로 세례를 받고 성령으로 기도하면서 마음 안에 상처와 스트레스를 처리해야 합니다. 하나님께서 아담을 창조한 상태로 돌아가게 해야 불면증이 치유되는 것입니다. 다른 방법으로는 불면증을 치유할 수가 없는 것입니다. 영적치유를 해야 한다는 말입니다.

그래서 불면증을 치유하는 방법 중에 제일 좋은 방법은 말씀과 성령으로 영적치유를 하는 것입니다. 그래서 불면증 환자는 먼저 자신의 불면증은 하나님만이 치유하실 수 있다는 강력한 믿음이 있어야 합니다. 말씀과 성령으로 영적치유를 받겠다고 찾아와야 합니다. 교회나 치유센터에 찾아 나와서 말씀을 듣고 기도하며 성령으로 세례를 체험해야 합니다. 성령세례를 받아야 그때부터 불면증을 일으키던 어두움의 세력들이 떠나가기 시작하는 것입니다. 분명하게 불면증을 일으키는 어두움의 세력이 있습니다. 이 어두움의 세력은 초자연적으로 역사하는 성령의 역사가 일어나야 떠나가는 것입니다. 왜냐하면 성령의 역사는 불면증을 일으키는 세력보다 강하기 때문입니다. 그런데 우리가 바르게 알아야 할 것은 성령의 체험은 말이 아닙니다. 성령으로 체험하면 영적으로 육적으로 본인이 느끼게 됩니다. 성령으로 세례를 받고 성령으로 기도하며 자신 안에서 성령의 불이 나오면 점차로 하늘나라 천국이 됨으로 불면증이 완치되는 것입니다. 성령세례를 받을 때 일어나는 현상은 이렇습니다. 잘 이해하고 거부하거나 두려워하지 않도록 하시기 바랍니다. ① 호흡이 깊어지거나 빨라지고 손이 찌릿찌릿 하기도 합니다. 이는 악 영과 성령의 대립 현상이나 뭉쳐있는 상처를 풀어주는 현상이기도 합니다. ② 주체 못하게 울음이 터지거나. 웃음이 터지는 경우도 있습니다. 방언기도가 나오게 됩니다.

③ 가슴을 찌르고 무엇이 빠져나오는 아픔을 느낄 수 있습니다. ④ 위장이나 아랫배 부근에서 어떤 뭉치 같은 것이 움직이는 것을 느낄 수도 있습니다. ⑤ 큰소리가 속에서 터져 나오기도 하고 온 몸에 불이 붙은 것 같이 뜨겁기도 합니다.

⑥ 가슴이 답답하고 기침이 나오고 손과 입에서 불이 나오는 것을 느끼기도 합니다. ⑦ 기침, 하품, 트림이 나오고, 토하기도 하고 메스꺼움을 느끼기도 합니다. ⑧ 멀미하는 것처럼 속이 울렁거리며 아랫배가 심히 아프기도 합니다. ⑨ 머리가 아프고 어지럽고 몸이 감당하지 못하게 흔들리기도 합니다.

⑩ 때로는 얼굴이나 몸 전체나 손발이 뒤틀리다가 풀어져 평안해지기도 합니다. ⑪ 때로는 상당한 시간 동안 심신의 괴로움(머리가 어지럽고, 몸이 떨리고, 몸에서 열이 나는 등)의 현상이 일어날 수 있습니다. 이것은 일종의 성령의 임재와 치유의 현상이니 두려워말고 조금 있으면 없어집니다. 많은 분들이 이런 체험이 있은 후 영안이 열리고 능력이 나타납니다.

그리고 마음의 상처 내적치유를 해야 합니다. 성령으로 세례를 받고 성령으로 충만 받아야 내면의 상처가 성령의 역사로 치유되기 시작하기 때문입니다. 성령의 역사가 일어나지 않으면 내적치유는 불가능합니다. 말씀을 들으면서 사역자의 안수를 받으며 내적치유를 2-3개월 받게 되면 웬만한 불면증은 모두 치유됩니다. 지금까지 우리 교회에 오셔서 불면증을 치유 받지 못한 성도는 거의 없습니다. 본인이 의지를 가지고 다닌 분들은 모두 치유를 받았습니다. 자신이 성령으로 충만하여 하늘나라 천국이 되었기 때문입니다. 불면증을 치유 받았다고 성령 충만한 믿음생활을 중단하면 조금 있다가 다시 재발합니다. 그래서 지속적인 말씀과 성령 충만한 믿음생활을 하여 영성을 유지하면 절대로 재발하지 않습니다. 우리 주변에 불면증으로 고생하는 분이 있다면 잘 권면하여 치유 받게 하시기를 바랍니다.

3.적당한 운동을 통한 치유. 유산소 운동이 좋습니다. 될 수 있으면 등산을 하는 것도 좋습니다. 마음으로 기도하면서 등산을 하는 것입니다. 마음으로 하나님을 찾으며 시내를 걸어도 됩니다. 낮에 잠을 잔다면 밤에 잠을 못자는 것은 당연한 것입니다. 낮에는 활동을 해야 합니다. 헬스장 같은 곳에 가서 지속적으로 운동을 하는 것도 불면증 치유에 도움이 될 것입니다. 자우지간 본인이 불면증을 퇴치하려고 부단한 노력을 해야 합니다. 성령이 충만한 교회에서 하는 성령치유집회를 참석하여 근본적인 영적문제를 해결하는 방법도 좋습니다.

불치의 심장병과 우울증과 불면증을 치유 받은 분의 간증을 들어보시기를 바랍니다. 저는 심장병과 우울증, 불면증, 빈혈로 사람구실을 하지 못하고 세상을 살았습니다. 세상방법으로는 한계에 봉착하였습니다. 다니던 병원에서 도저히 치유할 수가 없는 불치의 병이라고 진단을 받았습니다. 그것도 40대에 말입니다. 그래도 하나님은 하시지 못하는 것이 없다고 믿고 영적인 치유를 받으려고 이곳저곳을 다녔습니다. 효과가 별로 였습니다. 그러다가 국민일보를 보다가 전단지에 치유집회가 분당에서 있다는 소식을 접하고 치유집회를 참석했습니다.

강요셉 목사님이 인도하시는 집회입니다. 첫날부터 은혜를 많이 받았습니다. 성령으로 세례를 받았습니다. 마음에 평안이 찾아왔습니다. 다른 곳에서 하는 치유집회와 다르다는 것을 체험하게 되었습니다. 계속 다녔습니다. 점점 몸이 가벼워졌습니다. 우울한 기분이 사라지고 좋아졌습니다. 특별하게 저녁에 잠을 잘 수가 있어서 좋았습니다. 분명히 치유가 되겠다는 확신이 왔습니다. 그래서 시화에 있는 충만한 교회에 등록을 하고 집중적으로 치유를 받았습니다. 특히 주일날 오후에 하는 불 안수사역에서 많은 은혜와 치유를 받았습니다.

아랫배가 너무나 아프면서 뻥뻥하며 막 대포소리와 같은 방귀소리를 내면서 상처가 떠나갔습니다. 그러면서 점점 불치병이 치유가 되었습니다. 저는 소녀 가장이었습니다. 아버지와 어머니가 저의 나이 18세 때 집에 불이 나서 함께 돌아가셨습니다. 그때 너무나 큰 충격을 받았습니다. 그 충격으로 질병이 생긴 것입니다. 동생 둘을 데리고 소녀가장으로 살다가 대학에서 지금 남편을 만나 결혼을 했습니다.

결혼하고 심장병에다가 우울증에다가 불면증에다가 빈혈로 하루도 편안한 삶을 살지를 못했습니다. 그러다가 충만한 교회에 와서 치유 받고 평안한 삶을 체험하고 있습니다. 남편도 너무나 좋아합니다. 병원에 가서 정밀 진단을 한 결과 심장이 아주 좋아졌다는 것입니다. 병원에 가서 혈액검사를 받아보니 빈혈도 치유가 되었습니다. 우울증도, 빈혈도, 불면증도 모두 심장의 영향으로 발생한 것이었습니다. 하나님은 충만한 교회 강목사님을 통하여 전문적인 진단과 깊은 차원의 치유를 하시어 나의 병을 고치게 하셨습니다. 정말 충만한 교회를 만나게 하신 하나님에게 감사와 영광을 돌립니다.

불면증의 치유는 하나님께서 아담을 창조하신 당시로 돌아가는 것입니다. 불면증은 자신 안에 불안전 요소가 무의식에 집을 짓고 있기 때문입니다. 불안전 요소만 정리되면 편안하게 잠을 잘수가 있는 것입니다. 불안전 요소들은 성령의 역사가 자신 안에서 나와야 합니다. 그렇기 때문에 세상 방법으로는 치유할 수가 없는 것입니다. 말씀과 성령으로 마음 안에 형성된 불안전 요소들을 정화하고 치유하여 온전한 하나님의 나라가 되게 하면 낮에는 일하고 밤에는 잠을 자면서 피로를 풀면서 건강하게 살아가게 됩니다. 불면증이 있는 분들은 성령 안에서 온몸으로 기도하는 습관이 중요합니다.

성령 안에서 온몸으로 하는 기도를 숙달해야 합니다. 그래서 살아계신 하나님의 걸어 다니는 성전으로 살아가면 불면증은 치유되고도 남는 다는 것을 체험하게 되는 것입니다. 온몸기도는 **"온몸기도"**책을 보시고 숙달하시기를 바랍니다.

15장 악성두통을 완치하신 예수님

(시62:5-7)"나의 영혼아 잠잠히 하나님만 바라라 무릇 나의 소망이 그로부터 나오는 도다. 오직 그만이 나의 반석이시요 나의 구원이시요 나의 요새이시니 내가 흔들리지 아니하리로다. 나의 구원과 영광이 하나님께 있음이여 내 힘의 반석과 피난처도 하나님께 있도다."

하나님은 만병의 의사이십니다. 고로 하나님은 만성 두통을 치유하십니다. 지금 세상에는 만성 두통으로 고생하는 사람들이 많습니다. 두통이 시작되면 아무 것도 못하는 악성 두통 환자도 많습니다. 이는 세상 살아가자면 스트레스를 받기 때문입니다. 여기에는 예수를 믿는 성도도 예외가 되지를 않습니다.

세계두통협회에서 두통은 불치병이라고 정의를 내렸습니다. 진통제로 일시적 진정 효과밖에는 거둘 수 없으므로 두통은 고칠 수가 없다고 단정해 버렸습니다. 머리가 깨지 것 같이 아파서 병원에 찾아가 MRI 사진을 찍어보아도 아무것도 안 나오고, 머리가 막 깨지는 것처럼 아픈데도 아무것도 안 나오니까 증거가 없다는 겁니다. 증거가 없으니까 두통은 병이 아니고, 증상이라고 최신 이론은 말합니다. 통증이 사진에 나올 리가 있나요. 그래서 두통은 못 고치는 것으로 되어있습니다. 하나님만이 두통을 치유하여 자유하게 하시는 것입니다. 하나님의 은혜로 치유를 받아야 합니다. 두통의 종류와 치료법은 이렇습니다.

1.두통의 원인

첫째는 간과 담이 병나서 생기는 편두통. 머리가 아프니까 머리로 가는 경맥이 무엇인가를 살펴봅니다. 간경은 엄지발톱 끝에서 시작하여 늑골 중간밖에 안갑니다. 간경 때문에 직접적으로 두통이 일어나는 것은 아닙니다. 그러나 담 경은 머리의 측면에 쫙 퍼져있습니다. 거기서 편두통이 생기는 겁니다.

둘째는 비. 위장에 병나서 생기는 전 두통. 위경은 두 번째 발가락 끝에서 시작하여 정강이를 타고 복부 전면을 거쳐 죽 올라와서 맥 보는 인영 맥을 통해서 반으로 갈라져서 한 가닥은 눈밑에까지 오고 다른 한 가닥은 귀 옆으로 해서 머리에 있는 두유 혈까지 뻗어 있습니다. 이건 머리에 속하니까 전 두통을 일으키게 됩니다. 앞머리가 아픈 겁니다. 앞머리가 시리고 밤나는 경우가 있습니다. 주로 밥을 많이 먹으면 위장이 냉각되어 앞머리가 아픕니다. 과식이 문제가 됩니다.

셋째는 신. 방광이 병나서 생기는 후두통. 신경은 발바닥에서 시작하여 늑골위의 쇄골이 있는 곳까지 밖에 안갑니다. 그러니까 직접 두통에 영향을 줄 수 없습니다. 방광경은 새끼발가락에서 종아리를 거쳐 등을 타고 후두부를 통과하여 눈 옆까지 옵니다. 신. 방광으로 인해서 두통이 날 때는 후두통 입니다.

넷째는 심포. 삼초가 병나서 생기는 미릉골통. 삼초경은 무명지에서부터 손등을 타고 팔 바깥쪽을 타고 어깻죽지를 거쳐 귀를 싹 돌아서 눈썹 옆에 있는 사죽공 혈까지 옵니다. 그래서 여기 아픈 사람 많습니다. 오래되면 눈 옆까지 다 아픕니다. 그래서 눈을 껌벅껌벅합니다. 눈이 막 밑으로 쏟아지고 피곤합니다. 처음에는 미릉 골이 아픕니다. 미릉골 아픈 사람은 무지하게 많습니다. 심포. 삼초 두통입니다.

다섯째, 두냉통(頭冷痛). 모자를 써서 머리를 따뜻하게 하면 금새 머리 아픈 것이 없어집니다. 진통제로는 안 됩니다. 먹을 때만은 좀 낫는 것 같다가도 약효가 없어지면 또 아픕니다. 머리가 차가우니까 그럴 수밖에 없습니다. 혈액순환이 잘 안되는 문제입니다. 두건을 씌어주고 뜨거운 물마시고, 인삼 한 숟가락 먹고 나서 한 시간쯤 있으면 두통이 사라집니다.

여섯째는 경추에 문제가 있어서 생기는 두통. 안구 통, 예민한 성격, 병원에서도 못 고치는 만성두통은 경추가 틀어져있을 가능성이 높습니다. 원인으로는 목뼈 정렬 상태가 바르지 못한 경우, 외상 후 후유증(교통사고, 추락, 충돌 등), 뇌에 이상이 있는 경우입니다. 눈, 코, 귀, 두피, 입, 턱관절, 후두, 인두, 갑상선, 등에 문제가 있는 경우입니다. 무기력증과 두통, 어지럼증, 시야 흐림, 머리 띵 함과 같은 증상들이 함께 나타난다면 경추의 정렬상태가 바르지 못할 때 나타나는 증상으로 다음을 참고 해보시기를 바랍니다.

척추가 바르지 못한 원인으로 나타나는 증상들인 경우는 어떤 치료를 하더라도 치료 작용을 하는 베개를 사용하지 않는 경우, 밤에 잠을 자면서 비틀린 척추로 변형시켜 악화시켜버리기 때문에 그 누구도 빠른 치료를 보장하지 못합니다. 대략 이런 경우입니다.

① 척추가 바르지 못하게 비틀린 변형 원인. ② 비틀린 척추로 잠을 자는 자세를 만드는 베개와 침상(침대쿠션, 요 두께). ③ 비틀린 척추로 자세를 유지하는 습관. ④ 비틀린 척추로 스스로 만들어버리는 스트레칭이나 체조 운동들. ⑤ 교통사고나 추락사고 산재사고 등의 외부 충격에 의하여 골절 변형된 척추로 인하여 등등.

이렇게 해서 우리 몸에서 두통이 생기는 원인을 다 설명했습니다. 두통은 각 장부에 해당하는 장부가 허약해서 일어나는 증상입니다. 허약한 장부를 튼튼하게 하기 위하여 성령의 역사로 온몸기도하며 내면의 상처를 치유해야 합니다. 그리고 뼈와 신경을 정상으로 회복하는 기도를 해야 합니다. 온몸 기도를 하여 순환기계통이 활성화되게 합니다. 원만한 두통은 3-6개월 동안 성령치유집회에 참석하여 집중 기도하면 모두 치유가 됩니다.

2.두통의 치료. 만성 두통이나 편두통을 치료받고 있는 환자가 나날이 늘고 있습니다. 인구의 10%가 이러한 두통으로 고생을 한다고도 이야기를 합니다. 치유집회에 오시는 두통 환자가 늘어나는 것을 보아도 두통에 대한 환자 층은 점점 더 늘어나는 것 같습니다.

현대 의학이 그렇게 발달을 하는데 왜 두통은 극복이 안 되는 것일까요? 이는 원인을 알 수 없다고 하는 두통이 있기에 그렇습니다. 우리는 오직 진료 장비에 의존하여 두통을 진단합니다. 그래서 뇌에 이상이 없으면 두통의 원인을 알 수 없다고 하는 것입니다. 하지만 실제로 두통은 뇌 내부의 문제만은 아닙니다.

신체의 각 장부가 그 기능을 제대로 못하여 일어나는 것입니다. 간이나 위의 기능 혹은 신장의 기능 등등…. 아무리 만성 악성 두통이라도 반드시 원인이 있습니다. 그런데 병원에서 하는 MRI 검사로는 나타나지 않습니다. 그러나 반드시 MRI 검사는 받아보는 것이 좋습니다. 뇌의 기능에 문제로 두통이 발생할 수가 있기 때문입니다. 성령으로 충만한 가운데 지식의 말씀의 은사로 원인을 진단하여 찾아야 합니다.

한 예로 평소에 머리가 심하게 두통이 와서 오신 한 환자분이 있었습니다. 이분은 하루에 2회 정도 머리가 아파오는 증상이 심하게 나타나 활동을 거의 못하는 정도라고 했는데 병원에서 진단을 해보아도 원인을 알 수가 없다고 한다는 것입니다.

이분을 영적진단을 해본 결과 낸 결론은 위장의 기능 저하로 담이라는 물질이 생성되어 이것이 혈액을 따라 돌아다니다가 머리 혈관에 영향을 미치기에 두통이 생기는 것이었습니다. 평소에 위장이 좋지 않아 소화가 잘 안되고 식사 후에 두통이 나타난다고 하니 그렇게 진단을 한 것입니다.

진단에 따른 치료는 성령세례를 체험하게 하고 내적치유를 했습니다. 뼈, 신경치유로서 위장과 연결된 신경을 치유했습니다. 이에 환자는 3개월의 치료로 두통에서 벗어날 수 있었고, 일상생활을 이제 무리 없이 영위할 수 있게 되었습니다.

두통 치료는 말씀과 성령으로 일단 막힌 곳을 뚫어주어야 합니다. 그리고 내적치유와 뼈, 신경 치유로 소화기나 간의 긴을 개선시켜야 하고, 성령으로 몸의 나쁜 기운을 몰아내야 합니다. 동시에 내 스스로 병을 극복할 수 있도록 온몸으로 기도하며 성령님이 지배하시는 영성을 만들어주어야 합니다. 우리는 흔히 과도한 스트레스를 받으면 목이 뻐근하거나 혹은 어지럼증, 만성피로, 두통 등을 호소하는 경우가 있는데, 이러한 것이 얼마나 위험한 것이지 모릅니다. 직장인 과로사의 가장 큰 원인이 스트레스로 옵니다. 문제는 자신이 이러한 것에 대하여 방치하기에 일어난다는 것입니다. 우리가 여기서 알아야 할 것은 만성악성두통은 한방이나 양방으로 거의 치유가 불가능합니다.

어느 분이 저희 교회에 오셔서 치유를 받고 간증한 내용을 들어보면 알 수가 있습니다. "사실 저는 10년 전부터 만성 악성두통이 있었습니다. 깨어있는 시간에는 거의 머리가 아프고 열이 납니다. 잠을 잘 때 빼고는 항상 머리가 아픕니다. 그래서 책상 앞에 1시간 앉아서 공부하는 게 정말 힘들 정도였습니다. 만성두통도 괴로웠지만 26년이나 달고 지낸 지긋지긋한 아토피 치유를 받기위해 집회에 참여하기 시작했습니다.

어렸을 때부터 엄마를 따라 온갖 양약과 한방병원을 다니면서 치료를 받았지만 증세는 그때만 잠시 나아질 뿐 근본적인 치유를 받지 못했습니다. 제 몸과 마음도 지쳐 고등학교 때부터는 포기하고 살았습니다.

제가 몸은 별로 아토피가 심하지 않은데 유독 얼굴이 아토피가 심해서 항상 사람들이 절 처음 보면 하는 말이 "술 먹었냐"는 소리였습니다. 제가 세상에서 제일 듣기 싫은 말입니다. 노이로제까지 있었습니다. 그 소리를 들을 때마다 쥐구멍이라도 찾아서 숨고 싶을 만큼 창피하고 얼굴이다 보니 자신감도 나날이 떨어지고, 거울을 볼 때마다 속상하고 화가 나고 제 자신이 보기 싫었습니다. 치료를 포기하고 살다가 최근에 유명한 한의원에서 6개월 정도 한약과 침 등으로 치료를 받았습니다. 하지만 기대했던 거와 달리 몸은 좀처럼 나아지질 않았고, 치료비만 카드 빚으로 남아있게 되었습니다. 물론 연체된 상태는 아니지만, 일을 해서 돈을 버는 족족 치료비로 써야한다는 것이 너무 억울했습니다. 아토피가 있으신 분들은 알겠지만, 거의 풀만 먹고 살아야 하는 병입니다. 치유에 희망을 주신 분은 하나님이셨고, 저는 한의원을 다니면서 기도도 열심히 했지만, 제 상태에 대한 기도였었나 봅니다. 상태가 좋아지면 감사해하고, 또 안 좋아지면 속상해하고 하나님을 원망도 하기도 했습니다.

도대체 언제 고쳐주실 것이냐고 기도는 하지만, 하나님은 묵묵부답이셨습니다. 그러던 중 한의원 치료를 그만 다녀야겠다는 생각이 들쯤, 우연히 강요셉 목사님의 책을 읽게 되었습니다. 제목이 **"영적피해 방지하기"**입니다. 그때는 한의원 치료를 받는 중이었고, 책만 읽다가 나도 집회에 참여해보고 싶다는 생각이 들어 참여하게 되었습니다. 첫 집회 때 참석해서 성령세례를 받고 성령의 역사로 회개와 눈물로 하나님을 만났습니다.

교회는 꾸준히 다니고 있었지만, 제가 너무 영적인 것을 바르게 알지 못하고, 무지한 믿음 생활을 했다는 걸 깨달았습니다. 하나님이 가장 먼저 치유하신건 제 마음에 집착이었습니다. 제

자아를 깨려고 옛사람을 벗어내기 위해 성령의 충만과 말씀으로 하나님을 붙들기 시작했습니다. 그러던 중에도 상태가 또 나빠지면 그 순간은 실망했었지만, 곧 마음을 추스르고 하나님을 붙들었습니다. 그러기를 6주가 지나고 이제 제 마음에 있던 우울함, 두려움, 죄책감 등, 저의 영적인 메임 들을 하나님께서 풀어 주셨습니다. 제 마음에 있던 집착과 옛사람은 십자가에 못 박았습니다. 이젠 제 마음에 기쁨과 행복이 넘쳐납니다. 항상 내문제만 내 코가 석자인데 하면서, 남을 돌아보지 못하고 살았는데 이제는 제 주변에 있는 사람들을 돌아볼 수 있는 여유 있는 마음도 주셨습니다. 마음이 치유되니 여유가 생겼다는 증거입니다.

아토피로 인해 나빠졌던 성격도 변화되었습니다. 툭하면 엄마에게 화내고 혈기내고 제 감징을 억누르지 못하고 분노했던 마음이 사라졌습니다. 물론 제 아토피가 완전하게 나았다는 건 아니지만, 현저하게 좋아지고 있습니다. 지독한 영적 묶임에서 먼저 풀어주시고 자유 함을 얻었습니다. 아토피도 많이 나아가고 있습니다. 정말 눈으로 보고 체험할 수 있도록 치유가 되었습니다. 앞으로 완전하게 치유될 줄로 믿습니다. 이제 더 이상 두려움과 포기라는 말은 제게 없습니다.

이제 목사님 말씀처럼 환부를 바라보고 기도하는 것이 아니라, 내 안에 계신 예수님을 바라보고 기도하는 사람이 되었습니다. 영적인 자유 함을 얻게 하셨고, 만성두통은 완전하게 치유하셨습니다. 하나님이 치유하셨습니다. 앞으로 성령 안에서 온 몸으로 기도를 하면서 성령으로 충만하게 지내겠습니다." 이분과 같이 의지를 가지고 다니면 악성두통 치유뿐만 아니라, 성령의 권능을 받아 하나님의 군사로서 쓰임을 받습니다.

3.만성 악성두통 영적치유. 앞에서 간증을 들어서 아시겠지만 만성두통은 민간요법으로는 치유가 불가능합니다. 반드시 영적인 치유를 해야 완치가 가능합니다. 본인은 이런 순서로 만성 두통을 치유합니다.

1)예수를 믿게 하고 성령세례를 체험하게 한다. 성령으로 세례를 받아야 성령으로 정확한 원인을 알 수가 있습니다. 성령으로 치유가 되기 시작하는 것입니다. 성령의 체험은 말이 아니고 실제로 몸으로 느끼는 것입니다. 성령을 체험하려면 예수를 마음으로 믿고 입으로 시인해야 합니다. 그리고 성령의 역사가 일어나는 교회에 가야 합니다. 아무교회나 나간다고 성령세례를 받지 못합니다. 담임목회자가 성령세례를 받은 사람을 통해서 성령세례를 받을 수가 있습니다.

2)원인이 무엇인지 진단한다. 원인이 영적인 것인지, 육적인 것인지를 먼저 진단합니다. 두통이 일어나는 증상이 여러 가지가 있기 때문에 정확한 진단을 하여 원인을 바르게 알아야 바른 처방이 가능합니다. 원인은 성령님이 알고 계십니다.

3)원인에 따라 치유를 한다. 원인이 장기에 있다면 해당 장기를 튼튼하게 하는 조치를 합니다. 먼저 내적치유를 합니다. 두통의 원인을 제공하는 해당 장기에 연결된 뼈와 신경치유를 합니다. 필요하면 내적치유와 성령의 역사로 축귀를 합니다.

환자를 성령으로 충만하게 하고, 의지를 가지고 치유를 받도록 권면합니다. 만성두통의 치유는 단기간에 되지 않습니다. 상당한 기간 동안 말씀을 들으면서 말씀과 성령으로 내적치유를 하면서 두통의 원인을 제거합니다. 무엇보다도 성령이 충만하여 상처가 치유되어 약한 부분이 강해지도록 합니다. 의지를 가지고 성령으로 체험하며 성령으로 기도를 해야 합니다.

4)의지를 가지고 치유한다. 하나님은 질병을 치유하는 것이 목적이 아니라, 질병을 통하여 성도를 영적으로 바꾸려고 하십니다. 고로 성도가 만성 두통을 치유 받으면서 영적으로 변하게 해야 합니다. 말씀을 듣고 성령으로 충만하여 생각이 바뀌고 믿음이 생기게 합니다. 반드시 치유된다는 의지가 중요합니다. 이렇게 의지를 가지고 치유를 지속직으로 하면 아무리 오래된 악성 두통이라도 치유가 됩니다. 자신이 성령으로 충만하여 하나님의 나라 천국이 되면 만성두통이 완전 치유가 됩니다.

꼭 치유 받고 말겠다는 의지와 치유된다는 믿음이 중요합니다. 한의원에서도 만성두통을 치유하는데 4-6개월씩 걸린다고 합니다. 이렇게 오랫동안 치유를 해도 물질만 손해나고 치유되지 않는다고 합니다. 고로 인내가 중요합니다. 성령으로 충만하여 영적인 치유를 하면 한 달 만에 치유될 수도 있습니다.

4. 악성두통 완전치유 간증: 만성 악성 두통을 내적치유 받았습니다. 저는 몇 년 전부터 악성두통으로 사람구실을 제대로 못하면서 살아왔습니다. 119 구급차도 세 번이나 탔습니다. 그래

서 서울대 병원에 가서 MRI도 두 번이나 찍었는데 아무런 이상이 없었습니다. 그런데 그렇게 두통이 심해서 사모 노릇을 거의 하지를 못하면서 지냈습니다. 그러니 남편 목사님이 저를 한약방이다. 병원이다. 치유 받게 하려고 별별 곳을 다 데리고 다녔습니다. 그러나 치유 되지를 않았습니다. 그러다가 어느 기도원 목회자 치유 세미나에 참석하여 강요셉 목사님을 만났습니다. 목사님을 만나서 저의 남편목사님도 내적치유를 받아야 한다는 것을 알게 되었습니다. 저도 남편 목사님도 그때까지 내적치유가 무엇인지 몰랐습니다. 강요셉 목사님이 기도원에서 제가 고생하는 것을 보시고 남편목사님과 저를 안수하여 주시면서 내적치유에 대하여 알려주셔서 알게 되었습니다. 알고 보니 저뿐만이 아니고 남편에게도 상처가 말도 못하게 많다는 것을 알았습니다. 솔직하게 말씀드리면 저의 남편과 결혼한 이후로 한 번도 마음이 편안하게 살아본 경험이 없습니다. 율법주의 목사님이라 이것저것 행위를 가지고 저를 힘들게 했습니다. 개척교회를 하는데 성도가 주일날 오지 않으면 저에게 화풀이를 다합니다. 왜 오지 않았는지 전화해 보았느냐, 무슨 일이 있느냐, 오늘은 왜 이렇게 성도들이 오지를 않았느냐 하면서 그렇게 저를 힘들게 하고 상처를 받게 했습니다. 그 스트레스가 쌓이고 쌓이다가 보니까, 저에게 우울증이 왔습니다. 악성 두통이 생겼습니다.

밤에 잠을 제대로 자지를 못했습니다. 그래서 치유 받으러 갔다가 강요셉 목사님을 만난 것입니다. 강요셉 목사님의 이야기를 듣고 매주 충만한 교회에 가서 치유를 받았습니다. 5개월 정도 치유와 은혜를 받다가 보니까, 저도 저인데 남편 목사님이 영적으로 변하는 것입니다. 저의 교회 성도들이 저보고 하는 말이 목사님의 찬송소리가 달라졌다는 것입니다. 너무나 은혜로워졌다는 것입니다. 말씀도 너무나 은혜롭고 정말 옛 날하고는 딴판으로 목사님이 달라지는 것입니다. 그러면서 제가 자꾸 마음에 평안이 찾아오는 것입니다. 머리 아픈 것이 사라졌습니다. 우울증이 사라졌습니다. 이제 잠도 잘 잡니다. 그래서 참 평안을 찾았습니다. 이제 마음에 여유가 생겼습니다. 기도도 몇 시간을 할 수 있게 되었습니다. 사람을 보면 심령이 읽어집니다. 지금 생각하면 남편 목사님이 상처가 정말 많았습니다. 부교역자를 가면 일 년을 채우지 못하고 나옵니다. 그래서 여덟 곳을 다니면서 부교역자를 했습니다. 그러니 마음에 얼마나 많은 분노가 쌓여 있었겠습니까?

그 분노 때문에 그렇게 같이 사는 저를 힘들게 하고 다른 사람에게 은혜를 전하지 못한 것입니다. 먼저 성령님의 인도로 강요셉 목사님을 만나게 되어 감사드립니다. 그리고 치유하여 주신 성령하나님에게도 감사를 드립니다. 제가 지금 치유 받고 생각을 하니 목회자는 내적치유와 내면세계를 알아야 합니다.

당신도 말씀 말씀하지 말고 영적인 눈을 열어 내면세계에도 관심을 가지시기를 바랍니다. 저의 남편 목사님은 교계에서 인정해주는 신학대학과 대학원을 나온 장자 교단의 목사님입니다. 그런데 율법적인 목회를 하시다가 저로 인하여 치유에 관심을 가지고 치유를 받다가 보니 지금은 너무도 많이 영적으로 변

했습니다. 하나님에게 영광을 돌립니다. 서울 박인숙사모

귀신을 쫓아내고 악성두통을 치유 받은 간증입니다. 일산에 있는 아주 큰 교회에 안수 집사로 교회를 아주 잘 다니면서 신앙생활을 열심있게 하는 성도가 치유를 받으러 왔습니다. 이유는 다리부터 머리까지 오른 쪽 한쪽이 저리고 아파서 견딜 수가 없다는 것입니다. 이렇게 고통을 당한지가 상당히 오래 되어 치유하려고 별짓을 다했는데 치유가 되지 않아 자기의 여동생의 소개로 치유를 받으러 온 것입니다. 그런데 올 당시 자신만의 문제가 아니고 부인 집사는 유방암 3기로 고생을 하다가 수술하였으며, 자신의 둘째 아들은 간질과 정신적인 문제로 정상적인 생활을 못하는 형편이었습니다.

생각해 보세요. 안수 집사가 아내는 유방암으로 아들은 간질로 고생을 당한다니 한 번 생각해 보아야 할 문제입니다. 예수만 믿으면 영육의 문제가 해결된다는 논리가 맞지 않는 다고 생각하지 않습니까? 이분은 교회에서 아주 믿음생활을 모범적으로 잘하여 우리 교회에서 치유 받고 간 다음에 장로가 되었습니다. 치유를 하기 위하여 상담을 했습니다. 그랬더니 자신의 할머니가 반 무당이라 자신이 어렸을 적에 몸이 조금만 아프면 무당에게 찾아가 복을 빌고, 무당이 어깨에 이상한 물건을 얹어놓을 때도 있었다는 것입니다.

그리고 자신의 모친도 시어머니의 영향으로 무당의 신끼가 내려와서 굉장한 시달림을 당하다가 예수를 믿었다는 것입니다. 그러니까 이 집안은 할머니의 우상숭배가 4때 째 내려와 고

통을 당하고 있는 것입니다. 그래서 제가 편안하게 누우라고 하고 성령의 임재와 지배를 요청했습니다. 강력한 성령의 세례가 임했습니다. 성령의 세례를 받는 것입니다. 한 참 지나니 발작을 하기 시작을 했습니다. 오른쪽 머리가 깨어지는 것같이 아프다고 하고, 오른 쪽 팔과 다리를 막 흔들리며 발작을 했습니다. 그러더니 갑자기 일어서서 뛰어다니면서 무당이 굿을 할 때에 손과 발을 움직이는 것같이 행동을 하면서 뛰어다녔습니다.

그래서 제가 성령님 더 강하게 역사하여 주시옵소서. 더 강하게 더 강하게 명령을 했습니다. 그랬더니 한 10분간을 뛰어다니다가 쓰러졌습니다. 그래서 제가 명령을 했습니다. "내가 예수 이름으로 이 가정에 무당의 영의 줄을 끊노라. 무당의 영의 줄은 예수 이름으로 끊어질 지어다. 그리고 무당에게 복을 빌고 무당에게 기도 받을 때 들어와 고통을 주고 있는 귀신은 예수 이름으로 물러갈지어다. 떠나갈지어다." 하니 막 오물을 토해내고 소리를 지르면서 귀신이 떠나갔습니다. 떠나갈 때 무당이 굿하는 현상을 하면서 떠나갔습니다.

그리고 한 6개월간 부인과 아들이 다니면서 치유를 받았습니다. 그리고 완치되어 2년이 지난 지금까지 아무런 일없이 잘 지내고 작년에 장로가 되어 믿음 생활 잘하고 있습니다. 독자여러분 이렇게 조상의 우상 숭배는 3-4대에 걸쳐서 고통을 줍니다. 그럼 언제까지 영향을 미칠까요? 필자의 사역간 체험한 임상으로 성령의 세례를 받고 혈통을 타고 역사하는 우상숭배 줄을 끊고 귀신을 완전하게 몰아낼 때까지 영향을 끼친다는 것입니다.

4부 귀신의 고통에서 해방시키는 예수님

16장 우상숭배 때 찾아온 귀신 몰아내신 예수님

(고전 5:10)"이 말은 이 세상의 음행하는 자들이나 탐하는 자들이나 속여 빼앗는 자들이나 우상 숭배하는 자들을 도무지 사귀지 말라 하는 것이 아니니 만일 그리하려면 너희가 세상 밖으로 나가야 할 것이라."

예수 믿기 전 우상숭배 때 찾아온 귀신을 몰아내신 예수님에 대하여 의문을 갖으실 분이 계실 것입니다. 많은 목회자와 성도들이 예수님만 믿으면 새사람이 되기 때문에…. "그런즉 누구든지 그리스도 안에 있으면 새로운 피조물이라 이전 것은 지나갔으니 보라 새 것이 되었도다."(고후 5:17). 이 말씀을 들이대며 예수님을 믿기 전에 우상을 숭배했더라도 상관을 할 필요가 없다고 알고 믿고 있기 때문입니다. 그러나 필자가 20년이 넘는 세월동안 성도들을 개별적으로 치유하면서 체험한 바로는 그렇지 못하더라는 것입니다. 이유는 예수를 믿어 영은 살아났어도 이성과 육체는 여전하게 세상신의 영향을 받고 있더라는 것입니다. 그럼 언제 온전하게 성령의 사람이 되어 우상숭배 때 찾아온 귀신들이 물러가느냐, 성령으로 세례를 받고 성령으로 기도하면서 성령의 불이 자신 안에 주인으로 계신 예수님으로부터 나와서 살아계신 하나님의 성전이 되었을 때입니다. 그러므로 모두 경각심을 가지고 조상이나 자신이 우상을 숭배했다면 성령으로 세례를 받는 것이 제일 급선무인 것입니다.

그래서 하나님은 우상숭배를 용서하지 않으십니다. 우리는 흔히 우상을 생각할 때 외적으로 보이는 우상만을 생각합니다. 다시 말해서 절간에 있는 금부처만이 우상이라고 생각하고 그 앞에 절하는 것만이 우상숭배라고 생각합니다. 그러나 성경은 그렇게 말하지 않습니다. 성경 골로새서 3장 5절에는 "그러므로 땅에 있는 지체를 죽이라 곧 음란과 부정과 사욕과 악한 정욕과 탐심이니 탐심은 우상숭배니라"고 말씀하고 있습니다. 성경에서 말하는 우상숭배는 육신의 것을 탐하며, 구하며, 사모하며 얻기를 원하는 것이 우상숭배라는 것입니다.

이것을 위해서 세상의 사람들은 금불상을 만들고, 부적을 만들고, 신전을 만들고, 칠성당을 만듭니다. 우리 그리스도인 또한 육신의 정욕과 소욕을 충족시키기 위하여 하나님을 섬기는 경우가 많습니다. 이것은 하나님을 섬기는 것이 아니라, 하나님을 빙자한 바알을 섬기는 경우라 해도 과언이 아닐 것입니다.

오늘 우리는 하나님 앞에서 우리의 신앙을 점검하여 보아야 합니다. 우리는 예수를 믿고 난 후부터는 우상숭배를 하지 않는 것 같지만, 넓은 의미에서 외적우상이 있고, 내적우상이 있는데 내적우상이 우선적이라는 것입니다. 이러한 내적우상이 제거되어지지 아니한 결과가 금불상을 만들어 놓고 땅의 복을 구하는 것이라는 것입니다. 광야의 이스라엘은 만나로 만족하지 아니하고 애굽의 것을 구하다가 하나님의 진노를 사고 영은 파리하여 갔습니다. 우리는 구약의 기드온처럼 우리안의 우상들을 제거하여야 합니다. 우리안의 세상의 것을 얻고자 하는, 썩을 것을 구하는, 사모하는 마음을 아예 버려야 합니다. 그렇습니다. 땅의 것은 있어도 족함이 없고 부족하여도 우리의 속사람 영에는 아무런 영향을 끼치지 못하게 됩니다. 그러므로 우리는 구원받고 거듭난 하나님의 자녀들은 철저히 썩지 않을, 영원한 영을 위해 살아야 합니다. 전인격이 하나님의 나라가 되어야 합니다. 귀신의 하수인이 되고 귀신에게 이끌리며 지배당하기 위하여 한국에서 자행되고 있는 우상숭배의 행태는 다음과 같습니다.

1. 조상숭배 - 조상을 잘 섬겨야 한다! 는 말입니다. 이러면 여기에는 누구도 이의가 이의 없습니다. 그러나 가만히 잘 살펴보면 이 말보다도 허황된 말도 없습니다. 거의가 조상을 잘 섬겨야 한다! 고 강변하는 자들마다, 살아생전에는 조상을 제대로 섬기지도 않은 자들입니다. 살아생전에는 제대로 밥도 안 챙겨주다가, 죽고 나니 밥 챙겨준다고 제사를 열심히 지내는 그것이 무슨 조상 잘 섬기는 건가요? 멋도 모르고 완전히 사단의 장난에 넘어가는 것일 뿐입니다. 여기에 넘어가면 큰일입니다. 이런 제사에 무슨 활동이 벌어지느냐? 드디어 귀신 활동이 벌어집니다. 그러면 귀신은 무엇이냐? 마귀 졸개들입니다.

이게 돌아다니면서 마12:25-45절에 보면 우리의 집을 혼란시킵니다. "더러운 귀신이 사람에게서 나갔을 때에 물 없는 곳으로 다니며 쉬기를 구하되 쉴 곳을 얻지 못하고, 이에 이르되 내가 나온 내 집으로 돌아가리라 하고 와 보니 그 집이 비고 청소되고 수리되었거늘, 이에 가서 저보다 더 악한 귀신 일곱을 데리고 들어가서 거하니 그 사람의 나중 형편이 전보다 더욱 심하게 되느니라 이 악한 세대가 또한 이렇게 되리라.”

이래서 가정에 자녀들까지 혼란을 주는 것입니다. 이 마귀의 졸개들은 고린도전서 10장 20절에 보면 제사지내게 만들어서 혼란을 준다고 되어 있습니다. “대저 이방인의 제사하는 것은 귀신에게 하는 것이요. 하나님께 제사하는 것이 아니니 나는 너희가 귀신과 교제하는 자 되기를 원치 아니하노라” 절대로 속으면 안 됩니다. 쉽게 설명 드리면, 지금 조상 제사하는 나라들은 전부 실패했습니다.

성경에는 제사를 하지 말라! 고 했습니다. 왜냐? 그게 귀신을 끌어 들이고 귀신 섬기는 것이기 때문이라고, 고전10:20절에 말씀하고 있습니다. 이러면 반드시 걸고 넘어지는 말이 있습니다. 아니, 그러면! 조상을 안 섬기면 어떡하느냐? 너는 하늘에서 떨어졌느냐? 땅에서 솟구쳤느냐? 너는 조상 없이 났냐? 고 합니다. 그러나 무슨 귀신이 밥을 먹습니까? 그런 식으로 할 것 같으면 미국 귀신들은 다 굶어 죽었을 것입니다. 그러면 미국 귀신들이 그렇게 굶게 만들었는데 어찌 미국이 잘사느냐 입니다. 너무도 엉터리없는 소리를 하고 있는 것입니다. 이래서 재앙과 후진국을 면하지 못하는 것입니다.

죽은 사람이 귀신이 되어 오는가? 못 옵니다. 눅16:19-31절 말씀에 분명히 나왔습니다. 너무너무 하나님 모르고도 잘 살았던 부자, 하나님이 필요 없다! 고 하던 부자, 너무 돈이 많아서 날마다 자색 옷을 입고 살았는데, 어느날 덜커덕 죽어버린 것입니다. 죽는 줄은 알았지만 그렇게 갑자기 죽을 줄을 몰랐던 것입니다. 죽었는데, 어디냐? 마귀에게 끌려서 지옥으로 갔습니다. 그런데, 거지같이 살아라! 는 것은 아니지만, 거지였던 나사로는 천국인 아브라함의 품에 가 있는 것입니다. 이때, 부자가 불타는 지옥에서 너무 목이 말라서 부탁을 하였습니다. 물 한 방울만이라도 달라! 고 합니다. 그때 뭐라고 합니까? 줄 수 없다! 는 것입니다. 저기 우리 집 앞에서 얻어먹던 나사로를 시켜서 물 한 방울만이라도 좀 달라! 고 간청합니다. 이때, 여기서는 올 수도 갈 수도 없다! 고 했습니다.

다시 말해 지옥에서는 일방통행뿐입니다. 즉 일반은총이 전혀 없는 곳입니다. 하나님이 필요 없다! 고 했기 때문에 하나님이 주시는 것은 하나도 없는 것입니다. 여기서 분명히 세상을 구원하신 예수님께서 말씀하시기를 건너가지도 못하고 오지도 못한다고 하였습니다. 불신자가 죽어서 귀신이 되어 돌아온다! 는 것은 바로 무당 이론입니다. 불신자가 귀신 되어서 돌아온다는 여기에서 모든 문제가 터지는 것입니다. 여기에서 모든 종교가 다 나오고, 모든 사고가 다 나왔습니다. 불신자가 죽어서 귀신 되어 돌아온다면, 숨겨진 살인 사건 같은 것을 해결하는 것이 무엇이 어렵겠는가? 죽은 자의 귀신을 불러내면 가르쳐 줄 것 아닌가? 그러니, 이게 말도 안 되는 소리인 것입니다. 지금 불신자가 죽어서 귀신이 되어 나타난다는 여기에서 모든 종교가 나오고, 부패도 나왔습니다. 그러나 오늘 본문에서 주님은 분명히 말씀하시기를 올 수도 없고 갈 수도 없다! 고 했습니다. 이 같은 귀신 이론에 종교 부패가 나왔습니다. 뭐라고 꼬이는 가? 지금 너희 아버지가 지옥 가고 있는 중인데, 지금이라도 네 가 가진 집을 팔아서 헌금하면, 천국으로 가게 됩니다. 이런 식 으로 가르치는 것입니다.

그리고 천주교와 같은 단체에서는 헌금을 많이 하면, 그 공로 로 인하여 하나님이 감동하셔서 지옥으로 보낼 너희 어머니를 천국으로 보내주게 된다고 하여서 돈 뜯어내는 것입니다. 이게 아주 악한 자들이 하는 행동과 같습니다. 불신자가 구원받는 데 는 돈하고 아무 상관이 없습니다. 불신자가 구원받는 데는 아무 힘과도 상관이 없습니다. 예수를 믿으면 구원을 받는 것입니다. 믿는 순간 하나님의 자녀 되는 것입니다. 그것도 살아생전에 믿 어야 합니다. 하늘나라는 누가 가느냐? 하나님의 자녀가 가는 곳입니다. 행위로는 천하에 구원받을 장사가 없습니다. 믿음으 로 구원을 받는 것입니다. 사람이 이 땅에 살다가 죽으면, 예수 를 믿은 성도는 하나님나라로! 마귀를 섬기는 자는 마귀를 가두 는 지옥으로 갑니다. 마25:41절에 보면, 지옥은 마귀를 가두는 곳입니다. 지금은 돌아다니다가 예수님이 재림하여 세상에 오 시면 완전히 가두어버리는 것입니다. 그래서 예수님의 재림이 중요한 것입니다. 그런데 그 지옥에 사람들이 가느냐? 예수님 을 믿지 않고 마귀를 섬겼기 때문입니다. 우리는 죄도 많고, 실 수도 많은데, 왜 하늘나라로 가는 건가? 예수님을 주인으로 영 접하고 믿고 섬겼기 때문입니다. 그리고 죽으면 어디에 가있는

가 이거 자꾸 알려고 하지 말아야합니다. 자꾸 궁금증을 가지고 알려고 하니 속는 것입니다. 죽으면 믿는 자는 영원한 천국, 안 믿는 자는 지옥으로 갑니다. 이것만 믿으면 됩니다.

2. 무당, 점쟁이, 역술인- 사람들에게 미래를 알려 주는 척하며 미혹시켜 우상 숭배하게 합니다. 앞으로 대통령이 누가 되겠느냐? 를 말하면서, 앞으로 무엇을 하면 성공하겠느냐? 는 식으로 미래를 가르쳐 주면서 미혹시키는 것입니다. 성경은 미래를 알라고 하지 않았습니다. 성경은 내일 일을 염려하지 말라고 했습니다. 성경은 방향만 제시했을 뿐입니다. 우리가 방향만 바로 잡으면 굳이 미래를 알 필요가 없습니다. 성령께서 인도하시기 때문입니다. 내가 며칠날 죽을 것인가? 알 필요가 없습니다. 그냥 언젠가 죽는다는 사실만 바로 알고 있으면 됩니다.

성경은 우리에게 무엇을 하라고 가르치지 않습니다. 그렇게 하면 망하게 만드는 것입니다. 성경은 우리가 바른 방향을 가도록 길을 제시했습니다. 그게 성경 말씀입니다. 그러나 사람의 미래를 알아맞히어 주는 척 하면서 사람을 몰고 들어가는 것이 사단의 전략입니다. 우리나라 정치인들도 이런 식으로 정치한 사람들은 다 실패했습니다. 어느 기업인 하나는 점쟁이 말 듣고 기업하다가 망해버린 것입니다. 우리는 내 안에 계신 성령이 알게 하십니다(요16:13). 문제는 무당, 점쟁이, 역술인을 찾아갔을 때 귀신이 찾아왔을 수가 있다는 것입니다. 이를 깨달아 알고 대처해야 합니다. 무속인과 역술인들의 특징이 있습니다. 특히 점술로 사람들을 미혹하는 힘이 있습니다. 개인과 자녀, 가족들은 늘 고통을 당합니다. 자녀들이 환란과 고통을 당합니다. 필자가 20년이 넘도록 치유하며 만난 사람 모두다 선조들이 우상을 숭배하거나 무당이거나 역술을 했거나 절에 물질을 드렸거나 했다고 진술하였습니다. 정신적인 문제도 마찬가지 입니다. 예수를 영접하고 말씀과 성령으로 끊어야 합니다. 무당과 역술인들의 자녀 중에서 교도소에 가 있는 사람들도 많습니다.

이것은 제가 근거 없이 말하는 것이 아닙니다. 실제 사역하면서 무당과 역술인의 자녀를 만나보았습니다. 모두 정신적인 문제나 질병으로 고통을 당합니다. 그런가하면 이상한 사고를 치고 음란 비디오와 마약에 빠져있는 자녀들도 있습니다. 우울증과 공황장애 정신병에 걸려서 집안에서 소리를 고래고래 지르면서 사는 자녀도 있습니다.

갑작스런 재앙이 옵니다. 한 때는 돈을 벌수도 있습니다. 그런데 잘 나가다가 한 순간 망합니다. 몸이 아프기 시작하면서 되는 일이 없고 귀신도 잘 부려지지 않고, 그러면서 서서히 빚지다가 결국은 폭삭 망하는 것입니다. 그것도 육체에 중한 질병이 걸려서 일생을 비참하게 마감하게 됩니다. 중풍이나 정신질환, 암, 뇌졸중 등등. 제가 잘 아는 집사님의 어머니는 과거 무당이었는데 지금 온몸에 질병이 생겨서 종합병원으로 살면서 고통을 당하고 있습니다. 그 집사님 역시 가난과 가정의 우환으로 고생을 당하고 살아가고 있습니다.

3. 종교로 우상 숭배하게 합니다. 종교는 원래 귀신을 무서워하는 사람이 만든 것입니다. 사람은 원래 영적인 존재로 창조되

없습니다. 그래서 영적인 만족을 찾으려고 노력하는 것입니다. 그래서 종교가 생기고 우상이 생긴 것입니다. 이것이 다 마귀가 자신에게 경배하게 하려고 쓰는 속임수입니다. 그러나 아무리 우상을 숭배하고 종교를 가지고 수양을 해도 만족은 가질 수가 없습니다. 오히려 더욱더 하나님과 관계만 멀어지고 대신 마귀의 오라 줄만 강하게 묶일 따름입니다. 인간에게 참 만족을 주는 분은 인간을 영적 존재로 창조하신 하나님에게 속하는 것입니다. 사람이 예수님을 주인으로 모시고 하나님에게 속했을 때 전인적인 참 만족을 얻는 것입니다.

4.부처를 섬기는 것입니다. 내가 지금까지 치유사역을 하면서 임상적으로 체험한 바로는 부처를 섬기기 위하여 절에 재물을 내놓고 숭배한 사람의 가정치고 환란과 고통이 없는 가정이 없었습니다. 또 집안에 절에 중이 있다면 정신적인 문제로 고생하는 사람들도 종종보아 왔습니다.

5. 산에서 고사를 지내고, 바다에 고사를 지내고, 집에서 툭하면 고사를 지내고, 비가 안 온다고 산에 올라가 고사를 지냅니다. 툭하면 고사부터 지내려고 합니다. 이 고사를 지낼 때 지역의 영들 귀신이 역사하는 것입니다. 필자가 치유 사역을 할 때 선조들이 고사를 지낼 때 들어와서 역사하는 악귀들을 많이 축사했습니다. 지속적으로 성령충만하게 지내야 합니다.

6.무당을 초청하여 굿거리를 합니다. 조상의 무당의 영의 대물림으로 고생하다가 치유 받은 목사님의 이야기입니다. 이 목사님은 성령의 역사를 인정하는 ○○○교단에서 목사 안수를

10년 전에 받으시고 교회를 개척하여 십년 째 목회하시는 목사님이십니다. 우리 교회에 치유 받으러 오신 이유가 이렇습니다. 자신은 잘 모르는데 이상하게 사람들 앞에 서서 칠판에 글씨를 쓰려고 하면 오른 손이 떨려서 글씨를 쓸 수가 없다는 것입니다. 사람들이 없을 때는 조금 나은데 성도들 앞에만 서면 오른 손이 떨려서 글을 쓸 수가 없었다는 것입니다. 그래서 무슨 원인인가를 알고 치유를 받으려고 지난 10여 년 동안 이곳저곳 성령의 역사가 있고 치유하고 축사하는 곳이라면 안 가본 곳이 없을 정도로 다녔다고 합니다. 그러다가 소문을 듣고 우리 교회에 오신 것입니다. 그래서 상담을 요청하여 필자에게 사정을 이야기 하셨습니다. 그래서 제가 성령님에게 물었습니다. 대관절 이 목사님이 무슨 이유로 사람들 앞에서면 손이 떨려 칠판에 글씨를 쓸 수가 없었습니까? 하고 질문하였더니 성령께서 감동을 주시기를 조상 중에 무당이 있었는가 물어보아라, 그래서 목사님 가정에 혹시 무당과 관련된 분이 있거나 목사님이 어렸을 때에 무당에게 간적이 없습니까? 하고 질문을 했습니다. 그랬더니 목사님이 한 참 기도를 하시더니 이렇게 대답을 했습니다.

아주 어렸을 때에 외할머니가 무당이라 자신이 아프면 어머니가 데리고 가서 기도를 받고 어깨에도 손을 자주 얹어 기도를 받았다는 것입니다. 그래요, "내가 나사렛 예수 이름으로 명하노니 대물림되는 무당의 영은 정체를 밝힐지어다." 했더니, 오른 손을 마구 흔드는 것입니다. 마치 TV에 나오는 무당이 굿거리 하는 장면같이 손을 마구 흔들어 댔습니다. 그래서 제가 "예수 이름으로 명하노니 혈통을 타고 들어온 무당귀신의 대물림의 줄은 끊어질지어다. 예수 이름으로 명하노니 혈통을 타고 들어온 무당귀신을 묶음을 풀고 나올지어다." 했더니 이 목사님이 한참 괴성을 지르시더니만 입에서 맑은 물을 한참 동안 토하면서 귀신이 떠나가는 것이었습니다.

이렇게 하기를 이틀 동안 했습니다. 그리고 5개월 후에 다시 오신 목사님에게 물어보았습니다. 지금도 사람들 앞에 서면 손이 떨립니까? 목사님이 웃으시면서 지금은 그렇지 않습니다. 정말 이 문제 때문에 제가 고생을 많이 했습니다. 목사님 감사합니다. 하고 치유 받고 가셨습니다. 방심은 금물입니다. 필자가 사역할 때 장로, 안수집사, 권사 할 것 없이 대물림되는 무당의 영으로 고통을 당하다가 치유 받고 간 성도가 많은 수입니다. 나는 권사이기 때문에 나는 장로이기 때문에 해당이 없다. 귀신이 장로나 권사나 목사를 보면 무서워서 도망간다. 천만에 말씀입니다. 독자여러분 자아는 의를 이루지 못합니다. 말씀과 성령의 역사로 자신을 성찰하는 시간을 갖으시기를 부탁합니다. 자신에게도 대물림되는 문제가 있을 수 있다고 인정하시고 성령으로 세례받고 성령으로 찾아내어 치유하시기를 바랍니다.

7. 남묘호랭객쿄를 믿으며 방안에 신전을 차려놓고 빌기도 합니다. 남묘호랭객쿄를 믿었던 사람들은 거의 모두 가정에 신전을 차려놓고 아침저녁으로 빕니다. 이 사람들이 개종하고 나면 그 때 들어온 귀신들 때문에 상당한 기간 동안 고통을 당합니다. 그러나 그렇게 악랄하게 역사하다가도 강한 성령의 역사

를 체험하면 모두 떠나가는 것이 보통입니다. 좌우지간 예수를 믿고 성령을 체험하면 문제가 될 것이 없습니다. 성령하나님은 초자연적으로 역사하는 하나님이시기 때문에 아무리 강하게 우상을 숭배했어도 예수 이름으로 대적하면 모두 떠나갑니다.

남묘호랭객쿄 귀신은 참으로 더럽고 악랄합니다. 얼마 전에 인천에 사시는 사모님께서 자신의 정신적인 문제와 자녀들의 문제를 치유하러 오셨습니다. 상황은 사모님의 친정의 모든 식구들은 남묘호랭객쿄를 믿는 다는 것입니다. 사모님은 나중에 깨달아 개종하여 지금 남편목사님을 만나 결혼했다는 것입니다. 그런데 교회를 개척했는데 첫 번째는 망했고, 두 번째 개척을 했는데 너무 어려워 목사님이 그만 접겠다고 한다는 것입니다. 거기에 다가 아들과 딸이 있는데 아들은 고1이고, 딸을 중2인데 모두 정신적인 문제가 있어서 정상적인 학교생활을 하지 못한다는 것입니다. 먼저 사모님 5월경에 치유를 받으러 오셨습니다. 목요일 날 오셔서 성령으로 세례를 받고 성령의 역사로 치유의 은혜를 받으셨습니다. 그리고 돌아가셨습니다.

금요일 오후 6시경에 전화가 왔습니다. 목요일 날 은혜 받고 집에 돌아가니 6시 정도가 되었다는 것입니다. 그때부터 귀신이 역사하여 꼼짝을 못하고 누워있기 시작을 했는데 지금까지 일어나지를 못했다는 것입니다. 이유는 방바닥에 붙여놓고 꼼짝을 못하게 해서 일어날 수가 없었다는 것입니다. 그래서 필자가 남묘호랭객쿄 귀신들이 충만한교회에 치유 받으러 왔다고 그렇게 역사하는 것이니 이겨야 된다고 당부를 했습니다. 그런데 문제는 월요일입니다. 월요일 날 치유를 받으러 와야 하는데 숨을 쉴 수가 없고 두렵고 불안하고 무서워서 오지를 못하겠다는 것입니다. 필자가 기어서라도 오셔야 남묘호랭객교 귀신들로부터 자유 함을 받을 수가 있다고 인내하라고 당부하여 집회를 지속적으로 참석하여 상태가 많이 호전이 되었습니다.

그렇게 3개월 정도 다녔습니다. 사모님 자신이 많이 호전이 되니까, 여름방학이 되어 아들과 딸 목사님을 모시고 왔습니다. 그런데 문제는 아들입니다. 여름인데 한 겨울에 입는 오리털 파카를 입고 왔습니다. 그래서 필자가 야! 여름인데 왜 오리털 파카를 입고 왔느냐 하고 질문을 하니까, 목사님 저는 다한증이 있어서 여름에도 겨울 파카를 입어야 합니다. 그러는 것입니다. 그래서 필자가 기도하는 방법을 알려주고 본인에게 기도하게 했습니다. 어느 정도 기도를 하여 성령으로 지배되고 충만한 상태가 되어 불러내어 "내가 예수님의 이름으로 명령한다. 다한증을 일으키는 귀신은 떠나갈지어다." 하고 명령을 하니까, 기침을 20여분 동안 하는 것입니다. 그렇게 기도를 해주고 시간이 되어 집으로 돌아갔습니다. 다음날이 되었습니다. 목사님 아들이 반팔티를 입고 온 것입니다. 그러면서 목사님! 어제 안수기도 받고 집에 돌아가니 다한증이 치유가 되었습니다.

딸은 우울증이 있었는데 지속적으로 다니면서 기도하고 안수기도를 해주었더니 정상으로 치유가 되었습니다. 아들도 딸도 고등학교를 졸업하고 대학에 들어가 공부를 잘하게 되었습니다. 목사님은 경남에 있는 교회에 청빙되어 목회를 하게 되었습니다. 경남에 내려가신 다음에도 지속적으로 오셔서 치유를 받아 지금은 정상적인 목회를 하고 계십니다. 남묘호랭객교 귀신을 악 날하고 사납습니다. 지속적으로 집중치유기도를 1년 정도해야 자유 함을 받을 수가 있습니다. 의지가 중요합니다. 의지를 가지고 성령으로 치유하면 자유 함을 받게 됩니다.

지금 책을 읽는 당신도 예외는 아닙니다. 만약에 조상 중에 사술에 종사하거나 우상을 숭배했다면 치유를 받아야 합니다. 미리 예방합시다. 우리나라는 전통적으로 우상숭배를 했던 나라입니다. 너나, 나나 할 것 없이 모두 치유의 대상입니다. 문제만 일으키지 않으면 그냥 지나면 되지 않느냐 하시는 분도 있을 것입니다. 그러나 이런 영적인 문제가 있으면 믿음이 자라지를 않습니다. 악한영이 성령의 깊은 임재에 들어가지 못하도록 방해를 하기 때문입니다. 머리에 잡념을 집어넣고 자녀들이나 부부, 이웃을 이용하여 스트레스를 받게 하고, 여러 가지 문제를 일으켜서 물질이 새나가게 하고 자우지간 보이지 않는 영적인 세계에서 별일이 다 일어나는 것입니다. 악한 마귀는 어찌하든지 자신의 종을 만들려고 호시탐탐 노리는 것입니다. 자유를 얻고 영혼이 잘되고 범사에 잘되며 강건하고 의와 평강과 희락 가운데 행복을 누리고 살 수 있게 되는 것이 예수님 나라에 들어와서 사는 것입니다. 이러므로 세상 나라와 예수님의 나라가 이 땅에 동시에 임하여 있는 것을 우리가 알아야 되는 것입니다. 선택을 바르게 해서 예수 안에서 자유함을 누려야 합니다. 성령 안에서 지속적으로 집중기도하며 천국이 되어야 합니다.

17장 가난하게 하는 귀신을 몰아내신 예수님

(고후 8:9)"우리 주 예수 그리스도의 은혜를 너희가 알거
니와 부요하신 이로서 너희를 위하여 가난하게 되심은 그
의 가난함으로 말미암아 너희를 부요하게 하려 하심이라"

모든 그리스도인들은 교회와 복음 증거와 선교를 위하여 모
두 부자가 되어야 합니다. 그것이 하나님의 뜻입니다. "우리 주
예수 그리스도의 은혜를 너희가 알거니와 부요하신 이로서 너
희를 위하여 가난하게 되심은 그의 가난함으로 말미암아 너희
를 부요하게 하려 하심이라"(고후 8:9). 이 땅에 하나님의 나라
를 만들기 위해서 부자가 되어야 합니다. 그런데 우리 가정은
왜 가난할까요? 말씀과 성령으로 충만하여 신앙생활은 잘하는
데 왜 대를 이어 가난할까요? 왜 부채 때문에 억눌려 살아야만
할까요? 왜 나는 하는 일마다 결정적인 순간에 좌절하고 실패
할까요? 자! 이제 지금부터 이 가난의 문제를 해결하기 위하여
하나님의 말씀 속으로 들어가 봅시다.

1. 가난하게 하는 귀신을 몰아내기 위하여 어떻게 해야 할까요?

1) 절대로 하나님의 자녀가 가난한 것은 하나님의 뜻이 아니
라는 것을 믿고 가난을 자신의 대에서 청산하기 위해 의지적인
노력을 해야 합니다. 먼저 가난의 원인이 어디에 있는지를 살펴
봐야 합니다. 나는 아무런 잘못도 없다고 조상 탓과 하나님만

탓하지 말고 말씀과 성령으로 바르게 진단하여 원인을 발견하는 대로 조치를 취해야 합니다. 하나님과의 관계(영의 통로)가 열려서 하나님의 나라가 되면 가난은 떠나가는 것입니다. 가난은 하나님의 뜻이 아니기 때문입니다.

2) 그 나라와 그 의를 먼저 구하는 것입니다. 그리하면 하늘나라를 위하여 구할 때 이 모든 것을 네게 더하시리라 하셨습니다. 모든 방향을 하나님을 영화롭게 하는 데 맞추고 하나님의 영광을 위하여 물질을 구하면서 가난을 청산하려고 해야 합니다. 그러므로 우리 예수 믿는 사람은 먼저 하늘나라를 구하고, 우리의 구원자이신 예수 그리스도를 구하는 것은 당연한 이치인 것입니다. 그런데 하늘나라와 하늘의 의를 구하면서 우리의 생각이 달라져야 되는 것입니다. 예수를 믿고 성령으로 체험하여 영에 속한 사람은 하나님만을 생각하게 되어 있습니다.

그런데 우리의 생각이 전통적으로 가시와 엉겅퀴로 꽉 들어차있고 마음이 패배의식, 가난의식으로 꽉 들어차 있으면 하나님께서 그 부정적인 마음을 통하여 절대로 복을 내리실 수가 없습니다. 왜 복을 내리지 못할까요? 육에 속해있기 때문입니다. 하나님이 육에 속한 사람과 통할 수가 없기 때문입니다.

3) 성령으로 거듭난 하나님의 자녀답게 가난의식이나 패배의식에서 놓여남을 받고 하나님의 은혜 속에 있어야 됩니다. 지킬 만한 것보다 네 마음을 지키라 생명의 근원이 이에서 남이라고 말하고 있는 것입니다. 그러므로 우리의 마음을 완전히 청소하고 마음이 긍정적으로 되기 위해서 예수 그리스도의 은혜를

알아야 됩니다. 고린도후서 8장 9절을 보면 "우리 주 예수 그리스도의 은혜를 너희가 알거니와 부요하신 이로서 너희를 위하여 가난하게 되심은 그의 가난함으로 말미암아 너희를 부요하게 하려 하심이라."라고 말씀하셨습니다. 예수님이 그 말로 다할 수 없는 하늘의 부요를 버리시고 육체를 입고 인간생활로 내려오신 것은 인간 세계 속에서 저주를 받아 가난에 허덕이는 우리를 부요케 만들기 위함이셨다고 말씀하고 있는 것입니다.

예수님은 우리를 영적으로 부요케 만드실 뿐만 아니라, 우리의 현실적인 생활 또한 부요케 만들기 위해서 이 땅에 오셨다고 말씀하셨습니다. 그러므로 예수를 구주로 모신 사람들은 마음 속에 부요의식을 꽉 채워 놓아야 되는 것입니다. 그렇지 않고 나는 늘 못산다, 나는 늘 가난하다는 생각으로 채워놓는다면 그리스도의 모든 사역의 목적을 파괴 해버리고 마는 것입니다. 이 사람은 하나님의 음성을 듣지 못하고 믿지 못하기 때문에 하나님께서 역사하실 수가 없는 것입니다. 그러므로 복을 받고 못 받는 것은 다 자기의 탓입니다. 예수님은 부요하신 자로서 우리를 위해서 가난하게 되셨다고 하셨습니다. 그것은 저의 가난하심으로 인하여 우리를 부요케 하려하심이라고 말씀하고 있는 것입니다.

하나님은 아브라함과 이삭과 야곱에게 창대한 물질적 복을 주셨습니다. 하나님의 뜻은 그리스도 예수를 믿는 우리가 이 땅에 사는 동안에 이 아브라함의 복이 우리에게 미치기를 원하시고 계신 것입니다. 그러므로 우리의 생각을 바꾸어야 합니다. 우리는 아브라함의 자손들이므로 아브라함의 복을 누리고 살아야만 되는 것입니다. 우리의 마음속에 가난의식이나 저주의식을 완전히 그리스도의 은혜로 성령의 역사로 다 내쫓아 버려야만 되는 것입니다. 만약에 마귀 귀신이 저주하여 가난이 대물림되고 있다면 가난을 대물림하는 원수 마귀 귀신을 성령의 임재 가운데 예수 이름으로 끊고 몰아내야 합니다. 그리고 우리는 십일조의 언약을 굳세게 부여잡는 사람이 돼야 됩니다.

4) 십일조를 꼭 드려야 합니다. 십일조를 드리지 못하는 사람은 아직 모든 소유가 자기의 것이기 때문에 십일조를 드리지 못하는 것입니다. 모든 소유가 자기의 것이므로 하나님이 보호하실 수가 없는 것입니다. 예수님을 주인으로 영접하는 순간 자신은 십자가에서 죽은 것입니다. 다시 부활하여 승천하신 예수님으로 태어나 예수님의 인생을 살아가게 됩니다. 그러므로 자신의 모든 소유는 예수님의 것이 되는 것입니다. 이를 믿어야 합니다. 우리는 하나님이 나에게 주신 권세를 가지고 가난을 내 대에서 청산하고 재정의 복을 받아서 하나님의 나라 확장에 물질을 사용하는 성도가 되어야 합니다. 그것이 하나님의 뜻입니다. 하나님은 예수를 믿는 우리가 다 잘되기를 소원하고 계십니다. 그런데도 대대로 가난의 대물림으로 인해 고통을 당한다면 말씀과 성령으로 바르게 진단하여 조치를 취해야 하는 것입니다. 막연하게 가만히 앉아서 내가 예수님을 믿음으로 예수님이 가난을 떠나보내 줄 것이라는 안일한 생각을 버리시기를 바랍니다. 적극적으로 불같은 성령을 체험하고 성령의 권세와 예수 이름으로 가난의 원인을 찾아 끊고 몰아내야 합니다.

5) 성령으로 세례를 받고 성령으로 충만을 받아 성령의 지배 속에 살아야 합니다. 그래야 가난하게 하던 귀신들이 성령의 역사로 물러가기 시작하는 것입니다. 절대로 "내가 예수님의 이름으로 명령한다. 가난의 귀신아 떠나가라." 한다고 떠나가지 않고 성령의 지배를 받아 살아계신 하나님의 성전이 되어야 귀신이 떠나가는 것입니다. 자신의 영-혼-육체가 성령의 지배를 받아 하나님의 나라가 되어야 가난하게 하는 귀신들이 떠나가고 아브라함의 축복속에서 살아가게 되는 것입니다.

2. 말씀과 성령으로 가난하게 하는 귀신의 역사를 진단합시다. 하나님은 복을 주시는 하나님이십니다. 우리에게 닥친 짧은 기간의 가난은 하나님의 연단이라고 볼 수 있지만 늘 가난한 것은 마귀의 저주가 분명합니다. 성령의 임재 가운데 글을 읽으면서 진단하여 보시기를 바랍니다.

1) 늘 물질 문제로 어려움과 고통을 당합니다. "너희가 많이 뿌릴지라도 수확이 적으며 먹을지라도 배부르지 못하며 마실지라도 흡족하지 못하며 입어도 따뜻하지 못하며 일꾼이 삯을 받아도 그것을 구멍 뚫어진 전대에 넣음이 되느니라"(학 1:6). 재물에 하나님의 보호가 없기 때문에 마귀가 역사하여 구멍 뚫린 전대가 되는 것입니다.

2) 채무가 자꾸 늘어만 갑니다. "여호와께서 너를 위하여 하늘의 아름다운 보고를 여시사 네 땅에 때를 따라 비를 내리시고 네 손으로 하는 모든 일에 복을 주시리니 네가 많은 민족에게 꾸어

줄지라도 너는 꾸지 아니할 것이요"(신 28:12). 하나님이 함께하면 꾸어 줄지라도 꾸지 않는 자가 됩니다. 당신이 만약에 채무가 자꾸 늘어만 간다면 당신에게는 지금 하나님의 보호가 약하고 마귀의 지배가 강한 것입니다. 원인을 찾아 고쳐야 합니다.

3) 벌기는 잘 버는데 저축되지를 않습니다. "너 하늘아 이 일로 말미암아 놀랄지어다 심히 떨지어다 두려워할지어다 여호와의 말씀이니라 내 백성이 두 가지 악을 행하였나니 곧 그들이 생수의 근원되는 나를 버린 것과 스스로 웅덩이를 판 것인데 그것은 그 물을 가두지 못할 터진 웅덩이들이니라"(렘 2:12-13). 마귀가 역사하니 물질이 자꾸 새는 것입니다. 원인을 찾아서 적극적으로 해결해야 합니다.

4) 사고나 질병으로 물질이 자꾸 새어나갑니다. "너희가 많이 뿌릴지라도 수확이 적으며 먹을지라도 배부르지 못하며 마실지라도 흡족하지 못하며 입어도 따뜻하지 못하며 일꾼이 삯을 받아도 그것을 구멍 뚫어진 전대에 넣음이 되느니라"(학 1:6). 마귀가 역사하여 사고나 질병이 발생토록 하면서 물질이 슬슬 새어 나가게 하는 것입니다. 원인이 없는 문제는 없습니다. 말씀과 성령으로 원인을 찾아서 해결해야 합니다. 그냥 두면 계속적으로 마귀가 더 강하게 역사합니다.

5) 사업이나 장사나 직장 생활이 잘 되는 일이 없습니다. "네가 악을 행하여 그를 잊으므로 네 손으로 하는 모든 일에 여호와께서 저주와 혼란과 책망을 내리사 망하며 속히 파멸하게 하실 것이며"(신 28:20). 하나님의 자녀가 하는 사업은 곧 하나님

의 사업입니다. 그렇기 때문에 하나님의 자녀가 하는 일은 안될래야 안 될 수가 없습니다. 만약에 잘 되지 않는다면 분명하게 원인이 있습니다. 성령님에게 문의하여 원인을 찾아 사업이나 직장 생활을 방해하는 세력들을 예수 이름으로 박살내시기를 바랍니다.

6) 꿈에 조상이나 부모가 거지 행색을 하고 나타납니다. 어느 여 집사님이 저에게 이런 상담을 했습니다. "목사님 얼마 전에 한 꿈을 꾸었는데 돌아가신 우리 시아버지가 거지가 되어 나타났습니다. 우리 방문을 열고 들어오려는 것을 보고 꿈에서 깨었습니다." 그래서 제가 이렇게 대답 해주었습니다. "그것은 조상으로부터 전이되는 거지의 영입니다. 집사님의 가정 경제 형편이 지금 어떻습니까?" "아니 목사님 말씀이 맞습니다. 우리 지금 거지가 되었습니다. 남에게 빌어다가 먹고 사는 형편입니다." "집사님 빨리 영적인 전쟁을 하십시오. 조상 대대로 전이되는 가난의 영과 일전을 하셔서 몰아내시기를 바랍니다. 그렇지 않으면 가난이 떠나가지 않습니다." 그 후 집사님이 한 1년 동안 거지의 영과 영적 전쟁을 한 결과 지금은 모든 물질의 문제가 풀리고 잘 지내십니다.

우리는 이것을 알아야 합니다. 꿈에 거지 모습으로 나타난 시아버지는 진짜 시아버지가 아닙니다. 대대로 빌어먹게 하던 거지의 영이 시아버지 모습으로 나타난 것입니다. 왜냐하면 미혹하기 위해서 그러는 것입니다. 자손들에게 환영을 받으면서 활동하려고 그러는 것입니다. 죽은 사람의 영은 천국이 아니면 지옥에 가있습니다. 나오지 못합니다. 이런 무속 같은 이론에 속지 마시기를 바랍니다. 이것은 성경에 어긋나는 잘못된 이단의 이론입니다. 절대로 현혹되지 마시기를 바랍니다. 절대로 죽은 사람의 영은 세상에 나올 수가 없습니다.

누가복음 16장 23-26절에 보면 이렇게 기록되어 있습니다. "그가 음부에서 고통중에 눈을 들어 멀리 아브라함과 그의 품에 있는 나사로를 보고 불러 이르되 아버지 아브라함이여 나를 긍휼히 여기사 나사로를 보내어 그 손가락 끝에 물을 찍어 내 혀를 서늘하게 하소서 내가 이 불꽃 가운데서 괴로워하나이다. 아브라함이 이르되 얘 너는 살았을 때에 좋은 것을 받았고 나사로는 고난을 받았으니 이것을 기억하라 이제 그는 여기서 위로를 받고 너는 괴로움을 받느니라. 그뿐 아니라. 너희와 우리 사이에 큰 구렁텅이가 놓여 있어 여기서 너희에게 건너가고자 하되 갈 수 없고 거기서 우리에게 건너올 수도 없게 하였느니라"

한번 죽어 천국이나 지옥에 들어가 있는 영은 세상에 절대로 왔다 갔다 할 수가 없습니다. 꿈에 나타난 시아버지는 타락한 천사가 시아버지의 탈을 쓰고 나타난 것입니다. 만약에 이런 경우에 처한 분이 계시다면 강하게 영적인 투쟁을 하시기를 바랍니다. 그래야 가난의 문제가 풀립니다. 제가 지금까지 치유사역을 하면서 깨달은 것은 모든 문제에는 이유가 있다는 것입니다. 이유와 원인은 성령께서 알려주십니다. 성령으로 이유와 원인을 찾아 해결하면 문제는 해결되는 것입니다. 하나님은 성도에게 복을 주시는 하나님이십니다.

3. 가난의 원인에 대한 성경적 진단

1) 하나님을 멀리하고 우상을 숭배하므로 가난하게 삽니다.

① 오므리의 아들 아합의 아내 이세벨이 우상을 숭배하여 이스라엘에 기근이 찾아왔습니다. "유다의 아사 왕 제삼십팔년에 오므리의 아들 아합이 이스라엘의 왕이 되니라 오므리의 아들 아합이 사마리아에서 이십이 년 동안 이스라엘을 다스리니라 오므리의 아들 아합이 그의 이전의 모든 사람보다 여호와 보시기에 악을 더욱 행하여 느밧의 아들 여로보암의 죄를 따라 행하는 것을 오히려 가볍게 여기며 시돈 사람의 왕 엣바알의 딸 이세벨을 아내로 삼고 가서 바알을 섬겨 예배하고"(왕상 16:29-31)

이로 인하여 온 나라 백성이 3년 기근으로 고생하게 됩니다. 한 나라의 왕의 아내가 우상을 숭배하니 온 나라에 기근이 찾아왔습니다. 이로 보아 알 수 있는 것은 조상의 삶이 자손들에게 반드시 어떤 종류의 영향 즉 죄의 결과를 끼친다는 것입니다. 인류의 조상 아담과 하와의 범죄를 통해 전 인류는 죄인이 되었습니다. "그러므로 한 사람으로 말미암아 죄가 세상에 들어오고 죄로 말미암아 사망이 들어왔나니 이와 같이 모든 사람이 죄를 지었으므로 사망이 모든 사람에게 이르렀느니라"(롬 5:12). 그러나 예수님을 주인으로 모신 분들은 걱정하지 마시기를 바랍니다. 우리는 예수 그리스도를 믿는 하나님의 자녀들입니다. 예수를 믿는 자는 "예수 그리스도를 통하여 생명 안에서 왕 노릇 하리로다."라고 말씀하고 있기 때문입니다.

② 다른 사람들에게 고통을 주어도 기근을 당합니다. 기브온

족속과의 계약을 어긴 사울 때문에 다윗 때에 전 민족이 3년 동안 기근을 당하였습니다. 사무엘하 21장에 보면 다윗의 시대에 해를 거듭하여 3년 기근이 있으므로 다윗이 여호와 앞에 간구합니다. 그러니까 여호와께서 이르시되 "이는 사울과 피를 흘린 그의 집으로 말미암음이니, 그가 기브온 사람을 죽였음이니라."라고 말씀하십니다. 그래서 다윗이 기브온 사람을 불러 그들에게 물어봅니다. "내가 너희를 위하여 어떻게 하랴 내가 어떻게 속죄하여야 너희가 여호와의 기업을 위하여 복을 빌겠느냐?"라고 합니다. 그러니까 기브온 사람들이 다윗 왕께 아룁니다. "우리를 학살하였고 또 우리를 멸하여 이스라엘 영토 내에 머물지 못하게 하려고 모해한 사람의 자손 일곱 사람을 우리에게 내어 달라고 합니다. 그러면 여호와께서 택하신 사울의 고을 기브아에서 우리가 그들을 목매어 달겠나이다."라고 합니다. 그러니까 다윗 왕이 그렇게 하겠다고 합니다.

그래서 사울의 후손 일곱을 기브온 사람의 손에 넘기니 기브온 사람이 그들을 산 위에서 여호와 앞에 목을 매어 달았습니다. 그들 일곱 사람이 동시에 죽으니까 하늘에서 비가 내리기 시작했다고 기록되어 있습니다. 그러므로 성도가 다른 사람의 마음에 상처를 주어도 기근을 당할 수가 있습니다. 그러므로 모든 사람들과 함께 거룩함과 화평함을 좇아 살아야 합니다.

2) 하나님에 대한 불신앙과 불순종한 경우도 있습니다. 재정적인 고통, 압박과 가난 등 짧은 기간의 궁핍은 하나의 연단이라고 할 수 있지만, 항상 가난한 것은 마귀가 역사하는 고통일

수가 있습니다. "너희가 많이 뿌릴지라도 수확이 적으며 먹을지라도 배부르지 못하며 마실지라도 흡족하지 못하며 입어도 따뜻하지 못하며 일꾼이 삯을 받아도 그것을 구멍 뚫어진 전대에 넣음이 되느니라"(학 1:6). 흘리지 말고 명심해야 합니다.

3) 조상들이 이웃이나 하나님에게 심어 놓은 것이 없을 경우도 있습니다. "이것이 곧 적게 심는 자는 적게 거두고 많이 심는 자는 많이 거둔다 하는 말이로다."(고후 9:6) 될 수 있으면 많이 심으시기를 바랍니다.

4) 게을러서 오는 결과일 수도 있습니다. "우리가 너희와 함께 있을 때에도 너희에게 명하기를 누구든지 일하기 싫어하거든 먹지도 말게 하라 하였더니"(살후 3:10). 게으름도 귀신의 역사일 수 가 있습니다. 원인을 찾아서 끊어내시기를 바랍니다.

4. 가난하게 하는 귀신을 몰아내고 대물림을 끊은 사례. 부부가 믿음생활 잘하는 데 거지의 영이 대물림되어 고통당하는 집사 부부의 이야기입니다. 담임 목사님의 이야기를 빌리자면 이분들이 믿음도 좋고 신앙생활도 모범적으로 잘했답니다. 그런데 이 집사 부부에게 문제가 있습니다. 두 분이 맞벌이를 하는데도 불구하고 늘 물질로 고생을 한답니다. 그래서 담임 목사님이 하나님에게 기도하니 그 집안에 거지영이나 가난의 영이 흐르는지 분별해 보라고 하라는 감동을 주시더랍니다. 그래서 기도를 하고 있는데 두 부부가 상담을 요청하고 온 것입니다.

목사님! 목사님이 아시다 시피 우리 부부는 돈도 열심히 벌고, 믿음생활도 열심히 하고 십일조 생활도 잘하는데 왜 그러는지 물질로 늘 고생을 합니다. 왜 그럴까요, 그렇지 않아도 제가 집사님 부부를 위하여 기도를 하는데 집안에 거지 영이나 가난의 영이 흐르는지 찾아보세요. 그리고 회개하시고, 예수 이름으로 가난이나 거지의 영의 줄을 끊고 귀신을 쫓아내세요. 이렇게 가르쳐 주었답니다. 그래서 두 분이 열심히 마귀의 저주를 끊고 저주하던 귀신을 쫓아내는 기도를 하는데 어느날 여 집사님의 꿈에 돌아가신 시아버지가 거지꼴을 하고 자신을 따라오는 것입니다. "예수 이름으로 명하노니 떠나가라! 예수 이름으로 명하노니 떠나가라! 예수 이름으로 명하노니 떠나가라!" 아무리해도 계속 따라오는 것입니다. 그래서 하나님 어떻게 해야 합니까? "물과 불을 통과하라! 물과 불을 통과하라! 물과 불을 통과하라! 물과 불을 통과해야 저 거지 귀신이 떠나간다." 그래서 앞을 보니까 큰 강이 흐르는데 불이 훨훨 타면서 흐르더랍니다. 무서워서 도저히 통과할 수가 없더랍니다. 시아버지는 계속 따라오고 그래서 애라 모르겠다하고 불 강을 통과 했습니다. 그러고 나서 뒤를 돌아보니 거지 시아버지가 따라오자 않더랍니다. 그다음부터 물질이 서서히 풀려서 지금은 풍성하게 지내고 있습니다.

여기 다른 한 여성도의 간증을 들어보시기를 바랍니다. 대물림되는 가난과 거지의 영이 끊어졌어요. 라는 제목의 간증입니다. 어느 여 성도님이 결혼을 했는데 남편과 자신의 가계에 흐르는 가난의 대물림으로 너무너무 가난하고 헐벗고 굶주리면서 고통을 당하다가 이웃의 전도를 받고 예수님 믿고 성령을 체험하고, 내적치유도 받고, 가계에 흐르는 귀신역사를 끊는 집회도 참석하여 은혜 받고, 성령으로 충만하여 가정에 역사하는 가난의 대물림의 원인을 찾아 회개하고 가난의 줄을 끊는 선포기도를 수없이 하고 나니 하나님의 축복으로 서서히 물질적인 문제가 풀려서 형편이 풀려서 조그마한 주택도 마련하고 이제는 가정 삶이 평안하게 되었습니다. 계속적으로 대물림되는 가난의 귀신역사를 예수 이름으로 끊고 귀신을 몰아낸 결과입니다. 이 자매님이 교회에서 하는 가난의 고통을 끊는 집회에 참석하여 우리 가계의 가난의 대물림도 끊어질 수 있다는 믿음을 가지고 강사 목사님이 하라는 영적인 원리대로 성령이 충만한 가운데 가정예배드릴 때나 교회에서 기도할 때나 할 것 없이 매일 입버릇처럼 "예수 이름으로 명하노니 우리 가정에 대물림되는 가난의 고통은 끊어질 지어다." "가난하게 역사하는 귀신은 예수 이름으로 명하노니 떠나갈지어다." "예수 이름으로 명하노니 우리 가정에 대물림되는 가난의 고통은 끊어질 지어다." "가난하게 역사하는 귀신은 예수 이름으로 명하노니 떠나갈지어다." "예수 이름으로 명하노니 우리 가정에 대물림되는 가난의 고통은 끊어질 지어다." "가난하게 역사하는 귀신은 예수 이름으로 명하노니 떠나갈지어다." 하고 마음으로 선포하고 다녔다고 합니다. 그러던 어느날 남편이 이런 꿈을 꾸었습니다. 꿈에 밖에서 자꾸 문을 두드리면서, 주인 있소? 주인 있소? 밖에서 주인을 부르는 소리가 나더랍니다. 그래서 문을 열고 나가보니까 자신의 할아버지 거지, 자신의 할머니 거지, 자신의 아버지 거지,

어머니 거지, 거기다가 세상에 있는 거지라는 거지는 다 모인 것같이 많은 거지 들이 모였더랍니다. 깡통을 차고 아주 험한 거지 옷을 입은 거지 할아버지가 와서 하는 말이 우리가 몇 십 년 동안 이 집에서 거지노릇을 하면서 같이 살았는데, 왜 손자 며느리가 들어오더니만 그놈의 예수를 믿더니 자기만 믿을 것이지 손자까지 예수를 믿게 해가지고, 항상 가정에서 예배드리고 거지 귀신 떠나라고 예수이름으로 명령하고, 예수 그리스도와 함께 밥 먹고, 기도하고 예배하고 자고, 깨어나면 예수 이름으로 명하노니 거지 귀신아 물러가라고 그러느냐? 우리를 쫓아낼 너의 권한이 무엇이냐? 이유를 말해 달라. 그래서 그 거지 할아버지에게 대답을 어떻게 할까 생각하다가 성령께서 알려주시는 예수님의 말씀을 기억하고 "증명이 있다. 나는 예수님을 믿는 순간 죽었다. 다시사신 예수님으로 태어나 예수님의 사주팔자로 산다. 내가 예수 이름으로 명령한다. 알겠냐! 나사렛 예수 이름으로 명하노니 거지 귀신들은 물러갈 찌어다." 그러니까 다다다다 발걸음 소리를 내면서 전부 거지 떼가 걸음아 날 살려라 하면서 도망을 치더라고 했습니다. 그 꿈을 꾸고 나니 너무나 마음이 평안하고 가난과 거지의 영의 줄이 끊어졌다는 성령의 감동이 오더랍니다. 이 꿈은 가난과 거지영이 예수 이름으로 물러가는 꿈입니다. 성령께서 기도를 응답하여 가문에 흐르는 가난의 귀신들이 떠나가는 것을 꿈으로 보증해 주신 것입니다. 다 떠난 것이 아니고 앞으로 지속적으로 성령으로 충만한 생활을 하면 거지 영들이 물러간다고 꿈으로 알려주신 것입니다.

18장 이혼시키는 귀신을 몰아내신 예수님

(벧전3:7)"남편들아 이와 같이 지식을 따라 너희 아내와 동거하고 그를 더 연약한 그릇이요 또 생명의 은혜를 함께 이어받을 자로 알아 귀히 여기라 이는 너희 기도가 막히지 아니하게 하려 함이라 또는 그 아내를 더 연약한 그릇 같이 여겨 지식을 따라 동거하고"

가정은 하나님을 예배하기 위하여 하나님이 최초로 만든 교회입니다. 창세기 2장 24절에 "이러므로 남자가 부모를 떠나 그의 아내와 합하여 둘이 한 몸을 이룰지로다"라고 했습니다. 하나님은 만물을 창조하시고, 인간을 지으시되 남녀로 만드셔서 가정을 이루어 함께 살도록 하셨습니다. 즉 가정 제도를 창조하신 것입니다. 왜 인간으로 하여금 이렇게 가정을 이루며 살도록 만드셨을까요? 그것은 우주 속의 큰 비밀입니다. 성경에서는 사람이 독처하는 것이 좋지 않다고 했습니다.

창세기 2장 18절에 "여호와 하나님이 이르시되 사람이 혼자 사는 것이 좋지 아니하니 내가 그를 위하여 돕는 배필을 지으리라 하시니라."라고 했습니다. 하나님께서 아담을 지어 놓으시고 난 다음 아담이 혼자 사는 것이 좋지 않다고 하셨습니다. 하나님은 사람이 혼자 사는 것을 기뻐하지 아니하시고 좋지 않다고 하셨습니다. 하나님께서는 돕는 배필을 지으셔서 남자와 여자가 교제와 협력과 대화를 통해서 인생을 살도록 만들어 놓으신 것입니다. 그러므로 인간은 별도리 없이 부부끼리 서로 교제하고 협력하고 대화하며 살아가야 하는 것입니다.

결혼은 하나님의 뜻입니다. 그러므로 하나님께서 원래 남자와 여자를 지으실 때는 결혼해서 서로 협력하고 대화하고 교제하면서 살도록 만들어 놓으신 것이고, 그 가운데 생명의 은혜가 넘치도록 만들어 놓으신 것입니다. 그뿐 아니라 부부가 있어야 자녀가 생산되지 않습니까? 하나님은 많은 자녀를 얻기를 원하셨습니다. 창세기 1장 28절에 "하나님이 그들에게 복을 주시며 하나님이 그들에게 이르시되 생육하고 번성하여 땅에 충만하라, 땅을 정복하라, 바다의 물고기와 하늘의 새와 땅에 움직이는 모든 생물을 다스리라 하시니라."라고 하였습니다.

그러므로 하나님의 뜻은 자녀를 생산하고 하나님을 위해서 잘 길러내는 것입니다. 부부는 반드시 하나님의 뜻대로 자녀를 생산하고 양육해야만 되는 것입니다. 그런데 부부란 항상 경쟁 상태에 들어 갈 수 있습니다. 서로 누가 나중이냐를 놓고 경쟁 상태에 들어갈 수 있는 위험이 많습니다.

그러나 창세기 2장 21-22절에 "여호와 하나님이 아담을 깊이 잠들게 하시니 잠들매 그가 그 갈빗대 하나를 취하고 살로 대신 채우시고 여호와 하나님이 아담에게서 취하신 그 갈빗대로 여자를 만드시고 그를 아담에게로 이끌어 오시니" 라고 하였습니다. 아담의 갈빗대로 하와를 만드신 것입니다. 그래서 우리는 결혼의 의미를 알아야 합니다. 가정은 하나님께서 만드신 인류 최초의 교회입니다. 부부는 협력하며 살아야 합니다.

1. 가정들이 깨어지는 이유

1) 어느 치유 단체가 부부문제에 대해 설문조사 결과입니다. 부부문제에 있어 배우자에 대한 문제가 가장 많았는데 이를 분석해 보면 이렇습니다.

① 1위, 성적인 문제입니다. 너무 과다하거나 과소한 것이 문제입니다. 1년에 부부관계를 3번도 못했다고 하소연하는 신혼의 신부가 있었습니다. 성적인 문제로 부부갈등이 의외로 많습니다.

② 2위, 경제 문제입니다. 남자가 재정의 권한을 가지고 생활을 하는 것입니다. 어느 가장은 재정을 부인에게 맡기지 못하고 자신이 직접 시장까지 다 봐다가 준답니다. 반면에 부인이 재정권을 가진 경우에 부부의 불화 원인은 남편이 적게 벌어 오거나 못 벌어오는 문제 때문에 발생한다는 것입니다.

③ 3위, 무시당하는 것입니다. 못 배웠다고 무시하고, 여자라고 무시하고, 멍청하다고 무시하는 것입니다.

④ 4위, 무관심입니다. 어느 신혼 신부의 이야기를 빌리자면 한 달에 한 번 집에 오는 남편이 자신에게는 관심도 없고 컴퓨터 게임에만 열중한다는 것입니다.

⑤ 5위, 말을 함부로 하는 것입니다. 상대방에게 무시하는 말을 막하면서 친정을 무시하고, 시댁을 무시하는 말을 하여 자존심을 상하게 하는 것입니다.

⑥ 6위, 이해 부족입니다. 서로의 성별의 차이를 이해 못하는 것입니다. 서로가 힘으로 누르려고 하는 것입니다. 우리는

남녀의 차이를 알고 이해해야 합니다.

⑦ 7위 신앙문제입니다. 부부가 서로 종교가 다르거나 추구하는 성향이 다르고 믿지 않아서 믿음 생활을 방해하는 것입니다.

⑧ 8위, 자존심을 상하게 하는 것입니다. 무시하는 말을 아무 곳에서나 한다는 것입니다.

⑨ 9위, 열등감입니다. 학력과 미모 등이 옆집 남편과 부인보다 못하다는 것입니다. 즉 남과 비교한다는 것입니다.

⑩ 10위, 원인을 찾지 못하는 경우입니다. 이는 세대에 역사하는 이혼시키는 귀신의 영향도 있을 것입니다.

이런 문제 때문에 부부생활에 상당한 문제가 발생하는 것입니다. 이 점을 잘 알고 서로 이해하며 서로 도와주면서 행복한 가정을 이루려고 노력해야 합니다. 세상의 어떤 부부도 100% 만족을 누리고 사는 부부는 없다는 것을 알아야 합니다.

2) 조상의 죄를 따라 역사하는 귀신의 영향 때문일 수도 있습니다. "그것들에게 절하지 말며 그것들을 섬기지 말라 나 네 하나님 여호와는 질투하는 하나님인즉 나를 미워하는 자의 죄를 갚되 아버지로부터 아들에게로 삼사 대까지 이르게 하거니와"(출20:5). 예수를 믿었다고 예외가 아니라는 것을 알아야 합니다. 어머니가 당하던 고통을 딸이 당하고, 아버지가 당하던 고통을 아들이 당합니다. 세대의 영입니다. 대물림되는 영입니다. 질병, 성격, 식습관, 중독 등을 말씀과 성령으로 찾아서 빨리 해결해야 합니다. 성령으로 세례를 받고 자신 안에서 성령의 불이 나오며 성령으로 충만 받으며 살아계신 하나님의

성전이 되어야 가정과 부부가 행복하게 살아갈 수가 있습니다.

3) 자라난 환경 속에서 받은 상처 때문일 수도 있습니다. 그래서 성령의 역사로 내적 치유가 중요합니다. 저는 평소에 결혼을 앞둔 모든 처녀 총각이 정상적인 내적 치유 코스를 두 번 이상 통과하고 결혼해야 한다고 강력하게 주장하고 있습니다.

4) 서로 성격이 맞지 않은 이유일 수도 있습니다. 성격 문제는 결혼 전에 잘 알아서 맞추어 나갈 수 있으면 결혼하고 그렇지 못하면 시작을 말아야 합니다.

5) 실망되고 불만스러운 결혼생활 때문일 수도 있습니다. 남녀 모두가 결혼만 하면 왕같이 대접받고, 여왕처럼 대접받을 줄 알지만 서로가 마음의 평안과 마음의 여유가 없으므로 서로 사랑을 받으려고만 하여 문제가 발생하는 것입니다. 원만한 결혼생활을 하려면 서로가 사랑을 주려고 해야 합입니다.

6) 요즘처럼 불황기에는 경제적인 요인 때문에 불화를 겪는 경우가 있습니다. 경제 문제가 어려우면 부부가 다투는 일이 빈번해진다는 통계가 있습니다.

7) 자녀들의 문제나 시가, 처가 등의 주위 친척들과의 갈등 때문일 수도 있습니다.

8) 이해하지 못하는 영적인 생활 때문에 올 수도 있습니다. 아내가 저녁에 기도한다고 나가서 새벽에나 들어온다면 당신은 어떻겠습니까? 하루 이틀도 아니고 계속된다면 문제가 발생할 수 있습니다. 어느 남편이 저에게 하는 말이 아내를 죽여 버리고 싶었다고 합니다. 남편들의 처지도 생각해 보아야 합니

다. 지혜롭게 신앙생활을 해야 합니다. 한번은 어느 기도원에서 일어나는 이야기를 듣게 되었습니다. 그 기도원에 들어가기만 하면 결혼한 지 얼마 안 되는 자매도 이혼을 한답니다. 그것은 그 기도원에 이혼의 영이 흐르는 것입니다. 그 기도원에서는 밤에 철야 기도를 한다고 성도들을 밤 10시부터 새벽 5시까지 붙잡아 놓는다고 합니다. 그래서 필자가 그 기도원 원장의 가정생활에 대하여 물어 보았습니다. 그랬더니 역시 기도원 원장도 별거중이라고 했습니다. 우리는 이를 무시하지 말아야 합니다. 그래서 성도는 영적 분별력이 있어야 합니다. 신앙생활도 지혜롭게 해야 합니다. 또한 목회자분들도 지혜로워야 합니다. 가정생활을 정상적으로 하면서 믿음생활을 해도 얼마든지 할 수가 있는 것입니다. 하나님의 성전되는 것이 중요합니다.

9) 갖가지 주위의 시험과 유혹 때문에 가정이 불행에 빠지는 경우도 많이 있습니다.

2. 가정생활에 나타나는 고통의 증상들. 어느 중년 부인의 이야기입니다. 시집을 가서 3년 만에 남편이 심장마비로 죽었습니다. 그래서 2년 후 다른 남자를 만나 재혼을 하였습니다. 그런데 얼마 후 남편이 가슴이 답답하다고 하여 병원 진단을 받아 보니 심장병이라는 것이었습니다. 그 당시에는 교회를 다니던 중이었으므로 안수를 받기 위해 충만한 교회를 찾아온 것입니다. 필자가 남편에게 안수했지만 아무런 역사도 일어나지 않자, 부인을 오라고 하여 안수하니 입에서 귀신이 말하기

를 "들켰다. 전 남편도 심장병으로 내가 죽였는데 이번 남편도 조금만 있으면 죽였을 것인데 원통하다." 하면서 한동안 발작을 하더니 축사되었습니다. 그 후 남편은 병이 나았고 건강하게 장수하며 잘살았다는 간증이야기입니다. 이와 같이 예수를 믿고 직분을 받고 믿음생활을 잘하는 데도 귀신의 역사가 남아 있습니다. 성령의 임재 가운데 대물림되는 귀신의 역사를 성령으로 찾아내어 끊어내시고 축사하시기를 바랍니다.

어느 여 집사의 경우, 친정어머니가 친정아버지의 알코올 중독 때문에 고생하며 지냈는데, 어느 날 자신의 남편이 서서히 술을 즐기더니 알코올 중독이 되었습니다. 정말 답답한 노릇입니다. 미리 알고 대처해야 합니다. 우리는 예방 신앙이어야 합니다. 이는 모계로 알코올 중독의 영이 대물림되어 죄 없는 남편들에게 붙어서 문제를 일으킨 것입니다. 의지를 가지고 대물림을 절단하는 영적인 치료를 해야 예방됩니다. 혹시라도 자신의 친정아버지가 알코올 중독이었는데, 지금 자신의 남편이 알코올 중독이라면 딸의 남편도 알코올 중독이 될 수 있는 확률이 75% 이상이 됩니다. 빨리 서둘러서 예방하시기를 바랍니다. 예수님을 믿고 성령으로 끊어야 합니다.

3. 가정에 많이 흐르는 영육의 문제들

1) 심적 정서적인 쇠약과 파손-정신병, 우울증, 조울증, 화병 등을 들 수가 있습니다. 몇 년 전에 한 부인이 정신질환인 채로 인사불성이 되어 찾아왔는데 도저히 축사할 수 없는 상황

이었습니다. 그 대신 남편을 불러 대리 축사를 하기로 하고 성령의 임재를 요청하면서 축사를 하였는데 귀신이 발작하는 바람에 한참을 싸우고 축귀를 했습니다. 그 후 부인은 정신이 온전하여졌습니다.

2) 반복되는 질병 - 특히 유전적인 병으로 의사들이 원인을 찾을 수 없습니다. 병원에서 말하기를 불치병이라고 합니다.

3) 여성의 문제들 - 불임, 습관 유산, 월경 불순, 심한 입덧, 자궁근종, 난소암 등.

4) 결혼 실패 - 이혼, 별거.

5) 재정적인 빈곤, 가난, 채무 증가 등등.

6) 우연히 발생하는 사고들. 차량사고, 불 사고, 물 사고, 암벽 사고 등등.

7) 가족 중의 부자연스러운 죽음의 역사. 홀아비, 홀어미가 많다. 사고로 잠을 자다가 갑자기 심장마비로 죽습니다.

8) 자녀들의 문제가 발생함. 질병, 연약, 도벽, 강도, 강간, 폭행. 등등입니다.

어떤 고통은 과거로부터 계속 움직여 내려온 악한 그 무엇일 수 있습니다. 그것은 깊은 어두운 그늘과 같습니다. 잠언서 26장 2절에 "까닭 없는 저주는 참새가 떠도는 것과 제비가 날아가는 것 같이 이루어지지 아니하느니라" 그러므로 원인이 없는 마귀의 역사는 없습니다. 마귀의 역사를 우연히 만났다 할지라도 결국은 그 원인을 찾아 치유해야 합니다. 가만히 당하고만 있을 수는 없다는 것입니다. 우리는 가정에 대물림되는 가정의 잡초를 찾아 예수 이름으로 끊어내고 몰아내야 합니다. 그래서 후대에는 이런 고통에서 해방을 받게 해야 합니다.

가정과 부부와 자녀 문제의 근원을 심도 있게 찾아내어 끊어냅시다. 가정이 평안해야 모든 것이 잘됩니다. 나라도 가정들이 평안해야 강한 나라가 됩니다. 가정들이 평안해야 다니는 직장도 건강한 직장이 됩니다. 가정이 건강해야 하는 사업도 잘됩니다. 가정이 건강해야 교회도 건강합니다. 모든 것의 시작이 가정입니다. 가정이 잘못되면 남편도 잘못되고 아내도 잘못되며 자녀들도 잘못됩니다. 우리 모두 성령의 임재와 지배 가운데 말씀과 성령으로 충만하여 가정들의 문제를 찾아 치유하시기를 바랍니다. 그리하여 하나님께서 원하시는 대로 축복받으며 영화롭게 살아가는 가정들을 이루시기를 바랍니다.

이혼직전의 상태에서 회복한 부부의 간증입니다. 저는 어려서 아버지의 사랑을 많이 받고 자랐습니다. 그런데 내가 결혼을 하고보니 남편이 아버지 같이 자상하지 못하는 것입니다. 너무나 저에게 원하는 것이 많습니다. 알고 보니 어려서 어머니의 사랑을 받지 못하고 자란 것입니다. 결혼하여 저에게 사랑을 받으려고 한 것입니다. 저 역시 남편에게 아버지 같이 저를 보살피고 사랑을 해주기를 원했습니다. 지금 생각하면 서로 사랑을 받으려고만 한 것입니다.

어려서 사랑을 받지 못하고 자란 남편에게 시달리다가 오랜 기간 우울증과 부부불화, 어깨 결림, 두통 등으로 고생을 하며 지냈습니다. 그러다가 국민일보 광고를 보고 충만한 교회 성령 치유집회에 참석하게 되었습니다. 그 당시 저의 부부는 이혼을 결정하고 치유집회에 참석을 했습니다. 내가 다 죽게 생겼으니 남편이 나를 충만한 교회에 데려다 주었습니다. 가서 첫날부터 예수님의 사랑과 성령의 역사로 내 안의 상처가 치유되기 시작을 했습니다.

　나를 데려다 주기 위하여 온 남편도 성령을 체험하고 속에서 역사하던 귀신들이 괴상 망측한 행동을 하면서 떠나갔습니다. 남편이 이런 성령의 역사를 체험하니 달라지기 시작을 했습니다. 처음에는 나만 데려다 주고 온다고 했습니다. 그러던 남편이 은혜를 받더니 계속해서 시간을 내서 치유를 받는 것입니다. 그래서 부부가 같이 다니면서 치유를 받았습니다. 오랜세월 고통하던 우울증이 떠났습니다. 남편이 변하니 우리 부부가 이혼을 포기 했습니다. 왜냐하면 서로 자신에게 문제가 있었다는 것을 깨달았기 때문입니다.

　그래서 충만한 교회에 열심히 다니면서 치유를 받았습니다. 그런데 제가 치유를 받으면서 느낀 것은 나에게 우울증이 찾아오게 한 것은 남편이 아니었다는 것입니다. 어린 시절의 상처가 나를 그렇게 만들었습니다. 이것은 저의 자존심이 있기 때문에 지면에 쓰고 말하기는 좀 그렇습니다. 이해하시기를 바랍니다. 저는 어린 시절에 좋지 못한 경험들이 있었습니다. 그 경험들 때문에 남편과의 관계에 문제가 발생한 것입니다. 남편 역시 어린 시절의 문제로 인하여 나를 그렇게도 못살게 굴었던 것입니다.

남편도 자신을 정확하게 보고 회개하고 저도 저를 정확하게 보고 회개 했습니다. 서로 손을 잡고 기도하며 화해를 했습니다. 그렇게도 힘들던 부부관계가 회복이 되었습니다. 그래서 이혼하려다가 사랑의 예수님을 만나 영적인 세계를 알고 치유를 경험한 것입니다. 우리가 충만한 교회를 오지 않았다면 아마 지금 이혼을 했을 것입니다. 이제 정말 우리 부부는 그 누구보다도 행복합니다. 이렇게 은혜를 체험하게 인도하신 성령하나님에게 감사와 찬양을 올립니다. 그리고 지속적으로 관심을 가지고 치유를 도와주신 목사님에게 감사를 드립니다. 또 헌금사역을 통하여 나 자신을 정확하게 보게 하신 사모님에게도 감사드립니다.

귀신을 쫓아내고 이혼하지 않았어요. 몇 해 전에 임신을 해서 만삭이 된 여성이 집회에 참석하여 상담을 요청한 적이 있었습니다. 내가 그 여성에게 "어떻게 오셨습니까?" 하고 물었더니 "답답한 일이 있어서 인근에 기도원에 갔다가 강요섭 목사님 소문을 듣고 왔습니다." 하고 말하는 것입니다. 그 여성은 결혼을 한지 일 년이 됐다고 했습니다. 그리고 남편이 결혼하기 전에는 "너 없이는 못산다." 하면서 2년을 쫓아다녔다고 말했습니다.

그래서 결혼을 했는데 신혼 첫날밤을 자고 나자마자 그 이튿날부터 남편이 "너 꼴 보기 싫어서 못산다." 하고 말을 한다는 것입니다. 그리고서는 이혼하자고 집에 들어오지도 않는다는 것입니다. 그래서 월급을 타면 생활비만 조금 주고 남편은 사글셋방을 얻어서 혼자 산다고 했습니다. 그래서 나는 너무 딱한 사정을 듣고 성령님 이것이 무슨 문제입니까? 하고 물어보니 성령께서 "이것은 부부를 이혼시키려는 귀신의 역사이다." 하고 감동을 주시는 것입니다.

그 여자를 보니 안타깝고 불쌍한 마음이 들었습니다. 그래서 머리에 손을 얹고 "하나님 아버지 불쌍히 여겨 주옵시고, 이 사랑하는 딸이 어려움 가운데 있는데 도와주시옵소서." 하고 안수 기도하는데 이 여자가 갑자기 깔깔깔 웃는 것입니다. 그래서 순간 얼마나 소름이 끼쳤는지 모릅니다. 귀신은 여자에게 들어와서 이 가정을 파탄시키려고 부부간에 갈등을 생기게 하고, 이혼시키려고 했다고 말했습니다. 언제 들어왔느냐고 물어보니 결혼 첫날밤에 들어왔다는 것입니다.

누구냐고 물어보니 이 여자 친정어머니라는 것입니다. (참고로 친정어머니가 귀신 되어 이 여자에게 들어온 것이 아니고 생전에 친정어머니를 이혼하게 한 귀신이라는 것을 명심하시기를 바랍니다. 친정어머니는 예수를 믿었기 때문에 천국에 간 것입니다.) 그래서 너무 괘씸해서 "예수의 이름과 성령의 능력으로 명하노니 이 가정을 파괴하고, 행복을 파괴하는 귀신은 떠나갈지어다." 하고 명령을 했습니다.

그랬더니 앉은 자세에서 뒤로 넘어져서 한동안 발작을 하면서 기침으로 귀신이 떠나갔습니다. 만삭된 몸이 뒤로 넘어졌기 때문에 태중의 아기가 잘못됐을까봐 걱정을 했습니다. 그런데 툭툭 털고 일어나면서 마음이 평안하고 기쁘다고 말했습니다. 그래서 그 여자에게 친정어머니가 생전에 어떻게 지냈느냐고 물었습니다. 그랬더니 시집을 가자마자 이혼하고 자신을 기르면서 둘이 지냈다는 것입니다. 그 친정어머니가 이 년 전에 돌아 가셨다는 것입니다. 여자 분에게 내가 좀 더 치유를 받으러 다니라고 권면했습니다. 그래야 혈통으로 흐르는 이혼의 영이 완전하게 떠나갈 것이라고 했습니다.

그리고 한 2개월이 지난 다음에 그 여자에게 계속 치유를 받아 혈통으로 역사하던 귀신이 떠나갔으니 "이제 가보십시오. 남편도 돌아올 것입니다." 하고 돌려보냈습니다. 그 다음 얼마 동안 치유를 더 받으러 다녔습니다. 건강한 아들을 출산했다고 전화가 왔습니다. 남편도 돌아와서 화목하게 잘 지내고 있다는 것입니다. 이러한 영적인 문제는 육신의 병보다 더 심각한 것입니다. 눈에 보이지 않으며 고통만 당하기 때문입니다. 예수는 좋은 것을 주시지만 마귀는 나쁜 것을 줍니다. 하나님은 좋은 씨를 뿌려주었는데 귀신이 가라지를 뿌린 것입니다. 분별하여 축귀하므로 불필요한 고난을 당하지 말아야 합니다.

부부불화하게 하는 귀신을 쫓아냈어요. 필자가 이런 경험을 했습니다. 교회를 개척하여 한동안 예배를 드렸습니다. 그러던 어느 금요일 저녁 9시 30분쯤에 생전 처음 보는 여자 분이 일찍 와서 앉아서 성경을 보다가 기도도 하다가 하였습니다. 그래서 9시 50분쯤에 찬송을 부르니까 이 여인이 갑자기 "안 간다. 나 안 간다." 자꾸 그러는 것입니다. 그래서 강단에서 내려가 축사를 시작했습니다. "나가라. 안 나간다. 나가라. 못 나간다." 이러기를 새벽 4시까지 했습니다. 생각해 보니 도저히 끝날 수 없는 상황이라 여자에게 다음 주 금요일에 다시 만나서 쫓아내자고 제의했습니다. 전화번호와 주소를 적어두었습니다.

토요일부터 귀신축사에 대한 책을 사서 읽고 아침 금식을 하며 열심히 준비했습니다. 드디어 금요일이 되었습니다. 오후 7시 경에 집에 전화를 했습니다. 그 여자 분이 전화를 받는데 대답이 시원치가 않아서 아파트를 찾아갔습니다. 초인종을 아무리 눌러도 반응이 없었습니다. 여자가 전화를 받고 두려워서 도망을 친 것입니다. 그래서 허탈한 마음을 가지고 교회에 돌아와 기도하고 있으니까, 9시 40분쯤 되니 남편이 부인을 데리고 교회에 왔습니다. 그래서 이제 느긋하게 생각하고 찬송하고 말씀 전하고 축사를 시작했습니다.

사전에 터득한 축귀의 지식대로 "이 더러운 귀신아, 정체를 밝혀라!"하니까 자기는 시어머니라는 것입니다. 언제 들어왔느냐고 물으니 결혼 첫날밤에 들어왔다는 것입니다. 무엇 하러 왔느냐고 물으니 이혼시키려고 왔다며 "엉~엉~엉~" 울더니만 이러는 것입니다. "정말 지독한 여자야. 내가 13년 동안 이혼시키려고 별별 짓을 다했는데 이것들이 이혼을 하지 않았어! 아이고 원통해. 아이고 원통해. 아이고 원통해……."

그래서 귀신이 몇 마리나 더 들어 있냐고 하니 16마리가 더 들어 있다고 대답하는 것입니다. 그래서 "다 데리고 나가라. 내가 나사렛 예수 이름으로 명하노니 떠나갈지어다." 했더니 기침을 막 하더니 나갔습니다. 그런데 다 한꺼번에 나간 것이 아니고 한 마리씩 한 마리씩 열일곱 마리를 축사했습니다.

그리고 끝이 났습니다. 시간을 보니 자정이 넘었습니다. 그래서 자초지종을 물어보니 결혼식하고부터 계속 부부불화가 아주 심했다고 합니다. 만나면 싸워서 결혼한 지 13년이 되었어도 부부관계를 거의 하지 못했다고 합니다. 남편의 손이 자기 몸에 닿으면 진저리가 쳐지면서 싫어서 남편 손을 때렸답니다. 벌레가 기어 다니는 것과 같았다는 것입니다. 그럼에도 이혼하지 못한 이유는 여자 분이 고등학교 선생이라 이혼하면 교사 생활에 문제가 있었기 때문이었습니다.

남편에게 어머니가 생전에 어떻게 지냈느냐고 물어보니 아버지하고 이혼하고 혼자 지냈다고 합니다. 그러니까 지금까지 이 부부를 괴롭힌 것은 가문에 역사하는 이혼의 영인 것입니다. 조상 대대로 이혼을 시키는 혈통에 역사하는 귀신이 이 부부도 이혼을 시키려고 시어머니를 가장하고 들어왔는데 목적 달성을 하지 못한 것입니다. 이와 같이 부부간의 불화나 이혼도 다 이유가 있는 것입니다. 그러나 성령의 역사로 축사하고 나니까 부부가 이혼하지 않고 화목하게 지낼 수 있었습니다. 그래서 이러한 특이한 현상들은 성령으로 분별하고 치유해야 합니다. 성령으로 세례받고 성령으로 충만하게 지내야 합니다.

19장 피부병 일으키는 귀신을 몰아내신 예수님

(시 103:2-4)"내 영혼아 여호와를 송축하며 그의 모든 은택을 잊지 말지어다 (3) 그가 네 모든 죄악을 사하시며 네 모든 병을 고치시며 (4) 네 생명을 파멸에서 속량하시고 인자와 긍휼로 관을 씌우시며"

아토피 피부병은 상처와 스트레스로 인하여 발생한 영적인 존재(귀신)들의 영향으로 발생하는 경우가 많습니다. 피부병을 일으키는 귀신을 몰아내신 예수님이라고 하니까, 무속적이라고 거부부터 하시는 분들도 계실 것입니다. 이를 영적인 문제이니 그럴 수도 있다고 받아들여야 불치병인 피부병을 치유받을 수가 있습니다. 그러나 필자가 20년이 넘는 세월동안 개인별 내면을 치유하면서 체험한 바로는 영적인 문제(귀신)로 발생하는 경우가 많더라는 것입니다. 어느날 ○○병원에 능력 전도를 하러 갔습니다. 그런데 23살 먹은 남자 청년이 신문지를 깔고 자를 가지고 아토피 피부병이 심하게 걸린 얼굴과 목을 벅벅 긁어내고 있었습니다.

필자가 "청년아! 잣대로 얼굴의 아토피를 긁어낸다고 아토피 피부병이 치료가 되느냐, 너 우리 교회에 와서 예수님을 믿고 나에게 예수 이름으로 안수기도를 받으면 깨끗하게 치유가 된다." 그러니까, "목사님! 저 예수 안 믿습니다. 우리 아버지도 결혼하기 전에 저와 똑 같이 아토피 피부병이 심했는데 엄마 만나서 결혼하고 저를 출산한 다음에 아토피 피부병이 깨끗하게 나았답니다. 저도 장가가서 아들을 낳으면 아토피 피부병이 낳을 것입니다." 그래 "그럼 그렇게 심한 아토피 피부병을 가지고 장가를 갈 수가 있겠느냐!" "목사님! 저를 좋아하는 여자 친구가 많습니다." 이 청년의 이야기를 영적으로 해석하면 가계에 흐르는 아토피 피부병을 가지고 다니는 귀신이 있다는 것입니다. 이것을 믿어야 불치의 질병인 아토피 피부병을 치유받을 수가 있을 것입니다. 아토피 피부병을 치유 받으려면 영적으로 해석해야 치유가 가능하다는 것입니다.

하나님은 모든 질병을 치유하시는 분입니다. 지금 세상에는 아토피피부염으로 고생하는 사람들이 많이 있습니다. 어른이나 아이나 할 것 없이 아토피피부염으로 밤잠을 못자면서 고통하는 사람들이 많습니다. 필자가 성령치유하면서 체험한 바로는 잠재의식에 스트레스로 인하여 몸속에 독소가 쌓여서 영-혼-육이 정상 기능을 발휘하지 못하기 때문에 아토피 피부병이 발생한다는 것입니다. 한마디로 내면이 부실하기 때문에 피부병이나 아토피피부염이 발생한다는 것입니다. 그렇기 때문에 피부만을 관리하려고 하지 말고 잠재의식의 상처를 치유하면서 몸속의 독소를 밖으로 배출해야 피부가 건강해진다는 것입니다.

필자가 지난 세월동안 성령치유 사역을 하면서 체험한 바로는 성령으로 충만한 가운데 내면의 상처를 치유하니 아토피피부염으로 몇 십년간 고생하던 사람이 깨끗하게 치유되더라는 것입니다. 어떤 아이는 안수 두 번 받고 깨끗하게 치유되는 것도 보았습니다. 알아야 할 것은 아토피피부병은 피부에 문제가 아니라, 잠재의식의 상처로 인하여 내분비계통(內分泌系統)이 비정상적이라 혈액이 탁해져서 생기는 병입니다. 그렇기 때문에 피부에 아무리 약을 많이 발라도 치유되지 않고 성령의 역사로 잠재의식의 상처를 치유해야 치유가 되는 것입니다.

50여 년간 아토피피부염으로 고생하다가 치유 받은 여선교사의 간증입니다. 할렐루야! 주님께 감사드립니다. 충만한 교회 전인치유 훈련을 통하여 많은 은혜를 받았습니다. 우선, 15년간의 목회사역을 통하여 몸과 마음이 많이 피폐해져서 힘든 상태였습니다. 몸과 마음이 병들어 목회를 포기하려는 상태였는데 성령치유 훈련을 통하여 치유 받고 새 힘을 얻었습니다. 특히 50여 년간 태아 때부터 아토피피부염으로 고생을 많이 했는데 완전하게 치유를 받았습니다. 소문을 듣고 이곳에 와서 시간, 시간, 성령님의 강한 불의 역사로 고질적인 피부병이 깨끗이 나았습니다. 성령의 역사로 몸속의 독소가 배출되면서 지긋지긋하던 아토피피부병이 고쳐진 것입니다. 하나님께 영광을 돌립니다. 참고로 이 피부병으로 좋다는 피부병 약을 쓰고, 병원을 수 없이 많이 다녔지만 순간적으로는 나은듯하다가 다시 재발하고 더 심해지기도 했습니다. 강요셉 목사님이 날마다 하시는 말씀이 하나님의 말씀에는 불치의 병이 없다는 말씀이 맞습니다. 하나님은 지금도 신유의 역사를 일으키십니다. 하나님의 살아서 역사하십니다. 하나님 정말로 감사합니다.

1. 아토피피부염의 발생요인 4가지. 아토피피부염은 환경요인에 의해 증상을 나타내는 환경성 질환의 대표적인 예로 널리 알려져 있습니다. 그러나 증상으로 이어지기 위해서는 기본적으로 유전적 소인을 가지고 태어나야 합니다. 그리고 출생 후 면역반응형태가 알레르기를 잘 일으킬 수 있는 방향으로 틀을 잡아야 합니다. 이 과정은 출생 직후의 위생 상태에 의해 결정됩니다. 그리고 환경으로부터 신체를 보호하는 방어 능력이 취약한 상태에서 환경요인에 노출되어야 합니다. 요약하면, 아토피피부염은 다른 알레르기들과 마찬가지로 유전적 요인(영적인 문제), 출생환경에 따른 면역반응형태, 환경요인 그리고 미숙한 방어기능의 4가지 조건을 가지고 있어야 발생합니다.

1) **유전요인:** 아무리 아토피피부염을 일으킬 수 있는 환경에 노출되었다 해도, 모든 사람이 증상을 나타내지는 않습니다. 이는 아토피피부염(알레르기)증상을 나타내기 위해서는 우선 유전적 성향(영적인 문제)을 가지고 태어나야 한다는 증거입니다. 최근에 발표된 아토피피부염 발생에 관한 연구결과를 보면, 생후 1년 내에 아토피피부염 증상을 나타낸 경우가 20.1%였습니다. 이중 부모 모두 알레르기 질환의 병력을 가지고 있는 경우에는 발생률이 41.7%이었고, 엄마만 있을 경우에는 30.7%, 아빠만 있을 경우에는 22.2%, 부모 모두 없는 경우에는 14.7%였습니다. 필자가 20년이 넘도록 목회자와 성도들을 치유하면서 임상적으로 체험한 바로는 가족력으로 나타나는 아토피나 피부병은 세대에 역사하는 피부병을 일으키는 귀

신의 영향이라고 단정해도 과언은 아니라고 생각합니다. 다음 도표를 보시면 이해가 가실 것입니다.

알레르기 가족력 유무에 따른 생후 1년간 아토피피부염 발생률

알레르기 가족력	조사 대상자 수	환자 수	발생률(%)
부모 모두 있음	**24**	**10**	**41.7**
아빠만 있음	81	18	22.2
엄마만 있음	**104**	**32**	**30.7**
부모 모두 없음	333	49	14.7
전 체	542	109	20.1

*생후 1년간 아토피피부염 발생에 관한 코호트 연구(2008년)

이렇게 부모의 알레르기 질환 유무에 따라 발생빈도가 낮아지는 것은 아토피피부염의 발생에는 유전적 요인(영적인 문제)이 크게 관여한다는 것을 시사하고 있습니다. 특히 엄마의 유전적인 요인이 아토피피부염 발생에 더 깊게 관여한다는 것도 알 수 있습니다.

따라서, 알레르기 증상을 가지고 있는 부모에게서 태어난 아이들은 아토피피부염(알레르기) 질환의 발생 위험성이 높기 때문에 특히 예방과 관리에 각별한 배려가 필요합니다. 그렇기 때문에 피부병을 치유 받으려면 성령으로 세례를 받고 성령의 불을 받으면서 잠재의식 무의식을 치유하면 피부병이 치유가 되는 것입니다. 필자는 그동안 많은 피부병 환자들이 성령으로 세례를 받고 성령의 불이 자신 안에서 나오면서 내적치유를 한 결과 불치병이라고 포기했던 아토피 피부병이 봄에 눈이 녹아

내리듯이 치유가 되는 것을 많이 목격했습니다.

2) **출생위생환경**: 유전 요인을 가지고 태어났더라도 아토피 증상이 반드시 나타나는 것은 아닙니다. 우리의 신체 면역반응이 알레르기를 잘 일으킬 수 있는 형태로 자리를 잡아야 합니다. 위생상태가 좋은 장소환경에서 태어난 아기가 아토피피부에 걸릴 확률이 높다고 하여, 이를 위생학설이라고 합니다. 이 학설로 환경위생 상태가 양호해진 최근에도 알레르기 질환이 부쩍 증가하고 있는 이유를 설명할 수 있습니다.

그래서 아토피피부염을 문화 병 또는 선진국병이라고 부르기도 하나 봅니다. 과거에는 출생 환경이 위생적이지 못한 경우가 허다하여 갓 태어난 아기들은 우선 주위의 세균으로부터 자신을 보호하기 위한 방향으로 면역반응의 틀을 잡았습니다. 이를 Th-1형 면역반응이라고 합니다.

그러나 요사이와 같이 출생 위생환경이 매우 좋은 상태에서는 세균에 대한 면역반응의 필요성이 적어서인지 아기의 면역반응은 알레르기를 일으키기 쉬운 방향으로 틀을 잡게 됩니다. 이를 Th-2형 면역반응이라고 합니다. 세균에 대한 Th-1형 면역반응은 면역글로불린-G를 만들게 되고 이 면역글로불린은 세균을 기억하여 처리하는 능력이 있어 우리 신체는 같은 균에 다시 문제를 일으키지 않게 됩니다. 이를 면역이라고 하고 이러한 성질을 응용하여 예방접종법이 개발되었습니다. 홍역에 한번 걸렸거나 홍역예방주사를 맞으면 홍역에 다시 걸리지 않는 것이 대표적인 예입니다. 그러나 알레르기와 연관된 Th-2

형 면역반응은 면역글로불린-E를 만들게 되고, 이 면역글불린은 알레르기현상을 주도하는 세포(비만세포)를 자극하는 성질이 있어 원인물질에 노출될 때마다 증상이 심하게 나타나게 됩니다. 이를 과민성 반응이라고 하고 알레르기 반응이라고도 합니다.

  3) 환경요인: 이렇게 아토피피부염을 일으킬 준비가 되어 있는 상태라도 원인에 노출되지 않으면 증상이 나타나지 않습니다. 아토피피부염의 발생 원인으로는 주로 식품과 환경오염이 있습니다. 최근에 아토피피부염의 발생빈도도 높아졌고, 증상이 자연히 사라져야 할 나이인 2~3세가 지나서도 아토피피부염이 지속되는 경우도 많아졌습니다. 증상도 예전에 비해 심한 경우가 많습니다. 이는 식품개발과 산업화에 따른 환경오염으로 환경이 매우 다양해졌다는 현실에서 그 원인을 찾을 수 있습니다.

  예전에는 주로 아기들을 모유로 키웠다면 요즈음은 모유 대신 분유로 키우는 경우가 많아졌고, 단순하던 이유식이 매우 다양한 식품으로 구성됐다는 것, 환기가 원활하지 않고 오염물질이 가득한 실내에서 거주하는 시간이 길어졌다는 것과 이로 말미암아 피부환경도 크게 변했다는 점 등이 아토피피부염을 부추기고 있다고 할 수 있습니다.

  실제로 계란이나 우유, 밀과 같이 우리가 흔히 먹는 식품으로 증상이 나오기도 하고, 새집에 입주하여 증상이 나빠졌다는 이야기를 듣기도 하고, 새 가구를 장만했을 때 증상이 악화되었다는 이야기를 흔히 듣기도 합니다. 그리고 이와는 반대로 낡고 오래된 시골집을 방문하였을 때 증상이 더 악화되었다는 이야기를 듣기도 합니다. 이렇게 상반된 이야기에서 아토피피부염의 발생에 관여하는 환경요인은 단순하지 않고 복합적일 것이라는 생각을 하게 됩니다.

4) 신체방어기능의 미숙함: 유전요인을 가지고 태어난 아기가 알레르기 면역반응에 대한 준비가 되어 있고 환경요인에 노출되었더라도 증상이 반드시 나타나는 것은 아닙니다. 우리 신체는 환경요인으로부터 우리를 보호하려는 방어능력을 가지고 있기 때문입니다. 어리면 어릴수록 신체구조 및 방어기능은 미숙합니다. 그래서 신생아와 영유아는 성인에 비해 환경요인의 영향을 더 쉽게 받게 됩니다. 이것으로 아토피피부염이 돌 전후에 집중적으로 많이 발생하고 또 심하게 나타나는 이유를 설명하고 있습니다. 그리고 나이가 들면서 방어능력이 성숙하게 되면 증상이 차츰 사라지거나 약해지는 과정도 이것으로 설명하고 있습니다. 이런 현상에서 면역조절기능과 신체구조를 포함한 신체방어능력의 미숙함이 아토피피부염 발생에 매우 중요한 원인이 된다는 것을 알 수 있습니다.

2. 아토피피부병이 발생하는 근본원인. 아토피피부병이 발생하는 원인은 혈액(血液)이 탁해서입니다. 혈액 속에 산성성분이 많으면 혈액이 끈끈하고 탁해집니다. 혈액은 먹은 음식에 의해서 만들어 집니다. 먹은 음식이 위장에 들어가서 산도

가 높은 위액을 분비시켜 음식을 분해하고 그 위액에 의해 분해 된 산성음식물이 죽 상태에서 십이지장으로 내려가서 쓸개즙과 췌장에서 분비된 인슐린을 통해 알카리 성분 물질로 바뀌면서 소장으로 내려가서 포도당. 나트륨. 칼륨. 칼슘. 마그네슘 등 인체가 필요로 하는 미네랄이 풍부한 건강한 혈액을 만들고 찌꺼기는 신장과 방광을 통해 소변으로 배설하게 되는데 신장과 방광을 통해 배설되지 못한 요산이 혈액과 섞여서 순환하다가 피부세포모세혈관을 통과할 때 피부세포모세혈관 모공을 통해 들어온 세균에 의해 피부에 염증을 일으켜 가려움증이 나타나는 것입니다.

아토피피부병은 내부적인 문제로 발생하는 것으로 겉 표면 피부에 연고를 바른다고 해결되지 못 합니다. 이토피 피부병치료와 예방은 혈액에 부족한 미네랄 성분을 보충해서 백혈구 적혈구 활동을 활발하게 해주어야 합니다. 혈액에 미네랄 함량이 부족하면 혈액은 묽게 되고 썩게 됩니다. 썩는 곳에 세균이 서식하는 것처럼 염증을 일으키면서 세균에 의해 가려움 등 피부병이 나타나는 것입니다. 하나님은 레위기 17장 11절에서 "육체의 생명은 피에 있음이라" 하십니다. 인체의 혈액은 바닷물과 같아서 바다 물은 96%가 수분이고 3.6% 염분이며 0.4% 가 미생물 미네랄로 구성되어 있어서 온 세상의 쓰레기와 오염된 물을 받아 드리면서 썩지 않게 유지하고 있습니다. 마찬가지로 인체의 혈액도 바다 물 같이 수분과 염분과 미생물 미네랄이 0.4%를 유지해야 백혈구 적혈구의 활동이 활발해져 호흡기와 모공을 통해 들어오는 각종 세균을 방어하면서 아토피피부병이 발생하지 않게 됩니다.

아토피 피부병을 고치려면 혈액 속에 나트륨, 칼륨, 칼슘, 마그네슘 등 미네랄을 항상 유지해야 합니다. 포화지방산이 많은 쇠고기나 우유 등 육류와 인스턴트식품과 음료를 끊는 것이 좋습니다. 식이섬유질이 풍부한 무, 배추 잎을 말려서 만든 쓰레기 나물과 미역 다시마 등과 현미와 쌀을 7대 3으로 해서 밥을 해서 먹습니다. 저 염도(9번 구운 소금)를 2g을 타서 한 컵씩 매일 2리터를 약100일을 들면 혈액이 정화되면서 적혈구 백혈구 미생물 활동이 활발해져 모공을 통해 들어온 세균을 방어하여 아토피피부병이 발생하지 않게 됩니다.

제일 중요한 것이 말씀과 성령의 역사로 마음의 상처와 스트레스를 치유하면 영-혼-육체의 기능이 정상으로 되면 탁했던 혈액이 깨끗해지면서 아토피 피부병이 치유가 되는 것입니다. 그러므로 근본적인 치유는 성령의 역사로 자신의 체질을 바꾸는 것입니다. 성령의 역사로 자신의 온몸의 상태를 에덴동산의 상태로 만들기 때문입니다. 그래서 예수님을 믿고 성령으로 거듭나면 불치의 질병이라고 하는 아토피 피부병이 치유가 되는 것입니다. "내가 그리스도와 함께 십자가에 못 박혔나니 그런즉 이제는 내가 사는 것이 아니요 오직 내 안에 그리스도께서 사시는 것이라 이제 내가 육체 가운데 사는 것은 나를 사랑하사 나를 위하여 자기 자신을 버리신 하나님의 아들을 믿는 믿음 안에서 사는 것이라."(갈 2:20).

3. 아토피는 피부병이 아닌 알레르기 질환? 피부 보다 근본 원인에 주목하는 아토피 치료법예전에는 아토피 하면 으레 어린아이들이나 앓는 병이라고 생각했습니다. 그러나 요즘은 청소년이나 성인도 아토피를 앓고 있습니다. 밤에 잠을 깊게 자지 못하는 청소년과 어른들이 의외로 많습니다.

질병관리본부가 2011년 발표한 바에 따르면 최근 15년간 (1995~2010년) 아토피 피부염을 앓는 청소년(13~14세)이 4.0%에서 12.9%로 3.2배 증가했다고 합니다. 환경오염과 스트레스, 아토피의 원인이 될 수 있는 요인은 점점 늘어나고 있습니다. 그렇다면 무엇이 아토피일까? 흔한 피부질환과 아토피를 구분하는 다음 사항들을 체크해보세요. "①이마, 뺨, 눈 주위에 각질이 일어나거나 좁쌀 같은 것이 빨갛게 돋아난다. ②목, 특히 턱 아래와 뒷목 등의 피부가 붉어지고 각질이 자주 생긴다. ③겨드랑이, 팔, 무릎 등 접히는 부위의 피부가 거칠고 가렵다. ④자는 동안 가려움증을 느껴 자주 긁고 잠을 설친다. ⑤특정 음식을 먹은 뒤 몸이 가렵거나 이상 증세를 보인다. ⑥특정 물질이 닿으면 피부가 빨갛게 변한다. ⑦천식, 비염, 결막염 등 알레르기 질환이 있다. ⑧가족 중에 아토피를 경험했거나 알레르기 체질인 사람이 있다. ⑨땀을 흘리면 피부가 가렵거나 따갑다. 수영을 하고 나면 피부가 가렵거나 따갑다."

9가지 항목 중 다섯 가지 이상에 해당된다면 아토피일 가능성이 높습니다. 위의 내용처럼 아토피의 증상은 주로 피부 병변으로 드러납니다. 증상에 따라 가려움증, 진물, 딱지 등이 번

져나가는 습윤형, 각질이 일어나는 지루형, 피부가 지나치게 건조해 습진화 되는 건조 형으로 분류됩니다. 따라서 우리는 피부에 상처가 생기면 으레 연고를 바르듯, 아토피 약으로 주로 피부 연고를 떠올립니다. 피부에 약을 바름으로써 아토피가 낫기를 바라는 것입니다. 하지만 위의 항목에서 주목해야할 부분은 바로 '알레르기'입니다. 특정 물질에 대한 이상 반응, 타 알레르기 질환의 보유 여부, 알레르기 가족력 등은 아토피 피부염을 판단하는데 중요한 근거가 됩니다.

아토피는 단순한 피부 질환이 아니라 알레르기 질환이기 때문입니다. 부모 중 어느 한 쪽이 알레르기 체질이거나 아토피일 경우 아이가 아토피일 확률은 60%이고, 부모 모두 아토피일 경우는 80%나 됩니다. 물론 아토피는 한 가지 원인으로 생기는 병이 아닙니다. 복합적이고 다양한 원인으로 나타나고 갈수록 범위도 확대되고 있습니다. 그러나 여기서 말할 수 있는 것은 알레르기 가족력이 있는 사람이 특정 환경의 영향을 받을 때 폐에 열이 쌓여 폐 기능이 떨어지면 아토피 증상이 나타난다는 점입니다.

폐 기능이 저하되면 편도선이 약화되고 면역식별력이 떨어져 위험하지 않은 알레르겐에도 과다 면역 반응을 보이는 알레르기 체질이 되며, 그로 인해 아토피, 비염, 천식 등 알레르기 질환을 앓게 되는 것입니다. 그 중에서도 아토피는 폐, 호흡과 연관된 피부 호흡으로 인해 한층 더 발생 확률이 높습니다.

폐 기능이 떨어져 피부 호흡이 원활하지 않으면 배출되어야 할 노폐물이 피부 밑에 쌓여 열독이 오르게 됩니다. 폐를 정화해 인체의 털구멍과 땀구멍을 여는 '청폐치료'가 아토피에 효험을 보이는 이유입니다. 치료 초반에는 쌓여 있던 노폐물이 한꺼번에 배출되어 일시적으로 상태가 악화되는 명현 현상을 겪게 되지만, 이 시가 지나면 건강한 피부를 회복할 수 있습니다.

난치성 피부질환으로 악명이 높은 아토피, 아토피가 단순한 피부병이 아닌 '속병'이라는 것을 파악하면 근본적인 치료의 길이 보입니다. 피부 보습과 염증 완화는 기본이지만, 피부에 병변을 나타나게 하는 폐와 피부호흡, 면역식별력의 관계를 파악해 폐 정화에 힘쓰면 아토피를 치료할 수 있습니다.

4. 아토피피부염의 치유. 아도피피부병은 심, 폐 기능의 저하로 혈액순환이 약하여 나타나기도 합니다. 이는 태아 때나 태어나서 환경이 좋지 못하여 상처를 받았다는 것입니다. 그러므로 말씀과 성령의 역사로 마음의 상처를 치유하면 내분비계통(內分泌系統)이 정상적이 되어 심, 폐 기능이 강화됨으로 치유가 되는 것입니다. 저는 아토피피부병으로 고생하는 분들에게 영적치유를 권면합니다. 자녀가 아토피피부병이 있다면 부모가 먼저 치유 받기를 권면합니다. 대개 어머니의 영향으로 자녀가 아토피피부병으로 고생하는 경우가 많습니다. 부모가 생명의 말씀과 성령으로 지속적인 치유를 받으면 자녀가 신기하게 치유가 되는 것이 보통입니다. 참으로 아이러니하기도 합니다. 부모하고 자녀하고 연결이 되어 있다는 증거입니다. 성

령으로 심령을 정화하면 심, 폐 기능이 강화됨으로 폐호흡과 피부 호흡이 잘되어 아토피가 치유되는 것입니다. 지속적으로 온몸기도를 하면서 안수를 받으면서 치유하면 아토피피부병은 치유 된다고 믿습니다. 환자는 깊은 호흡 기도를 많이 하는 것이 좋습니다. 깊은 호흡하며 온몸기도를 많이 하면 심, 폐 기능이 강화됩니다. 이는 세상 의학적으로도 증명된 사실입니다.

우리 교회에 와서 성령치유 집회를 참석하면서 성령으로 체험하고 안수를 받은 결과 모두 치유가 되었습니다. 고등학교 3학년 때까지 전신 아토피로 고생을 하다가 두 달 치유 받고 어린아이의 피부같이 되었습니다. 어느 권사님의 아들은 아토피로 중학교 1학년 때까지 고생하다가 방학기간에 와서 안수 받고 깨끗하게 치유되었습니다. 세상의학은 아토피를 불치병이라고 하는데 저는 불치병이 아니라고 합니다. 하나님의 말씀에 불치병이 없기 때문입니다. 믿어야 합니다. 믿어야 기적을 체험합니다. 믿음에 따라 마음이 열려서 성령이 역사합니다.

어려서부터 아토피피부병으로 고생하던 자매의 치유 받은 간증입니다. 어려서부터 아토피 피부병으로 고생을 했습니다. 목과 겨드랑이 팔꿈치 안쪽 등등 땀이 많이 흐르는 곳이 아토피로 헐어서 저녁에는 가려워서 잠을 제대로 자지 못했습니다. 거기다가 헐어서 피가 나고 너무나 쓰리고 아팠습니다. 충만한 교회 강요셉목사님이 저의 상태를 보시고 집중적인 치유를 하시겠다고 말씀을 하셨습니다. 직장을 다니기 때문에 주일날 집중적인 안수를 받으며 성령의 지배와 장악이 되도록 했습니다.

그러다가 토요일 개별집중 정밀치유에 완치될 때까지 다니면서 치유를 받으라고 하셨습니다. 그래서 토요일마다 집중정밀치유를 받았습니다. 6주가 지나자 아토피가 아물기 시작하는 것입니다. 그렇게 좋다는 약을 다 사서 복용하고 약을 바르고 해도 좀처럼 차도가 없던 아토피가 아물었습니다. 목사님이 하시는 말씀이 아토피를 일으키는 몸속의 독소들이 배출이 되니 아토피가 치유가 되었다고 말씀하셨습니다. 목사님의 말씀대로 내면이 안정이 되니 혈액순환이 잘 되는 것 같았습니다. 혈액순환이 잘되니까, 피부가 깨끗해진 것입니다. 하나님은 치유하지 못할 병이 없으십니다. 아무리 몸속에 독소가 쌓여서 덩어리가 되어도 성령으로 지배와 장악이 되니 독소가 배출이 되있습니다. 불치병이라고 하는 아토피가 25년 만에 지유가 되었습니다. 몸이 가렵지 않아 잠을 잘 잘 수 있어서 좋습니다.

결론적으로 아토피 피부병은 성령의 역사로 완치가 됩니다. 그런데 예수를 믿고 교회에 열심히 다니면서 새벽기도 빠지지 않고 참석하고 철야 열심히 한다고 치유되지 않습니다. 반드시 성령으로 세례를 받고 성령 안에서 온몸으로 기도하면서 성령의 불이 마음 안에서 나오며 마음상처가 치유되야 합니다. 본인이 성령의 역사 외에는 자신의 피부병을 치유할 수가 없다는 것을 깨달아야 합니다. 본인이 성령충만을 받으려고 의지적인 노력을 해야 한다는 말입니다. 그래서 자신의 온몸을 성령께서 지배하시면 서서히 피부병을 치유하십니다. 성령의 역사가 장악하면 하늘나라가 되기 때문에 아토피가 완치되는 것입니다.

20장 삶에 고통 주는 귀신을 몰아내신 예수님

(마11:28-30)"수고하고 무거운 짐진자들아 다 내게로 오라 내가 너희를 쉬게 하리라. 나는 마음이 온유하고 겸손하니 나의 멍에를 메고 내게 배우라 그러면 너희 마음이 쉼을 얻으리니 이는 내 멍에는 쉽고 내 짐은 가벼움이라 하시니라"

필자가 지금 영적인 것들을 깨닫고 보니까, 잘못알고 신앙생활을 한 것이 너무나 많았습니다. 많은 분들이 교회에서 열심히 하면 하나님께서 모든 것을 해주신다고 말합니다. 자녀의 문제 인생의 문제가 풀어진다고 했습니다. 그래서 우리 사모는 교회의 재정을 맡았습니다. 주일학교 교사를 했습니다. 저는 주일학교 부장을 몇 년씩 했습니다. 성전건축 위원장을 세 번이나 했습니다. 신우회 부장을 몇 년씩 했습니다. 무조건 열심히 하면 만사가 형통할 줄 알았는데 하는 것마다 꼬였습니다. 되는 것이 하나도 없었습니다. 그래서 무조건 열심히 하면 문제가 풀린다는 것은 좀 생각해 볼 것이 많습니다. 지금 저는 성도들에게 이렇게 알려줍니다.

내가 교회에서 봉사를 열심히 하면 자동으로 문제가 풀리는 것이 아닙니다. 그렇다고 교회봉사를 하지 말라는 것이 아닙니다. 반드시 문제의 원인을 알고 말씀과 성령의 역사를 일으키며 영적인 싸움을 싸워야 한다는 것입니다. 성령의 권세를 가지고 싸우면서 열심히 봉사를 해야 문제가 해결되는 것입니다. 막연하게 열심히 하면 문제가 풀린다는 논리는 성립이 되지 않는 것입니다.

또 툭하면 신학 하여 목회하면 문제가 해결된다고 합니다. 그래서 많은 분들이 신학을 하고 목회를 합니다. 목회를 하면 문제가 풀어지는 것이 아니고 더 심해질 수가 있습니다. 저도 마찬가지 이었습니다. 신학하여 목회하면 금방 다 되는 줄 알았는데 점점 더 문제가 꼬여서 더 어려워지는 것입니다. 그러다가 성령을 체험하고 마음을 치유하며 영적인 전쟁을 하니 문제가 서서히 풀렸습니다. 그러기 때문에 신학하면 자동으로 문제가 해결이 되는 것이 아닙니다. 반드시 말씀과 성령으로 심령을 치유하며 영적전쟁을 해야 문제가 해결이 되는 것입니다. 자신이 없어지고 성령으로 채워져서 예수님의 성품으로 변화되는 만큼씩 문제가 해결되고 환경이 열리는 것입니다.

저는 상담을 많이 합니다. 신학하면 문제가 풀어진다고 하여 신학 7년을 하고 나니 모든 물질과 건강이 바람과 같이 날아갔다는 것입니다. 그래서 살고 있는 집 주인이 방을 빼라고 한다는 것입니다. 이제 오갈 데도 없어졌다는 것입니다. 거기다가 고혈압에다가 당뇨병이 생겨서 고통을 당한다는 것입니다. 스트레스를 받으니 당연히 나타나는 질병입니다. 정말 답답할 일입니다.

이것은 누구를 원망할 수도 없습니다. 영적으로 무지해서 당하는 것입니다. 우리 바르게 알고 바르게 믿고 행동해야 합니다. 그래서 무엇을 하면 하나님이 문제를 해결하여 주신다는 생각은 아예 버리는 것이 좋습니다. 제가 치유사역을 하며 경험한 바로는 가계에 대물림된 영육의 문제는 본인이 직접 말씀과 성령으로 찾아내어 끊어내고 치유하기 전까지는 떠나가지 않으면서 알게 모르게 문제를 일으킨다는 것입니다.

그러므로 자신에게도 대물림의 문제가 있을 수 있다고 인정하고 성령의 역사로 찾아내어 치유하는 것이 중요합니다. 성령 안에서 자신을 투시하면서 자신의 문제의 근원이 어디에 있는지 찾아내어 해결해야 합니다. 절대 방심은 금물입니다. 반드시 영적인 원리를 적용하여 문제의 원인을 찾아 성령으로 해결해야 합니다. 성령으로 해결해야 대물림은 끊어지는 것입니다.

저녁마다 철야하고 기도하면 문제가 풀린다고 합니다. 그래서 기도원마다 철야를 하는 성도들이 있습니다. 그런데 철야하다가 이혼하는 성도가 많다는 것입니다. 실제로 내가 저녁마다 철야하고 새벽에 오는 성도의 남편에게 물어보았습니다. 밤마다 철야할 때 기분이 어떠했느냐고 말입니다. 그랬더니 이를 갈고 있었다는 것입니다. 죽이고 싶을 정도로 미웠다는 것입니다. 그래서 문제가 풀렸냐고 물었습니다. 더 악화되었다는 것입니다. 지금 사면초과에 걸려있다는 것입니다. 무조건 철야한다고 문제가 해결이 되는 것이 아닙니다. 그렇다고 철야기도를 하지 말라는 말이 아닙니다. 반드시 철야기도를 하면서 말씀과 성령의 역사로 문제의 원인을 찾아 회개하고 끊어내는 온몸으로 영의 기도를 해야 합니다.

온몸으로 영의기도를 하면서 원인을 영상으로 보면서 회개도 하고 영적인 전쟁을 하면 문제는 서서히 해결이 됩니다. 그러나 막연하게 철야하면 하나님께서 해결하여 주시겠지 하면서 천일을 철야를 해도 문제는 해결되지 않습니다. 문제는 영적인 원리를 적용하지 않고 막연하게 철야만 한다는 것입니다. 영적인 원리에 따라 분명하게 적용을 하면서 기도를 해야 되는 것입니다. 반드시 영적인 조치를 하면서 기도를 해야 문제가 해결이 되는 것입니다.

헌금 많이 하면 문제가 해결된다고 합니다. 그래서 헌금을 많이 하게 하는 부흥강사가 인기가 있습니다. 헌금을 하면 영육의 문제가 해결이 된다고 거액의 헌금을 하게 합니다. 그래서 카드로 거액의 헌금을 했다는 목회자와 성도를 종종 만납니다. 저는 임신을 못하는 여성이 헌금을 하면 임신이 된다고 하여 카드로 500만원을 헌금 했다는 것입니다. 헌금을 하고 일년 내로 임신이 된다고 해서 했는데 지금 3년이 지났는데 임신이 되지를 않는다는 것입니다.

거기다가 카드 빛을 정한 때 갚지를 못해서 신용불량자가 되었다는 것입니다. 이렇게 반 강제적으로 헌금을 한분들이 이구동성으로 하는 말이 돈만 날렸다는 것입니다. 사기를 당했다는 것입니다. 다시 받아내고 싶다는 것입니다. 그러면 필자가 이렇게 말합니다. 아까워하시지 말고 하나님에게 드렸다고 생각하고 포기하라고 합니다. 헌금은 내가 받은 은혜가 크고 성령이 감동하면 하는 것이 헌금입니다. 성령이 감동하는 헌금을 해야 하나님이 받아 주시고 축복하시는 것입니다. 헌금에 대하여 바르게 알고 헌금을 해야 할 것입니다.

능력자에게 안수기도 받으면 문제가 풀린다고 합니다. 능력이 있다고 자청하는 목회자가 공공연하게 자기가 안수했더니 문제가 풀렸다고 합니다. 이는 자기가 안수해서 문제가 풀린 것이 아니고, 성령의 지배와 장악이 되니 성령의 역사로 문제가 풀린 것입니다. 우리는 하나님의 영광을 가로채는 사역자가 되어서는 안 됩니다. 모든 영광을 하나님께 돌리는 사역자, 성도가 되어야 합니다. 능력자의 안수한번 받아서 문제가 풀리고 권능을 받는 다면 얼마나 좋겠습니까? 절대로 안수한번 받아서 문제가 풀리는 것이 아닙니다.

내가 변하여 예수 심령이 되었을 때 문제가 풀리는 것입니다. 영적으로 변하는 만큼씩 문제가 해결이 되는 것입니다. 절대로 자신이 예수로 변하지 않으면 문제는 풀리지 않습니다. 이는 영적으로 조금 더 체험하고 깨달으면 알 수가 있습니다.

축사하고 은사 있으면 능력이 있고 다 된 사람이라고 자만합니다. 일부 분별력이 없는 성도들은 축사를 하는 교회가 제일로 권능이 있는 교회라고 믿고 있습니다. 축사를 하면 다되는 줄로 착각을 합니다. 축사를 하고 은사가 나타나도 심령이 예수 심령으로 변화되지 않으면 헛것입니다. 축사 능력과 은사는 육에서 나오는 경우가 많기 때문입니다. 성령을 체험한 사람이면 모두 예수 이름으로 기도할 때 귀신이 쫓겨나갑니다. 축사를 너무나 어렵게 생각하지 말기를 바랍니다. 성령의 인도를 받고 원리만 제대로 알면 정말로 쉬운 것이 축사입니다.

그래서 반드시 축사는 성령의 지배를 받으면서 성령의 역사를 통하여 해야 합니다. 성령의 역사 없이 완력으로 축사하는 교회의 성도들은 모두 은혜가 메마를 수가 있습니다. 말씀을 듣고 성령의 인도를 받으면서 축사를 해야 합니다. 축사만 하면 평생 축사를 받아야 합니다. 반드시 온몸에 말씀과 성령의 은혜를 채워야 떠나갔던 귀신이 다시 들어오지 못합니다. 그래서 성도들은 영적인 견문을 넓히고 자신이 자신의 영을 지킬 수 있는 권능을 길러야 합니다.

권능 있는 사역자만을 의지하면 절대로 안 됩니다. 자신이 기도하여 성령충만해야 합니다. 축사의 권능이나 은사는 성령의 열내가 있는 심령에서 나오는 것이라야 합니다. 일부 어린 성도들이 귀신을 쫓아내면 권능이 있는 사람이고 영적으로 깨어있는 사람으로 알고 추종하고 따릅니다. 그러나 우리는 열매를 볼 줄 알아야 합니다. 심령이 변하여 예수 인격이 나오고 옆에만 가도 은혜가 전이되는 심령이 되려고 해야 합니다.

1. 예수를 믿으면서도 영적으로 무지하여 당하는 고통들

1)예수를 믿으면서도 영적으로 평안하지 못하고 영적인 병으로 고생합니다. 문제의 근원은 아담과 하와의 불순종으로 왔습니다. 하나님의 말씀을 의심하다가 마귀의 미혹에 속아서 금단과를 먹은 것입니다. 이 죄악으로 인하여 아담 안에서 태어나는 모든 사람은 하나님 진노아래 있는 것입니다(창3:1-6).

예수를 믿고 교회에 들어와서 바른 복음을 체험하지도 못하고 성령으로 치유 받지도 못하니 문제가 떠나가지를 않고 내면에 내재되어 있습니다. 또 예수를 믿으면서 영적으로 무지하고, 영적인 세계를 잘 몰라서 성령으로 세례 받지 않고 성령으로 충만하지 못하여 하나님을 주인으로 모신다는 사람들이 보이는 세상을 섬기니 영적으로 병이 드는 것입니다. 하나님 안에 속하고, 하나님 안에서 자유를 얻어야 할 사람들이 영적인 면에 눈이 어두워 사단에게 미혹당해 사단의 일을 즐기고 있으니 영적으로 완전히 병이 든 것입니다. 그러다 보니 환상이 보이고, 환청이 들리고, 악몽으로 잠을 자지 못하는 분들이 많습니다. 이게 전부다 악한 영의 역사입니다. 악한 영은 인간에게 구원을 줄 수 없습니다. 악한 영은 인간에게 축복을 주지도 못합니다. 그리고 악한 영은 인간의 생명을 다스릴 수도 없습니다.

내가 신학대학원에 다닐 때 이런 일이 있었습니다. 동기생이 학부 4학년에 다니는 자매하고 결혼을 했습니다. 결혼을 하고 보니 자매의 어머니가 무당이더랍니다. 결혼을 한 다음에 안 사실이라 그냥 지냈습니다. 영적인 지식이 없는 터라 특별한 영적조치를 취하지 않고 지냈습니다. 그러다가 임신을 하여 아이를 출산했습니다. 아이를 출산하고 나서 보니 아기가 항문이 없는 것입니다. 여기 저기 알아보다가 수술을 했는데 얼마 있지 않아 아이가 죽었습니다. 이렇게 예수를 믿고 신학을 하여도 무당의 영이 대물림되어 항문이 없는 아이를 출산하게 된 것입니다. 만약에 필자가 그때 이런 영적인 지식이 있었더라면 말씀과 성령의 역사로 대물림을 끊게 했을 것입니다. 지금 생각하면 참으로 안타까운 일입니다. 저의 경험으로는 이런 분들은 성령으로 세례를 받고 성령의 지배와 인도를 받으면서 3년은 무속의 영과 영적인 전쟁을 해야 해방이 됩니다. 알고 대비하여 예수를 믿으면서도 영육의 고통을 당하지 말아야 합니다. 우리는 영적인 무지에서 해방을 받아야 합니다.

　2)정신적으로도 병들었습니다. 예수를 믿는다고 하면서도 마음의 안식이 없습니다. 다른 말로 하면 평안이 없습니다. 늘 염려하고 불안에 떱니다. 그래서 가슴이 답답해서 미치겠다고 말하는 사람들이 많습니다. 치유 받으러 오셔서 가슴을 치는 분들이 많습니다. 그러니 모든 것을 믿지를 못합니다. 보통 큰 병이 아닙니다. 믿는 자의 자녀가 조울증으로 우울증으로 정신병으로 고통을 당합니다. 지금 교회에는 이런 성도들이 다수가 있습니다. 필자가 그동안 치유사역을 하면서 상담한 사람들만 해도 수십 명이 넘습니다. 이분들을 상담하면서 느낀 것은 모든 분들이 영적인 면에 무지하여 어렸을 때 적절한 영적치유를 하지 않아서 당한다는 것입니다. 모두 열심히 하면 하나님께서 고쳐주신다는 잘못된 믿음으로 모두 예방이 가능한데 조치를 취하지 않아서 당하는 것입니다. 예수를 믿었다고 정신적인 문제에서 해방되는 것은 아닙니다. 필히 성령 안에서 영적조치를 해야 예방이 가능 하다는 것입니다.

　3)육신적으로도 병들었습니다. 예수를 믿으면서도 병명도 모르고 병원을 다니는 사람이 있습니다. 이상한 질병으로 계속

몸이 아픈 분들도 있습니다. 그런가하면 불치병이 그 집안에 계속되는 경우도 있습니다. 그러다 보니 가산을 탕진하기 마련입니다. 심지어 예수를 아주 잘 믿는 직분 자들도 불치의 병으로 고생을 합니다. 왜 이런가 근본을 해결하지 못해서 그렇습니다. 근본은 우리의 옛 사람, 아담이 죽지 않았다는 것입니다. 우리가 예수를 믿을 때 옛 사람(아담)이 죽고 예수로 다시 태어나야 하는데 그렇지 못하여 아담이 여전히 주인노릇을 하고 있으니까, 아담의 주인인 마귀가 우리의 육체(아담)을 통하여 저주하는 것입니다.

4)생활적으로도 병든 사람도 많습니다. 일어나야 할 시간과 누워 자야 할 시간을 모릅니다. 한 마디로 늘 누워있는 것입니다. 다른 사람들은 다 일어났는데 혼자 누워있습니다. 다른 사람들은 출근하는데 혼자 출근도 못하고 누워있습니다. 다른 사람들은 하루 종일 움직이는데 혼자 이불을 깔고 있습니다. 그런가하면 생활이 너무 무질서하여 일을 제대로 못하는 분들도 있습니다. 무엇이 중요한지를 모릅니다. 이것도 했다가 저것도 했다가 하는데 되는 일이 하나도 없습니다. 무엇이든지 지속하지 못하고 변덕을 부리기도 합니다.

그래서 그 사람 뒤를 따라가는 것도 피곤하고 힘이 드는 경우도 많습니다. 또 늘 울화병으로 만성 두통으로 불면증으로 고생을 합니다. 필자가 얼마 전에 토요일 날 1:1로 치유하는 시간을 몇 개월 동안 국민일보 광고를 내고 한 적이 있습니다. 그때 권사님들이 다수 오셨습니다.

모두 울화병이 있는 분들이었습니다. 그래서 제가 권사님들에게 부모님들은 어떻게 지내다가 천국에 가셨느냐고 물어보니 모두 자기와 같이 고생하시다가 천국에 가셨다는 것입니다. 그래서 혈통의 대물림에 대하여 질문을 했더니 대다수가 무슨 말인지 이해하지 못했습니다.

단, 알고 있는 것은 열심히 예배드리고, 새벽기도 잘하고, 십일조 잘 드리고 구역예배 빠지지 않고 잘 드리고, 성경공부 잘하면 하나님께서 고쳐주시는 줄 알았는데 나이가 들고 보니 자신의 친정어머니와 똑같은 질병으로 고생을 한다는 것입니다. 지금 성도님들이 이렇게 영적인 면에 무지합니다. 그러니까 얼마든지 미리 해결할 수 있는 질병들을 미리 해결하지 못하고 질병이 깊어진 다음에 해결하려 하니 치유가 되지 않는 것입니다.

이렇게 지내다가 나이가 먹으면 주변 사람들에게 짐이 됩니다. 나아지는가 싶더니 다시 좋지를 못합니다. 문제는 이런 문제들이 가계에 대물림되는 것들이 많다는 것입니다. 우리가 예수를 믿고 교회에 나와 가계에 흐르는 대물림을 말씀과 성령으로 밝히 드러내고 절단하며 몰아내는 적극적인 치유를 해야 합니다. 반드시 성령으로 세례를 받아야 사전에 노출이 됩니다.

5)이러다 보니 생활에 많은 문제가 노출됩니다. 그래서 참다 못해 돌출행위를 하기도 합니다. 집을 뛰쳐나가기도 하도, 사람을 폭행하기도 합니다. 괴성을 지르면서 발악을 하는 성도들도 많습니다. 집에서 감시를 당하면서 살아가는 사람들이 있습니다. 밤에는 잠을 자지 않고 이리저리 돌아다니다가 낮에는

잠을 잡니다. 누군가가 조금만 비위를 건드리면 분노를 발하면서 고함을 지르면서 발작을 합니다. 어떤 사람은 주먹으로 땅을 치기도 하고 머리로 벽을 박기도 합니다. 마치 거라사 인의 지방의 군대 귀신들린 사람같이 말입니다. 그것도 모자라면 어떤 사람들은 방황하면서 사고를 칩니다. 부모님이 걱정하고 염려할 만한 일을 골라서 하는 청년도 있습니다. 이상한 짓을 해서 부모에게 걱정을 끼치는 사람도 있습니다.

본드, 마약, 음란, 컴퓨터, 저녁에 나가 방황하고, 꼭 부모님들이 걱정할 일만하여 심기를 불편하게 합니다. 결국 그렇게 지내다가 비참한 죽음을 당하기도 합니다. 저는 주변에서 권사님의 자녀가 장로님의 자녀가 정신적이고 영적인 문제를 일으키다가 비참하게 세상을 떠났다는 이야기를 많이 들었습니다.

6)이유 없이 사고가 자주 일어납니다. 사업을 잘하다가 그만 화재 사고가 나서 망합니다. 횡단보도를 걸어가다가 교통사고를 당합니다. 여름에 바캉스를 갔다가 물에 의한 사고를 당합니다. 천재지변을 당하기도 합니다. 아이들이 잘 넘어지고 잘 다칩니다. 멀쩡하게 놀이터에서 놀다가 다리가 부러지는 사고를 당하기도 합니다. 필자는 이런 아이를 치유한 경우가 있습니다. 아이들이 차 사고를 몇 번씩 당합니다. 잘 넘어져서 상처가 잘납니다. 걸어가다 인도로 올라온 차에 치이기도 합니다. 사업을 하려고 하면 화재사고가 나서 망합니다. 아이가 잘 놀다가 침대에서 떨어져 낙상사고가 납니다. 생각하면 도저히 일어날 수 없는 이해하지 못하는 사고가 자주 잃어납니다.

7)**부부간에 의견대립이 아주 심합니다.** 같이 붙어 있기만 하면 싸웁니다. 쳐다 보기만 하면 속에서 울분이 올라옵니다. 남편의 손이 다면 섬뜩한 기분이, 벌래가 기어드는 섬뜩한 기분이 들기도 합니다. 결혼한 지 삼년이 넘어도 임신이 되지 않습니다. 서로 보기 싫어 원수가 되어 마지못해 살아갑니다.

8)**학교나 직장에서 따돌림을 당합니다.** 따돌림을 당하는 당사자가 문제가 있는데 엉뚱한 사람들에게 욕하고 핑계를 댑니다. 내가 지금까지 치유사역을 하면서 체험한 바로는 초등학교 시절과 중학교 시절에 왕따를 당한 아이들이 고등학교 일학년이 되면 정신적인 문제가 발생한다는 것입니다. 한두 명을 두고 말하는 것이 아닙니다. 거의 모든 아이들이 정신적인 문제가 발생하여 정상적인 생활을 하지 못했습니다. 우리는 예방신앙을 해야 합니다. 어려서부터 성령을 체험하게 하여 영육의 문제를 치유해야 합니다.

9)**가족에 질병이 끊이지를 않습니다.** 한 사람이 나으면 다른 사람이 아픕니다. 저는 집사의 두 딸이 모두 문제가 있는 사람을 치유한 경험도 있습니다. 큰딸은 심장병으로 수술을 했습니다. 그래서 정상적인 생활을 하지 못합니다. 작은 딸은 정신적인 문제가 발생하여 약대를 졸업했어도 정상적인 생활을 못하는 것입니다. 모두 초기에 예방 신앙을 했으면 당하지 않는 문제입니다. 우리 말씀과 성령으로 영적인 눈을 엽시다.

시화병원에 입원한 남편의 병 수발하던 집사가 남편이 퇴원하니 부인이 입원을 했습니다. 그것도 교회를 열심히 다니는 집사가 말입니다. 그런데 내가 이분들의 신앙생활 상태를 확인하여 보았습니다. 모두 보수적인 교회에서 말씀중심으로 열심히 신앙생활을 하고 있었습니다. 그런데도 당하고 사는 것입니다. 모두 성령의 역사를 모르고 영적으로 무지하기 때문입니다.

2.성도가 영, 육간의 문제로 고통당하면서도 해결하지 못하는 이유에 대하여 성령으로 알아보겠습니다.

1)성도들이 그리스도의 권세를 깨닫지 못하기 때문입니다. 하나님의 자녀의 권세를 가지고도 사용하지 못하는 것입니다. 우리가 하나님의 자녀의 권세를 활용하지 못하면 마귀의 미혹에 속아서 하나님에게서 떨어질 지도 모릅니다. 경각심을 가지시기를 바랍니다. 예수님은 요한복음 10장 18절에 "이를 내게서 빼앗는 자가 있는 것이 아니라 내가 스스로 버리노라 나는 버릴 권세도 있고 다시 얻을 권세도 있으니 이 계명은 내 아버지에게서 받았노라 하시니라" 예수님은 하나님의 자녀를 빼앗는 자가 있는 것이 아니라 스스로 버린다고 하십니다. 예수님을 사랑해야 예수님의 사랑을 받게 됩니다. 하나님의 자녀는 하나님의 음성을 알고 따릅니다. 주님의 음성을 듣고 주님과 가까이 지내시기를 바랍니다. 그러면 주님이 우리를 보호하여 주십니다. 주님이 마귀의 통치자와 권세를 이기시고 승리하셨습니다. 예수님은 마귀의 일을 멸하러 오셨습니다. 마귀의 역사를 알고 예수 이름으로 대적하여 나의 귀한 영혼을 지키시기를 바랍니다.

2) **영적인 것에 너무 무지하기 때문입니다.** 영적인 세계를 알아야 인생에서 성공할 수 있습니다. 영적인 세계를 알고 대처하시려고 하시기를 바랍니다. 한마디로 영의 눈을 뜨라는 것입니다. 영적인 분별력을 기르라는 말입니다. 말씀과 성령으로 영안을 여시라는 것입니다. 세상의 모든 문제와 행위에는 배후에 영적인 세계가 결부되어 있기 때문입니다. 영적세계를 분별하여 하나님의 군사로서의 사명을 감당하시기를 바랍니다.

3) **영적인 세계를 잘 이해하지 못하기 때문입니다.** 영적인 세계에는 하나님의 성령과 마귀와 그리고 천사와 성령으로 거듭난 사람의 영이 거합니다. 영적인 세계에는 옛 통치자와 권세가 있습니다. 악한 옛 통치자와 권세라는 것은 한 지역을 붙들고 있는 귀신의 조직을 의미힙니다. 악한 영도 등급이 있고 지위가 있습니다. 그래서 개인에게 역사하는 것도 있고 지역이나 문화, 사람, 조직들을 붙들고 있는 것들도 있습니다. 지역, 조직, 군중들을 붙들고 있는 것들이 바로 옛 통치자와 권세입니다. 이런 것들은 우리에게 어떠한 영향을 미치는가에 대해서는 의아한 사람들이 있을 것입니다. 영적인 세계에 대하여 좀더 많이 깨닫고 싶은 분들은 **"카리스마로 영적세계를 장악하는 법"** 책을 읽어보시기를 바랍니다.

4) **성령의 세례 성령의 역사를 모르기 때문입니다.** 교회에 다닌다고 자동으로 대물림되는 문제가 끊어지는 것이 아닙니다. 반드시 성령의 세례를 체험하고 성령으로 충만한 가운데 지내야 됩니다. 그런데 성령의 충만을 이론으로 잘 알고 있으

면 자신이 성령으로 충만한 줄로 착각하기 때문입니다. 성령의 역사는 살아있는 역사입니다. 실제로 느끼고 역사하는 살아있는 영입니다. 모든 대물림의 문제는 성령의 역사가 자신 안에서 일어나야 해결이 됩니다. 이렇게 삶에 고통을 주는 귀신을 몰아내려면 어떡해야 합니까? 많은 분들이 말하는 대로 신앙생활을 열심히 한다고 귀신이 물러가지 않습니다. 하나님께서 귀신을 좇아내주지 않습니다. 내가 깨닫고 인정하고 성령으로 세례를 받고 성령으로 충만하여 자신 안에 주인으로 계시는 예수님으로부터 성령의 불이 나와야 성령의 불의 역사로 귀신이 떠나갑니다. 성령의 세례와 역사에 대해서는 **"성령의 불 받는 법"**과 **"성령의 불세례에 숨은 비밀"** 책을 읽어보시기를 바랍니다.

성도님들이 알아야 할 것은 사람의 열심으로 하는 관념적인 신앙생활로는 삶에 고통을 주는 귀신이 절대로 물러가지 않고 오히려 더 악랄하게 역사합니다. 반드시 성령으로 세례를 받아야 합니다. 성령으로 세례를 받고 성령의 인도를 받으면서 예배당에 나와서 예배를 드리며 찬양하며 기도하면 자신 안에 계신 예수님으로 부터 성령의 불이 나오게 됩니다. 성령의 불이 지속적으로 나오면서 성령으로 충만해집니다. 성령으로 충만해지면서 성령의 지배 속에 들어갑니다. 성령의 지배 속에서 잠재의식에 뭉쳐있는 상처들이 치유되면서 삶에 고통을 주는 귀신들이 물러가는 것입니다. 그러므로 삶에 고통을 주는 귀신만 좇아내면 삶이 좋아지는 것이 아니고 성령으로 충만하여 자신의 영-혼-육체가 살아계신 하나님의 성전이 되어야 합니다.

5부 성도들이 건강하기 원하시는 예수님

21장 마음 속의 세계를 알고 대처해야 건강

(엡 4:23-24) "오직 너희의 심령이 새롭게 되어 (24) 하나님을 따라 의와 진리의 거룩함으로 지으심을 받은 새 사람을 입으라"

예수를 믿고 성령으로 거듭난 성도들이라도 마음의 상처에 대하여 관심을 두지 않는 경우가 많습니다. 다시 말해서 보이지 않기 때문에 마음의 세계에 무지하고 관심을 두지 않는 다는 것입니다. 성경말씀을 관념직으로 지식직으로 보면 마음에 상처에 대하여 직접 언급한 말씀이 별로 없기 때문이라고 생각합니다. 성령으로 거듭나 성경말씀을 볼 때 역설적으로 저변에 깔린 부분까지 깨달으면서 읽으면 마음의 상처를 이해할 수가 있습니다. 그러나 성경말씀을 단편적으로 지식적으로 관념적으로 보고 읽으면 마음의 상처에 대하여 깨달을 수가 없기 때문이라고 생각합니다. 예수를 믿으신지 오래된 분들일수록 마음의 상처에 대하여 무관심하다가 건강에 큰 문제를 당하는 경우가 많습니다. 그때야 마음의 상처에 대해 관심을 갖습니다.

날씨가 추워지는 겨울이면 무엇보다 체온에 관심을 가져야 합니다. 마음의 상처 스트레스는 체온과 혈관의 적입니다. 혈관이 건강해야 불치질병에서 자유합니다. 혈관은 온도 차이만큼 스트레스에 민감합니다. 일상생활에서 긴장된 상태가 지속되거나 스트레스를 많이 받으면 교감신경이 강화되어 혈관이 수축됩니다. 스트레스는 혈전 생성을 빠르게 합니다. 고로 마음의 상처 스트레스는 말씀과 성령의 역사로 매일매일 정화하며 해소하며 부교감신경을 강화하면서 살아야 합니다.

이렇게 마음의 상처는 혈관에 영향을 끼칩니다. 마음의 상처가 혈관에 노폐물이 끼이게 하고, 림프에 노폐물이 끼이게 하여 혈액과 물이 온몸으로 순환하는데 지장을 초래하기 때문입니다. 혈액순환이 잘되지 않으면 정상체온을 유지하는데 방해 요소로 작용을 합니다. 마음의 상처가 쌓이면 얼굴이 화끈거리고 입으로는 열이 나오는 데 아랫배와 손발을 차갑게 됩니다. 이것을 울화라고 합니다. 체온은 건강에 밀접한 관계가 있습니다. 35℃ 이하 저체온 증상 때 암세포 증식이 가장 많아진다고 합니다. 저체온일 때 암세포가 빨리 증식한다는 연구 결과가 있습니다. 물론 염증이 활발하게 발생합니다. 저 체온은 암세포에게 대사 작용을 활발하게 해주는 좋은 환경입니다. 마음의 상처는 체온의 적입니다. 암이나 류머티즘 관절염, 폐질환, 심장질환, 뇌질환, 혈액순환장애, 소화기 장애, 생식기(자궁·난소·전립선) 질병에 걸리지 않으려면 항상 정상 체온을 유지하는 것이 예방법입니다. 마음을 평안하게 하여 하나님의 나라 성전이 되면 혈관이 건강해져서 심장과 뇌는 물론 온몸이 건강하다는 말이 과언은 아닙니다. 마음의 상처와 스트레스, 노화, 고혈압, 당뇨, 비만, 스트레스, 흡연, 음주 등으로 혈관이 손상되면 혈관벽이 두꺼워집니다.

혈관벽이 두꺼워지면 혈관이 좁고 딱딱해져 혈압이나 온도 변화 같은 변화에 쉽게 막히고 터져 각종 질환을 유발합니다.

　노년층이 제일 두려워하는 질환인 치매도 혈관 건강과 연관이 있습니다. 혈관성 치매는 뇌에 피를 보내는 혈관이 딱딱해지거나 노폐물이 쌓여 발생합니다. 영양분이 혈관을 통해 뇌에 제대로 전달되지 않아 뇌세포가 죽기 때문입니다. 치매를 예방하려면 말씀과 성령으로 마음의 상처를 정화하여 혈관을 깨끗하게 해야 합니다. 온몸 치유기도를 지속적으로 하면 치매가 예방되고 지연시킬 수가 있습니다. 동시에 뇌세포에 제대로 영양을 공급해야 합니다. 이는 필자가 임상적으로 체험한 사실입니다.

　혈관질환은 마음의 상처, 스트레스, 콜레스테롤, 당뇨, 과도한 음주나 흡연, 잘못된 식습관, 운동부족 등 다양한 원인으로 인해 발생할 수 있습니다. 평소 혈관 건강을 지키려면 영과 진리로 예배하며 성령으로 기도하며 유산소 운동으로 혈액 속 노폐물 생성을 막고, 기름진 식습관을 피하며 불포화지방산이 풍부한 아보카도, 견과류 등을 섭취하는 것이 좋습니다. 성령의 인도가운데 60분 이상 복식호흡하며 마음으로 명상기도하고, 하루 30분 이상 꾸준히 운동하면 정상보다 약간 높은 37℃ 유지하면 노폐물 방출 활발하고 혈액도 정화가 된다는 것입니다.

　인간은 온혈(溫血)동물입니다. 주위가 아무리 추워도 우리 몸은 일정한 온도(섭씨 36~37℃)를 유지합니다. 우리 몸의 온기(溫氣)는 유일한 에너지 공급원인 음식의 소화를 통해 대부분 얻게 됩니다. 몸에서 만들어진 온기는 20%가 간으로 가고, 약

20%는 근육으로 가게 됩니다. 일이나 마음으로 기도하며 운동을 하게 되면 근육에 더 많은 온기가 갑니다. 온기 중 45%까지는 주위의 차가운 물건으로 모두 방사됩니다. 그래서 성령으로 기도하고 주기적으로 운동해야 합니다. 몸을 따뜻하게 하는 음식을 섭취해야 합니다. 물론 마음상처를 치유해야 합니다.

우리 몸의 온도는 신체기관의 활동을 보장해주는 효소작용이 바로 37~37.5℃에서 일어나기 때문에 일정하게 유지됩니다. 만약 우리 몸의 온기를 만들어내는 핵(오장육부가 몰려 있는 부위) 온도가 3~4℃ 이상 벗어난다면 인간은 육체적, 정신적인 능력이 현저하게 떨어지게 됩니다. 높아도 안 되고 낮아도 안 되는 것입니다. 저 체온 증은 마음의 상처가 쌓여있을 때와 운동이 부족할 때 잘 생기게 됩니다. 특히 마음의 상처는 체온의 적입니다. 일반적으로 체온이 36~37℃일 때 정상 체온이라고 합니다. 저체온은 기본적으로 혈액이 제대로 순환되지 못하거나 신진대사에 장애가 있을 때 발생합니다. 몸이 차갑다는 말은 마음의 상처가 쌓여서 정상적인 신진대사가 이뤄지지 않고 있다는 것을 의미합니다. 마음의 상처를 치유해야 합니다.

저체온의 가장 큰 원인은 마음의 상처 스트레스와 운동량 부족일 경우가 많습니다. 마음의 상처가 쌓이는 것은 성령 충만하지 못한 경우입니다. 성령으로 기도하며 마음을 정화하고 유산소운동을 하면 근육에서 열이 만들어지고 이들 열에너지는 혈액에 의해 온몸의 세포 곳곳에 분배됩니다. 특히 영과 진리로 예배를 드리면서 성령으로 기도하면 영-혼-육체가 정상적인 기능을 유지함으로 혈액순환과 림프의 물 순환이 정상적으로 되도록 성령께서 오장육부 기능과 온몸을 지배하십니다. 자연스럽게 노폐물이 끼이지 않고 건강하게 되는 것입니다.

거기다가 운동은 몸이 움직이면서 산소를 취하여 노폐물인 이산화탄소와 일산화탄소, 휘발성 유해물을 폐에서 방출합니다. 또 산소는 지방, 콜레스테롤, 불필요한 노폐물 등을 태워버리고 혈액을 정화시켜 암과 같은 질병을 예방합니다.

이런 점에서 영과 진리로 예배를 드리면서 성령으로 영의 기도를 하여 마음을 정화하여 하나님의 나라 성전이 되고 하루 30분씩 일주일에 5일 이상 꾸준히 운동할 것을 권유합니다. 하지만 현대인들은 운동하는 시간보다 컴퓨터나 텔레비전 앞에 앉아 있는 시간이 더 많습니다. 움직이지 않고 오랫동안 앉아 있으면 신진대사 율이 떨어져 열량이 몸에 비축되고 이는 비만으로 이어지기 쉽습니다. 이는 혈액순환 방해로 이어져 저체온의 원인이 됩니다. 우리 안이 상처와 자아로 막혀 있기 때문입니다. 이것을 누리지 못하는 원인을 찾아내어 정비하고 정화해야 합니다. 이것이 마음을 정비 정화하고 치유하는 것입니다.

외부의 상처는 쉽게 치유되나 마음에 받은 상처는 쉽게 치유되지 않습니다. 사라지지 않고 깊은 곳에 남아서 계속 나에게 영향을 주며, 나의 삶을 좋지 못한 쪽으로, 파괴적인 쪽으로 이끌어갑니다. 나이가 들어도 사라지는 것이 아니라, 오히려 절제력이 약해짐으로 더욱 강하게 나의 삶에 역사 합니다. 그래서 노인들이 더 섭섭해 하고 마음을 정비하고 정화하기가 어려운 것입니다. 나이가 많을수록 마음을 정비하고 정화에 의지와 노력을 해야 하며 생각보다 많은 기간과 시간이 필요합니다.

자신도 모르게 마음에 숨어있는 상처는 잠복기간이 지나면 꼬리를 들고 일어납니다. 상처는 상처를 주는 상대방보다, 쉽게 상처를 받는 나에게 문제가 있는 것입니다. 이 사실을 인정해야 자신의 마음을 정비하고 정화할 수 있습니다. 평안과 행복은 환경이 이를 주거나, 느끼는 것이 아니라, 내가 그렇게 느끼는 것입니다. 주체는 나입니다. 나의 마음입니다. 나의 마음이 치유되어 있으면 늘 평안과 행복을 느낄 수 있게 됩니다. 그리고 더 나가서 남에게 상처주지 않도록 주의하고, 또 다른 상처받은 이들을 치유할 수 있게 됩니다. 이것이 복음의 화평케 하는 의미입니다. "모든 것이 하나님께로서 났으며 그가 그리스도로 말미암아 우리를 자기와 화목하게 하시고 또 우리에게 화목하게 하는 직분을 주셨으니 (19) 곧 하나님께서 그리스도 안에 계시사 세상을 자기와 화목하게 하시며 그들의 죄를 그들에게 돌리지 아니하시고 화목하게 하는 말씀을 우리에게 부탁하셨느니라(고후 5:18-19)" 우리는 누구나 무한하게 발전할 수 있는 가능성을 가지고 있습니다. 우리의 삶이 모든 면에서 풍성해 지기를 하나님은 원하십니다. 우리는 마음을 정비하고 정화를 통하여 불치병들을 치유하고 믿음이 성숙하여 풍성한 삶을 누릴 수 있습니다. 평안함과 행복과 아브라함의 축복을 누려야 합니다. 이것이 우리를 향한 주님의 뜻입니다. 마음에 형성된 상처와 자아와 세상 스트레스는 다음과 같이 인생을 파괴하는 쪽으로 역사합니다.

1. 하나님과의 친밀한 관계에 악 영향을 미칩니다. 마음의 상처로 말미암아 하나님 아버지에 대한 개념이 왜곡됩니다. 하나님도 자신의 육체의 아버지와 똑 같은 분으로 인식하게 됩니다. 근엄하기만 하고 책망과 형벌을 주관하는 아버지의 개념이 하나님에 대한 개념에 강하게 반영되고, 또 후손에게도 대물림되어 대대로 전달됩니다. 이러한 잘못된 아버지의 개념이 유아기로부터의 계속되는 교육으로 말미암아 참 사랑의 하나님 아버지에 대한 개념을 바르게 갖지 못하게 합니다. 사랑이 빠진 신앙인, 막연한 종교인이 되어 버리고 맙니다. 말씀에 대한 불신, 죄에 대한 불감증, 도덕 감과 윤리 감을 상실한 종교인이 되어 버립니다. 신앙의 성장이 없게 됩니다. 마음을 정비하고 정화를 통하여 참 사랑의 하나님 아버지를 인격적으로 만나야합니다. 체험적으로 하나님을 만나서 하나님 아버지의 사랑을 받아야 합니다. 사랑을 체험해야 합니다. 인격체로 그분의 사랑을 느끼고 사랑을 받아야 합니다. 그래야 불치질병을 치유하면서 우리의 믿음과 신앙이 성숙하고 성장하게 됩니다.

우리를 용서하시고 사랑하시고 축복해주시는 아버지의 사랑을 늘 받아야 합니다. 지금도 우리를 사랑하시는 하나님 아버지의 사랑으로 우리를 채워야 합니다. 그래야 하나님을 제대로 의식하게 됩니다. 하나님의 사랑으로 두려움과 염려를 내어 쫓게 됩니다. 하나님의 사랑은 진리의 말씀과 성령으로 나타나십니다. 그래서 하나님께서 예수님을 십자가에서 죽게 하시고 믿는 우리를 다시 태어나게 하신 것입니다. "이는 혈통으로나 육정으로나 사람의 뜻으로 나지 아니하고 오직 하나님께로부터 난 자들이니라(요 1:13)" 하나님께로 난자마다 세상을 이기는 것입니다. 어찌하여 하나님께서 난자마다 세상을 이기게 되는 것입니까? 하나님의 자녀가 된 권세가 있기 때문입니다. "영접하는 자 곧 그 이름을 믿는 자들에게는 하나님의 자녀가 되는 권세를 주셨으니(요 1:12)" 예수를 믿는 우리는 하나님께서 가지신 권세와 능력이 있습니다. 이를 순수하게 믿어야 합니다.

그래서 하나님은 "하나님께 로서 난 자마다 세상을 이기느니라." 하시는 것입니다. 하나님의 권능으로 이깁니다. "무릇 하나님께로부터 난 자마다 세상을 이기느니라. 세상을 이기는 승리는 이것이니 우리의 믿음이니라(요일 5:4)" 하나님의 자녀는 세상(마귀/귀신)을 이기는 자들입니다. 귀신들도 하나님을 알고 믿고 떤다고 말씀하십니다. "네가 하나님은 한 분이신 줄을 믿느냐 잘하는 도다 귀신들도 믿고 떠느니라(약 2:19)"

하나님의 사랑으로 우리의 마음을 채워놓지 못하게 되면 세상의 염려와 걱정과 근심이 우리의 마음을 채우게 됩니다. 마음이 너무 허약함으로, 쉽게 두려움을 느끼게 되고, 아무것도 하지 못하는 허약한 종교인이 됩니다. 우리가 진정 두려워해야 할 것은 바로 이러한 두려움입니다. 물질이나 건강이 없음으로 인한 두려움이 아니라, 우리의 마음에 하나님의 사랑이 없음을 두려워해야 합니다. 하나님의 사랑만 마음에 채워져 있으면 넉넉히 세상을 이길 수 있습니다. 이를 위해서 성령님이 오셔서 우리 마음에 하나님의 사랑을 부어주십니다.

2. 자신의 전인 건강과 성공 실패에 영향을 미칩니다. 마음의 상처는 심리(영혼)적으로 육체적으로 영향을 끼칩니다. 마음에 상처가 많으면 자기 자신을 이겨내지 못합니다. 정신적인 불치병이 발생합니다. 자기 자신을 심하게 비하시키거나, 무가치하게 여기게 됩니다. 또는 자신에 대하여 거부감, 증오감, 혐오감, 용서 못함, 열등감을 가지거나, 반대로 극도의 자기사랑, 이기주의, 배타주의를 가지게 되기도 합니다. 심한 우울증이나 공황장애나 의존 감을 가지기도 합니다. 이러한 것은 성장기의 상처로 인하여 자기도 모르게 자신의 가치를 잘못 평가한 것입니다. 부모가 어릴 적에 자신을 그렇게 대했기 때문입니다.

크리스천은 새로운 아버지, 참 아버지를 가집니다. "이는 혈통으로나 육정으로나 사람의 뜻으로 나지 아니하고 오직 하나님께로부터 난 자들이니라(요 1:13)" 그러므로 하나님 아버지에게서 새롭게 자신의 가치에 대하여 배워야 합니다. 귀신은 어릴 적 부모로부터 들은 "너는 왜 이렇게 못하느냐. 너는 못난 놈이다" "너는 아무것도 할 수 있는 것이 없다."라는 책망의 말을 자꾸 반복하여 내 마음에 들려줍니다. 참 사랑의 하나님 아버지는 우리가 실수하더라도 책망보다는 새롭게 나서도록 늘 위로와 용기와 격려를 주시는 분입니다. "너는 할 수 있다. 한번 다시 해보자" "다시 일어서라." "도전하라."고 하시는 분입니다.

마음을 정비하고 정화하여 이러한 내면의 소리를 들어야합니다. 어릴 적 상처의 기억에서 되풀이 되는 귀신의 비난의 말이 아니라, 마음에서 새롭게 울려나오는 위로하시는 하나님의 소리를 듣게 하는 것이 바로 마음의 정비고 정화입니다.

기억이나 감정에서 나오는 소리는 욕심과 이성과 감정에서 나오는 것입니다. 하나님의 말씀은 이보다 더 깊은 안에서 조용히 울려나옵니다. 마음을 정비하고 정화하여 마음 안에 주인으로 계시는 성령하나님으로부터 이 위로의 소리를 들어야 합니다. 책망하고 비난하고 좌절하게 하는 소리가 들려오더라도 이소리를 붙잡지 말고 안에서 울리는 위로의 소리를 붙잡고, "하나님, 도와주세요." 라고 외치며 나서야 합니다.

상처에서 올라오는 것들을 찾아서 성령으로 빼내어 버리고 깊은 곳에서 들려오는 하나님 아버지의 위로와 격려의 소리를 듣는 훈련을 해야 합니다. 지속적으로 해야 합니다. 그래야 불치질병을 완치하면서 건강하게 살아갈 수가 있습니다.

3. 타인과의 관계에 영향을 미칩니다. 마음에 숨은 상처는 세상을 살아갈 때에 비정상적으로 역사하여 행복하고 평안하고 성공적인 삶을 살지 못하도록 방해합니다. 다른 사람을 대할 때 마음을 열고 인간적으로 대하지 못하고 대적으로 생각하며 인간관계를 하게 됨으로 쉽게 상처를 받고 주면서 살아갑니다.

자기를 무가치하게 여기는 사람은 남도 무가치하게 여깁니다. 하나님의 말씀의 총 강령(마22:37-40)은 하나님을 사랑해야 자신을 진정으로 사랑할 수 있고, 자신을 건전하게 사랑해야 다른 사람도 제대로 사랑할 수 있다는 것입니다. 부부관계, 사회의 모든 인간관계에서 나타나는 모든 문제들, 즉 반사회적이고 적대시함, 시기와 질투와 분쟁, 고압적 지배와 피지배적 근성, 믿지 못함, 불쾌하게 함과 같은 것들은 모두 하나님과 나, 그리고 이웃에 대한 수직적 관계의 개념에서 파생되는 것입니다. 위에서부터 내리 누르는 수직적 사회에서 생깁니다.

하나님은 우리를 그렇게 대하지 않으십니다. 내리 누르고 억압하시는 분이 아닙니다. 묶어놓고 재압하시는 분이 아닙니다. 예수님은 제자들과 같이 걸어 다니고, 인정하시고, 사랑하셨습니다. 수평적으로 친구로 대하셨습니다. 모든 사람을 끌어안고 용납하셨습니다. 그런데 세상은 그렇지 않습니다. 모든 것을 수직적으로 생각합니다. 경쟁합니다. 누르고 눌립니다. 억압하고 지배하고 지배당합니다. 교회에서조차 그렇습니다. 세상에서 일어나는 일들이 교회 안에서도 똑같이 일어납니다.

성도들은 그렇게 하면 안 됩니다. 우리는 우리 안에 거하시는 하나님과 함께 새로운 삶을 만들어야 합니다. 수평적 삶을 만들고, 수평적 사회, 사랑의 사회를 만들 수 있습니다. 그럴 수 있는 능력이 있습니다. 크리스천이 되고, 풍성한 삶을 누린다는 것은 이러한 관계를 새롭게 창조해나가는 삶을 살아간다는 것입니다. 자신을 변화시키고, 가정을 변화시키고, 이웃을 변화시키는 것입니다. 이것이 내면세계의 정비와 정화입니다.

사람들은 많은 칭찬은 쉽게 잊어버리는 반면에 단 한마디의 상처를 주는 비평은 잊지 않고 기억합니다. 자신이 행한 일보다는 자신의 인간성에 대한 긍정적, 또는 부정적 말을 훨씬 더 깊게 받아드립니다. 인간성을 깎아 내리는 말은 자존감에 심각한 영향을 줍니다.

사람들은 상처를 당할 때에 자기의 감정을 억누르고 상처를 빨리 싸매어 버리기 때문에 아무도 눈치 채지 못합니다. 그러나 그 상처는 소독을 하지 않았기 때문에 곪게 되고, 시간이 흐르면 싸맨 곳을 통하여 고름이 새어나오기 시작합니다.

이것이 오래 전의 상처가 현재 삶에 영향을 미치는 것입니다. 상처를 받지 않고 살 수는 없지만, 치유는 하면서 살 수 있습니다. 상처는 일단 받으면 다른 사람에게 상처를 주게 되어있습니다. 상처의 악순환, 빈곤한 삶의 악순환입니다.

상처를 받지 않을 수는 없지만, 상처를 치유할 수는 있습니다. 상처를 치유해야 이 악순환에서 벗어날 수 있게 됩니다. 상처 권에서 벗어날 수 있게 됩니다. 드디어 풍성한 삶으로 나아갈 수 있게 됩니다. 상처가 별로 나에게 영향을 주지 않게 되고, 남에게도 상처를 주지 않는 부드러운 성품이 되며, 상처가 주는 감정에 휩쓸리지 않는 든든한 삶을 살게 됩니다. 우리는 자신도 모르게 마음에 형성된 상처와 스트레스를 진리의 말씀과 성령의 역사로 치유 받아야 하는 것입니다. 본인이 사모해야 합니다.

하나님의 역사하심으로 세상 사람들이 찾는 것과 같은 그런 감정의 치유가 아니라, 깊은 마음의 치유, 온전한 치유를 받을 수 있습니다. 마음을 정비하고 정화해야 합니다. 온전한 치유란 말씀과 성령으로 마음을 정비하고 정화하는 것입니다. 우리의 주인이 예수님으로 바뀌어야 합니다. 주인이 바뀌어 건강하게 살아가려면 성령으로 마음의 상처를 밖으로 내보내야 합니다.

4.마음의 상처는 질병으로 나타나기도 합니다 건강의 주범은 상처 스트레스입니다. 상처 스트레스는 세상에 만들어 냅니다. 아니 자신의 마음이 만들어 냅니다. 자신이 예수님을 관념적, 지식적 율법적으로 알고 세상이 되었을 때 자신의 무의식에 상처 스트레스가 자신도 모르게 쌓이는 것입니다. 필자가 여러 칼럼에서 강조했지만 상처 스트레스는 만 가지 문제의 원인입니다. 우리 성도님들이 세상을 살아가면서 스트레스를 받지 않으면서 자신의 영-혼-육체를 하나님의 나라 성전으로 살아가려면 성령으로 기도하는 성령님이 주인이 되어야 가능한 것입니다.

그럼 마음의 상처 스트레스로 발생한 질병을 치유하려면 어찌해야 하겠습니까? 자신이 예수님을 믿고 죽고, 다시 사신 예수님으로 태어나 하나님의 나라 성전이 되어야 치유가 되는 것입니다. 다시 말해서 아담이 에덴동산에서 하나님과 대화하며 거닐던 상태로 돌아가야 마음 안 무의식에 쌓여서 여러 가지 영-혼-육체의 문제를 일으키는 암적인 존재들이 떠나가는 것입니다. 이를 이해하려면 암을 전문으로 치유하는 세계적으로 유명한 의사들의 임상적인 견해를 듣고 깨달으면 이해가 가능합니다. 이분들이 말하는 것을 들으면 이것입니다. 암은 항암제로만 치유가 불가능합니다. 자신의 전인격 온몸이 암을 이길 수 있는 상태를 만들어야 암에서 자유하게 됩니다.

암은 상처 스트레스가 만들어 내기 때문입니다. 스트레스를 지속적으로 받으면 몸에 비정상 세포들이 활개를 칩니다. 젊을 때에는 잠을 자거나 쉬면 비정상 세포들이 점점 없어지고 정상적인 세포들로 채워져서 건강상태가 좋게 됩니다. 그러나 나이가 많아지면 잠을 아주 많이 지고 쉬어도 정상적인 몸 상태가 되지 않습니다. 물만 먹어도 살이 찐다고 합니다. 잠을 아주 많이 자도 피로가 풀리지를 않습니다. 그만큼 상처 스트레스가 많이 축척이 되었다는 것입니다. 자신의 전인격을 세상이 점령했다는 것입니다. 몸에 면역력이 약해졌다는 것입니다. 이렇게 되면 잠을 잘수록 자꾸 상처 스트레스가 몸 안(무의식)에 축척이 됩니다. 상처 스트레스가 축적이 된다는 것은 몸에 염증이 많이 생겼다는 것입니다. 몸에 생긴 염증은 자신이 예수로 죽고 예수님이 주인이 되어 하나님의 나라 성전이 되면 상처와 스트레스가 치유되기 시작하는 것입니다. 그래서 필자가 오랫동안 성령으로 집중치유기도를 하라고 강조하는 것입니다. 오랫동안 성령으로 기도를 하니 하나님의 나라가 되어 상처 스트레스가 서서히 물러가는 것입니다. 상처와 스트레스로 발생한 질병은 약이 없습니다. 약은 상처와 스트레스로 발생한 질병을 치유하는 것이 아니라, 자신의 전인격을 무기력하게 하여 상처 스트레스의 영향을 받지 않도록 하는 것입니다. 상처 스트레스가 혈관의 주범이라고 합니다. 아니 모든 질병이나 문제의 주범이 상처 스트레스입니다. 우리가 세상을 살아가면서 하나님께서 주신 축복을 누리면서 살아가려면 하나님의 나라 성전이 되어야 가능하다는 것을 깨달으셨을 것입니다. 그것은 예수로 죽고 예수로 살면서 하나님의 나라 성전이 되어야 가능하다는 것입니다. 성령으로 온몸 기도를 오래하여 하나님의 성전이 되어야 합니다.

22장 성령으로 세례 받고 충만 받아야 건강

(마 3:11) "나는 너희로 회개하게 하기 위하여 물로 세례를 베풀거니와 내 뒤에 오시는 이는 나보다 능력이 많으시니 나는 그의 신을 들기도 감당하지 못하겠노라 그는 성령과 불로 너희에게 세례를 베푸실 것이요"

예수를 믿고 성령으로 세례를 받고 성령의 불을 받으면서 성령의 지배와 장악을 당해야 예수님의 은혜로 불치병을 치유 받을 수가 있습니다. 불치병은 예수님을 믿으면서 옛사람, 아담은 죽고 다시 하나님의 자녀인 예수님으로 태어나야 가능하기 때문입니다. 많은 목회자와 성도들이 성령의 역사가 보이지 않으니 이론으로 알고 있으면 다 되는 것으로 알고 있습니다. 그래서 일부 목회자들이 '성령체험'과 '성령 세례'와 '성령 충만'을 혼용해서 사용하고 있습니다. 이러한 혼동은 바르지 못한 구원관에서 비롯되었다고 생각합니다. 그러므로 이 장에서 불치병을 치유 받고 행복한 삶을 살아가기 위하여 '성령체험'과 '성령 세례'와 '성령 충만'이 무엇인지 분명히 제시하고자 합니다.

1.성령체험이란 무엇인가? 성령체험이란 성령하나님을 맛보기로 체험하는 것을 말합니다. 성령님은 보이지 않지만 살아계신 분이시구나, 성령을 체험하니 몸과 마음에 실제로 느낄 수가 있구나, 하나님은 보이지는 않지만 살아서 역사하는 분이시

구나 체험적으로 온몸으로 깨달아 아는 것입니다. 성령체험은 성령님에 대하여 맛만 보는 것입니다. 성령 체험했다고 다되었 다고 생각하면 체험적인 신앙생활이 되지 못합니다. 성령체험 은 그저 몸으로 성령하나님을 느끼는 정도이기 때문입니다. 그 래서 성령체험을 했어도 성령님이 온전하게 영향력을 발휘하지 못하십니다. 성령의 세례와 성령의 불세례, 성령의 충만으로 이 어지는 신앙생활이 되어야 성령의 지배를 받는 것입니다. 성령 께서 영-혼-육의 질병을 예방하도록 역사하시기 때문입니다.

2. '성령 세례'란 무엇인가? 성령세례는 성령의 역사를 몸과 마음으로 느끼고 체험하는 실제적인 역사입니다. 필자는 성령 세례는 자신 안에 주인으로 오신 성령께서 폭발하여 자신의 전 인격이 느끼고 체험하게 하시는 사건이라는 것입니다. 성령은 본인이 직접 체험해야 깨닫게 됩니다. 많은 사람들이 단지 예 수님을 주인으로 영접하는 신앙을 고백한다는 사실 하나만으 로 이미 성령을 받은 것이라고 자신 있게 주장합니다. 그러나 이러한 주장에는 성경적인 근거가 전혀 없습니다. 진실한 믿음 이 없어도 얼마든지 신앙을 고백을 할 수 있습니다. 마음의 진 실은 오직 하나님만이 정확하게 판단하실 수 있으십니다.

첫째로 성령의 세례를 받아야 '영혼의 구원'을 받을 수 있다. 성령의 세례를 받으면 무엇보다도 영혼과 양심이 정결하게 됩 니다. 성령님이 지배하고 장악하기 때문입니다. 성령의 세례를 받았다 하면서 여전히 죄와 욕심 가운데 행하고 있다면, 그 사람은 거짓말을 하고 있거나 심각한 착각 속에서 살고 있는 것입니다. 성령 세례란 영광의 성령께서 구원해주시는 영으로서 한 영혼에게 '최초로 찾아오시는 사건'을 가리킵니다. 성령의 세례를 받아야 그때부터 영혼이 온전히 거듭나고 구원받게 됩니다. 성령의 세례를 받지 못하면 하나님 나라에 들어갈 수 없습니다. "하나님의 성령을 근심하게 하지 말라 그 안에서 너희가 구원의 날까지 인치심을 받았느니라."(엡 4:30). 세례요한이 성령의 세례를 증거 할 때의 상황을 유심히 살펴보기 바랍니다(마 3:11-12). 세례요한은 '회개를 이루기 위하여' 물로 세례를 주지만, 예수님께서는 성령과 불로 세례를 주신다고 증거 하였습니다. 세례요한은 '세례의 목적'을 분명히 제시한 것입니다.

물세례 가지고는 이러한 목적을 온선히 성취할 수 없었습니다. 물세례는 지정된 사람이 집례 하는 것입니다. 물세례는 사람의 것만 씻는 것이기 때문입니다. 반대로 성령세례는 예수를 영접할 때 자신 안에 주인으로 들어오신 예수님이 주시는 세례로서 성령으로 자신의 전인격을 실제적으로 지배하시는 역사입니다. 그렇기 때문에 물세례와 성령세례는 전적으로 비교되지 않는 영적인 역사입니다. 예수님께서 성령으로 세례를 주실 때 하나님의 사람으로 거듭나는 다시 태어나는 것입니다.

둘째로 성령의 세례를 받아야 주님의 몸 된 교회의 참된 지체가 될 수 있다. 성령의 세례를 받아야만 죄와 마귀로부터 구원을 받을 수 있고 참된 하나님의 자녀가 될 수 있습니다. 이성과 육체에 역사하는 마귀, 귀신이 떠나가야 하나님의 사람으로 다시 태어나는 것입니다. 성령의 역사가 일어나 하나님의 나라가 되어야 자신 안에 역사하는 세상신이 물러가기 시작하는 것입니다. 하나님께서 영이시며 초자연적으로 역사하시기 때문입니다. 성령세례를 받음으로 영이신 하나님을 깨달아 알아가는 것입니다. 그렇다면 과연 누가 예수 그리스도의 몸 된 교회의 참된 일원이라 할 수 있겠습니까? 성령을 받은 사람만이 교회의 참된 지체가 될 수 있습니다. "우리가 유대인이나 헬라인이나 종이나 자유자나 다 한 성령으로 세례를 받아 한 몸이 되었고 또 다 한 성령을 마시게 하셨느니라."(고전12:13).

교회란 어떤 곳입니까? 교회는 그리스도의 몸이요, 그리스도는 몸 된 교회의 머리가 되십니다. "하나님의 성전과 우상이 어찌 일치가 되리요, 우리는 살아 계신 하나님의 성전이라(고후 6:16)" "너희가 하나님의 성전인 것과 하나님의 성령이 너희 안에 거하시는 것을 알지 못하느뇨(고전3:16)" 성도(聖徒) 한 사람 한 사람은 그리스도의 몸이며 교회의 각 지체(肢體)들입니다.

그러므로 성도 한 사람 한 사람은 머리되신 그리스도의 뜻을 즐거이 순종하는 사람들이어야 합니다. 다시 말하면, 성도 한 사람 한 사람은 그리스도의 성품과 긴밀하게 일체화된 사람이 되어야 한다는 뜻입니다. 성도는 그리스도의 성품 속으로 일체화되어 들어 온 사람입니다. 이것이 가능할 수 있게 해주는 것이 영이신 예수님이 직접 행하시는 성령의 세례입니다.

성령의 세례를 받을 때에 진정으로 하나님의 뜻을 즐거워할 수 있게 되고, 하나님의 뜻을 실제로 온전히 이루는 삶을 살 수 있게 됩니다. 성령의 세례를 받을 때에 하나님 아버지의 본질(本質, 本性, Nature) 속으로 들어오게 되는 것입니다. 보이지 않는 살아계신 성령님이 성도를 지배하십니다. 한 성령을 마신 성도들이 모인 교회야말로 참된 교회라 할 수 있는 것입니다.

셋째로 성령 세례는 신약의 성도에게 약속해주신 하나님의 가장 크고 놀라운 선물입니다. 예수께서 대답하여 가라사대 "이 물을 먹는 자마다 다시 목마르려니와 내가 주는 물을 먹는 자는 영원히 목마르지 아니하리니 나의 주는 물은 '그 속에서 영생하도록 솟아나는 샘물'이 되리라."(요4:13-14).

명절 끝 날 곧 큰 날에 예수께서 서서 외쳐 가라사대 "누구든지 목마르거든 내게로 와서 마시라! 나를 믿는 자는 성경에 이름과 같이 그 배에서 '생수의 강'이 흘러나리라!" 하시니 이는 그를 믿는 자의 받을 성령을 가리켜 말씀하신 것이라(요7:37~39). 성령의 세례를 받아야 내면에서 성령으로 성화(거룩함)가 일어나고 성령의 내주(內住)가 시작되고 인(印)침이 이루어집니다. 즉 지금까지 자신을 주장하던 세상신이 떠나가기 시작하는 것입니다. 성령의 세례를 받음이 없이 그리스도와 연합할 수도 없으며 성령의 보증을 얻을 수도 없습니다. 예수님의 인격으로 변화될 수도 없는 것입니다. 마음의 상처나 질병이나 정신적인 문제가 성령세례를 받음과 동시에 치유되기 시작하는 것입니다. 성령의 역사는 마음의 상처나 질병이나 정신적인 문제보다 한 차원 강한 역사이기 때문입니다.

성령의 세례를 이렇게 깨달을 수가 있습니다. 성령의 세례는 요한복음 4장 14절에서 예수님께서 말씀하신 "내가 주는 물을 마시는 자는 영원히 목마르지 아니하리니 내가 주는 물은 그 속에서 영생하도록 솟아나는 샘물이 되리라."가 실제적으로 체험적으로 이루어지는 체험입니다. 성령의 세례로 눈에 보이지는 않지만 살아계신 성령의 지배로 전인격이 예수님의 살아계심을 체험하는 것입니다. 자신 안에서 주인으로 살아계심을 체험하는 것입니다. 성령님께서 영-혼-육체에 주인으로 역사하심으로 하나님의 나라가 이루어지기 시작하는 것입니다.

신약 시대 최대의 선물이 되시는 성령께서는 구약 시대와 같이 특별한 사람에게만 약속되어진 것이 아닙니다. 오히려 '신약의 모든 보편적인 성도들을 위하여' 약속된 하나님의 가장 크고 놀라운 선물이십니다. 예수님께서는 '신약의 모든 성도에게' 이 귀하신 하나님의 선물을 받게 하시려고 십자가에서 피 흘려 죽으신 것입니다. 이 선물이 최초로 임하는 때가 언제입니까? 예수님을 믿고 예배하며 기도하다가 성령의 세례가 부어지는 때입니다. 자신의 전인격이 느끼게 되고 옆 사람들도 알게 됩니다.

성령의 세례를 받으면, 그 후로는 보이지 않지만 살아계신 성령께서 '성도의 내면(內面)'에 주인으로 거하십니다. 이것은 놀라운 은혜가 아닐 수 없습니다. 천지를 창조하신 하나님께서 피조물인 인간 안에 친히 거처(居處)를 정하십니다. 성령님께서는 성도의 영혼 안에서 친히 영원하신 생명과 거룩의 원리로서 그 영혼을 인격적으로 장악하십니다.

우주보다 크신 하나님께서 우주 안의 티끌보다 더 작은 한 인간의 영혼 안에 거룩한 불을 불태우시면서 친히 영원한 거처를 삼으시다니요. 이것은 구약 시대에는 감히 상상하거나 생각해 보지도 못했던 놀라운 하나님의 은혜입니다

성령의 세례를 받으면 성령께서 택자의 내면에 좌정하시고 그 시간 이후로 거처를 영원히 떠나지 않으십니다. 그는 그의 안에 계신 성령으로 말미암아 하나님의 도우심과 보호하심을 입어서 끝까지 믿음과 주님을 향한 정절을 지키게 됩니다.

예수님은 이렇게 말씀을 하셨습니다. "그러므로 너희는 가서 모든 민족을 제자로 삼아 아버지와 아들과 성령의 이름으로 세례를 베풀고 (20) 내가 너희에게 분부한 모든 것을 가르쳐 지키게 하라 볼지어다 내가 세상 끝날까지 너희와 항상 함께 있으리라 하시니라"(마 28:19-20).

예수님은 다시 당부하셨습니다. "사도와 함께 모이사 그들에게 분부하여 이르시되 예루살렘을 떠나지 말고 내게서 들은 바 아버지께서 약속하신 것을 기다리라 (5) 요한은 물로 세례를 베풀었으나 너희는 몇 날이 못되어 성령으로 세례를 받으리라 하셨느니라."(행 1:4-5). 이 말씀을 듣고 순종한 성도들이 성령세례를 받습니다. "홀연히 하늘로부터 급하고 강한 바람 같은 소리가 있어 그들이 앉은 온 집에 가득하며 (3) 마치 불의 혀처럼 갈라지는 것들이 그들에게 보여 각 사람 위에 하나씩 임하여 있더니 (4) 그들이 다 성령의 충만함을 받고 성령이 말하게 하심을 따라 다른 언어들로 말하기를 시작하니라."(행 2:2-4). 예루살렘을 떠나지 않고 일심으로 순종하며 기도하는 사람들에게

예수님께서 약속하신 대로 성령의 세례가 임합니다. 순종하는 사람만 성령세례를 받았습니다. 우리가 성령의 세례를 사모할 때에 이와 같이 풍성하고도 흡족히 부어주시는 은혜를 구해야 할 것입니다. 하지만 성령세례로 만족하지 말고 자신 안에 주인으로 계시는 예수님으로부터 성령의 불세례를 받아야 합니다.

3. 성령의 불세례. 성령의 불세례란 자신의 지성소에 주인으로 계시는 예수님으로부터 성령의 불이 끊임없이 타오르는 것을 말합니다. 예수님을 믿는 사람이라면 누구나 한번쯤은 '성령의 불'에 대한 관심을 가져 봤을 것입니다. '성령의 불'에 대해서 한 번도 들은 적도 없고 관심도 갖지 않은 분이라면 이런 책에 관심도 없으실 것입니다. 하나님을 믿는 사람들에게 있어서 성령의 불을 받는다는 것은 신비적인 체험과도 같습니다. 성령의 불세례를 받는다는 것을 다른 말로 표현하면 '성령충만'입니다. 그것은 또한 '성령의 기름부으심'으로 표현되기도 합니다.

요즘에 성령충만이란 말이 하도 많이 남용되어서 "성령충만합시다"라고 말하면 그저 성령에 대하여 알고 성령과 더불어 살아가는 정도로 생각합니다. 하지만 성령을 충만이 받게 되면 성령님이 자신의 주인이 되시며 성령님께서 소유하고 있는 권능을 사용할 수 있게 됩니다. 이것은 사도행전 1장 8절의 말씀이기도 합니다. "오직 성령이 너희에게 임하시면 너희가 권능을 받고 예루살렘과 온 유대와 사마리아와 땅끝까지 이르러 내 증인이 되리라 하시니라"(행 1:8)

한 가지 짚고 넘어가야 할 것은, 윗 구절에서 언급된 성령은 성령세례가 아니라 성령의 기름부으심을 말합니다. 그것은 곧 자신 안에 계신 예수님이 주시는 성령의 불세례를 말합니다. 자신 안에 주인이신 예수님으로부터 성령의 불세례, 성령의 기름부으심을 받을 때 하늘의 권능을 받게 됩니다.

물론 성령세례를 받을 때에도 역사가 일어납니다. 하지만 성령의 불세례와 성령의 기름부으심에는 더 큰 권능이 있습니다. 예수님께서 제자들에게 이 구절을 말씀하셨을 때는 단순한 성령세례가 아니라 성령 충만(성령의 불세례)이었음을 알아야 합니다. 세례요한은 우리로 하여금 성령세례와 성령의 불세례에 대한 보다 명확한 이해를 돕기 위해 다음과 같은 말을 남겼습니다. "나는 너희로 회개케 하기 위하여 물로 세례를 주거니와 내 뒤에 오시는 이는 나보다 능력이 많으시니 나는 그의 신을 들기도 감당치 못하겠노라 그는 성령과 불로 너희에게 세례를 주실 것이요"(마 3:11)

이 구절에 대해서 성경학자들마다 다른 의견을 가지고 있습니다. 하지만 저는 이 구절의 의미를 확실하게 알고 있습니다. 세례요한은 물세례를 베풀었습니다. 고로 물세례는 위임된 사람이 베푸는 것입니다. 하지만 영이신 예수님께서는 성령과 불로 세례를 주십니다. 이미 우리는 성령세례가 무엇인지 알고 있습니다. 이제 남은 것은 성령의 불세례입니다. 이것은 성령의 기름부으심을 말하며 또한 성령의 불세례를 가리키는 것이기도 합니다.

세례요한은 성령과 불에 대한 충분한 이해가 있었던 사람이 었습니다. 그는 예수님께서 우리를 성령과 불로 세례를 줄 것임을 알았습니다. 성령세례가 물세례보다 더 중요하듯이 불세례는 성령세례보다 더 중요합니다. 성령세례와 불세례는 많은 차이가 있습니다. 물세례와 성령세례가 다르듯이 성령세례와 성령의 불세례는 다른 것입니다. 같은 것이 아니라는 말씀입니다. 성령세례도 중요하지만 성령의 불세례는 더 중요한 것입니다. 성령세례만으로도 하나님의 은혜가 있고 삶의 변화가 있고 영적 능력이 있는 것은 사실입니다. 하지만 성령의 불세례에는 더 큰 은혜와 영광과 능력이 있습니다. 불치병을 치유받으려면 자신 안에 주인이신 예수님께 성령의 불세례를 받아야 합니다.

이러한 성령의 불세례는 성령의 불로 표현할 수 있습니다. 성령의 불세례는 성령세례와는 다른 것입니다. 물세례를 이해한다면 성령세례 또한 이해할 것입니다. 물세례는 사람에게 물로 받는 세례이고 성령세례는 예수님으로부터 성령으로 받는 세례입니다. 물세례가 육체적인 것이라면 성령세례는 영적인 것입니다. 하지만 성령의 불세례는 물세례도 아니고 성령세례도 아닙니다. 오히려 그 이상의 것입니다. 성령의 불세례를 받아야 합니다. 그래야 불치병이 치유가 되는 것입니다.

성막의 구조상으로 볼 때 번제단은 성막의 뜰에 놓여져 있습니다. 성막의 뜰은 예배를 준비하는 곳이지 예배를 드리는 곳이 아닙니다. 성막의 뜰은 참경배자가 되기 위한 준비 장소이기 때문입니다. 성령세례는 성막의 뜰을 지나 성소에서 행해지는 것입니다. 그러나 성령의 불세례는 성령님의 인도로 성소를 지나 지성소에 계시는 예수님으로부터 행해지는 것입니다. 지성소에 계시는 예수님으로부터 끊임없이 불이 흘러나오는 것입니다.

물세례와 성령세례 없이 갑자기 성령의 불세례를 받을 수는 없습니다. 장성한 자가 되기 위해선 반드시 어린아이의 시절을 거쳐야 하듯이 성령의 불세례를 받기 위해선 물세례와 성령세례가 먼저 행해져야 합니다. 성령세례를 받은 후에 자신 안에 계신 예수님으로부터 성령의 불세례가 나오는 것입니다.

성령세례가 성소에서 얻어지는 것이라면 성령의 불세례는 마음 안 지성소에서 얻어지는 것입니다. 자신의 마음 안 지성소에 주인으로 계시는 예수님이 주시는 것입니다. 물세례가 물로 행해지는 것이고 성령세례가 성령으로 행해지는 것이라면 성령의 불세례는 성령의 기름부음으로 행해집니다.

성령세례에도 강력한 능력이 나타납니다. 성령세례를 통해 어떤 이는 방언을 하며 또 어떤 이는 예언도 합니다. 그러나 성령의 불세례와 성령 충만으로 연결되지 아니하면 슬슬 약해지다가 잠잠해집니다. 하지만 성령의 불세례를 받은 사람에겐 그 이상의 신령하고 초자연적인 역사가 지속적으로 일어납니다. 어떤 사람은 병을 치유하는 능력을 드러냅니다. 또 다른 사람은 하나님의 음성을 직접 듣기도 합니다. 신유의 은사에도 여러 가지입니다. 어떤 사람은 다리의 길이가 다른 것을 똑 같은 길이로 길어지게 하는 치유 은사만을 가지고 있는가 하면 또 다른 사람은 소경의 눈을 뜨게 해 주는 치유역사를 가지고 있습니다.

성령의 불세례에는 초자연적인 큰 능력이 있습니다. 그래서 사도 바울은 자신의 복음 전함의 근원이 능력과 성령과 큰 확신으로 되었다고 고백을 했던 것입니다. "이는 우리 복음이 말로만 너희에게 이른 것이 아니라 오직 능력과 성령과 큰 확신으로 된 것이니 우리가 너희 가운데서 너희를 위하여 어떠한 사람이 된 것은 너희 아는 바와 같으니라"(살전 1:5). 믿으십시오. 성령의 불세례에는 엄청난 권능과 능력이 있습니다. 그리고 그 성령은 성령세례와 함께 성령의 불세례와 성령 충만 함이 있음도 믿으시기 바랍니다.

4. 성령 충만이란? '성령 충만'은 성령의 세례를 이미 받은 성도가 그의 남은 일생동안 계속적으로 사모하면서 받아야 할 은혜입니다. 성령님이 차고 넘쳐서 성령님의 지배 속에서 살아가는 것을 성령충만이라고 말합니다. 그래서 하나님은 "하나님의 성령을 근심하게 하지 말라 그 안에서 너희가 구원의 날까지 인치심을 받았느니라."(엡 4:30) 강조하시는 것입니다. 그러나 '성령 세례'는 택한자가 거듭날 때 최초로 한 번 받는 것입니다. 성령세례를 한번 받았다고 성령 충만한 것이 아니라는 것입니다. 사도행전 2장을 보면 예수님 부활 후 첫 오순절에 제자들이 최초로 성령의 세례를 받는 장면이 나옵니다. 그 이후에 수많은 반대와 핍박에도 불구하고 담대히 복음을 전하고 기도하다가 성령의 충만을 받는 장면을 발견할 수 있습니다(행 4:23~31). 사도행전을 보면 제자들이 주로 기도와 찬송 중에 성령의 충만

을 받는 모습을 발견할 수 있습니다(행 4:23~31)

성령세례를 받는 일이 없었는데도 불구하고 감히 성령 충만하다고 함부로 말하는 사람들을 (타 교회에서) 종종 볼 수 있었습니다. 이것보고 관념적인 신앙생활을 하는 것이라고 할 수가 있습니다. 알기만 하는데 실제 온몸으로 체험이 없다는 것입니다. 단순히 기분이 좋다는 표현을 성령 충만하다는 식으로 농담으로 표현하는 사람도 있었습니다. 성령님은 삼위일체의 제3위가 되시는 하나님이십니다. 하나님의 거룩하신 이름이 들어가는 단어를 진지하고 신중하게 사용해야 합니다.

성령 충만하다는 것은 '그리스도의 영으로 충만해진 상태' '예수그리스도의 영이 차고 넘치는 상태'를 말하는 것입니다. 그리스도의 거룩하심과 뜨거운 사랑으로 충만해지는 것입니다. 주님의 거룩하신 성품과 사랑과 말씀과 지혜와 능력으로 충만해지는 것을 말합니다. 성령 충만한 사람은 이기적 욕심이 완전히 죽고 성령님께서 인도하시는 이타적 삶으로 인도함을 받게 되어있습니다. 세상이 줄 수도 없고 알 수도 없는 평안과 기쁨이 충만합니다. 세상의 염려와 걱정을 하나님께 내어 맡기고 담대히 자신이 짊어져야 할 '십자가의 사명(하나님께서 주신 이타적 사명)'을 지고 즐거이 주님을 따르는 삶을 살게 됩니다. 성도라고 한다면 예수님으로부터 성령의 불세례를 받아 성령이 차고 넘치는 충만함으로 성령의 기름부으심으로 살아야 합니다.

결론입니다. 지금은 은혜의 때입니다. 믿음을 가지고 하나님께서 우리를 위하여 예비해두신 최대의 선물을 구하면 몇 날이 못 되어 반드시 성령의 세례를 받게 될 것입니다. "요한은 물로 세례를 베풀었으나 너희는 '몇 날이 못 되어' 성령으로 세례를 받으리라 하셨느니라."(행1:5).

중요한 것은 "우리가 얼마나 성령의 불세례 받기를 사모하느냐"에 달려 있습니다. 하나님은 원하고 사모하는 성도에게 성령을 풍성하게 채워주십니다. 구하고 간절히 찾고 두드리는 자에게 주십니다. 잠언에는 지혜를 사모하라는 교훈의 말씀이 많이 나옵니다. 지혜를 의인화 시켜서 '나'라고 표현합니다. 그리고 다음과 같이 외치십니다.

"'나'를 사랑하는 자들이 나의 사랑을 입으며 나를 간절히 찾는 자가 나를 만날 것이니라."(잠8:17). 성도에게 있어서 참된 지혜는 어디에 있습니까? "너희는 하나님께로부터 나서 그리스도 예수 안에 있고, 예수는 하나님께로서 나와서 우리에게 '지혜'와 의로움과 거룩함과 구속함이 되셨으니 기록된바 '자랑하는 자는 주 안에서 자랑하라'함과 같게 하려 함이니라."(고전 1:30-31). 예수 그리스도는 우리의 참된 지혜가 되십니다. 고로 우리의 참된 지혜가 되시는 주님을 간절히 찾는 자만이 주님을 만날 수 있게 될 것입니다. 성령의 세례로 만족하시지 말고 예수님으로부터 성령의 불세례를 받으시기를 바랍니다. 그래야 초자연적이고 권능 있는 성도가 되는 것입니다. 성령의 불세례 =성령충만=성령의 기름부음은 같은 것입니다. 성령으로 충만해야 불치병을 치유 받고 행복하게 살아갈 수가 있습니다.

23장 기도를 바꾸고 온몸으로 기도해야 건강

(엡6:18)"모든 기도와 간구를 하되 항상 성령 안에서 기도하고 이를 위하여 깨어 구하기를 항상 힘쓰며 여러 성도를 위하여 구하라"

마음으로 예수님을 찾는 온몸 기도는 우리의 영 안에 계신 성령으로 충만하게 하는 기도 방법입니다. 기도는 자신 안에 계신 하나님께 기도하여 자신이 하나님의 입장이 되어 하나님의 길을 제대로 따라가고 있는지, 바르게 가고 있는지, 돌아가고 있는지를 보는 것입니다. 그리고 자신 앞에 있는 문제를 하나님께 기도하여 하나님의 해결 방법을 알아내는 것입니다. 그리고 알려주신 해결방법대로 순종하기 위해서 기도하는 것입니다.

기도는 하나님께 무엇을 얻어내려고 하는 것이 절대로 아닙니다. 자신의 상처를 치유하고, 성령으로 충만하며, 하나님과 대화하기 위하여 기도하는 것입니다. 지친 영혼의 쉼을 얻기 위하여 기도하는 것입니다. 기도는 육체의 질병을 치유하는 시간입니다. 기도는 영-혼-육이 쉼을 얻는 시간이라고 생각하며 성령으로 해야 합니다. 이 중요한 기도가 잘못되면 먼저 영혼이 만족을 누리지 못하는 것입니다.

온몸으로 기도하니 성령으로 충만하니 하늘나라가 되어 상처가 치유되고 스트레스가 정화되고 면역력이 강화되니 고질적인 영적-정신적-육체적인 질병이 치유되는 것입니다. 마음으로 예수님을 찾는 온몸 기도는 다른 기도를 대치하려는 것이 아니라, 단순히 다른 기도들에게 새롭고도 충만한 시간을 갖도록 해 줍니다. 기도 중에는 하나님께서 내 안에 현존하시고 활동하심에 동의해야합니다. 기도를 마치고 세상에서 살아갈 때도 언제나 마음으로 예수님을 찾는 것입니다. 우리가 세상을 살아가는 시간에는 우리의 주의가 밖으로 옮겨가서 어디에나 임재 하여 계시는 하나님의 현존을 발견하게 됩니다.

예수님께서는 온몸으로 기도하기를 소원하십니다. 온몸 기도는 성령의 지배와 인도를 받으면서 몸과 마음과 정신과 영을 자신 안에 주인으로 계시는 예수님께 집중 몰입하여 기도하는 것을 말합니다. 더 쉽게 설명하면 부부가 침실에서 부부관계 할 때를 생각하면 쉽게 이해가 될 것입니다. 부부가 침실에서 부부관계하는 것에 만 집중하고 몰입하니 쾌감을 느끼고 환희를 느끼다가 크라이막스에 도달할 수 있는 것입니다. 그런데 부부관계를 하면서 다른 생각을 한다든지, 다른 이성을 생각한다든지, 잡념에 빠진 다든지 하면서 마음과 정신을 빼앗겨서 집중을 못하면 부부관계가 원만하지 못하게 될 것입니다.

온몸 기도도 마찬가지입니다. 기도 중에 잡념에 사로잡히고 다른 생각을 하면서 기도한다면 온전하게 예수님께 집중하지 못하고 예수님의 은혜를 받을 수가 없을 것입니다. 온몸으로 기도하면 자신이 전인격이 하나님의 나라가 됨으로 상처가 치유되고 스트레스가 정화되면서 면역력이 강화되어 불치병이 치유되는 것입니다. 그러나 온몸기도는 잠간잠간 기도해서 숙달할 수가 없습니다. 이 장에서 제시되는 기법들을 숙지하시고 의지를 가지고 숙달 될 때까지 해야 합니다.

필자가 어느 날 새벽에 기도하니까, 성령하나님께서 이렇게 감동하시는 것입니다. "왜 무당들이 유명한 산에 올라가 장구 치고 북치고 하면서 기도하는지 알고 있느냐" 잠시 생각을 해보니까, 유명한 산에 역사하는 산신령을 접신 받으려고 유명한 산을 찾아 기도한다는 생각이 떠올랐습니다. 그래서 "산에 역사하는 산귀신을 접신 받으려고 산에 가서 기도하는 것입니다." 했더니 성령께서 "그렇다. 산에 역사하는 산신령을 접신 받으려고 산에 가서 기도하는 것이다." 말씀하시는 것입니다.

그러면서 목회자들이나 성도들에게 알려주어 기도 장소의 계념을 바르게 알고 기도하도록 하라고 말씀하셨습니다. "크리스천의 기도는 하나님이 주인으로 계시는 자신 안에 집중하여 기도하게 하라는 것입니다." 기도는 자신 안에 계신 하나님께 집중하여 온몸으로 기도하는 것입니다. 우리 성도들의 의식이 기도하려면 "기도원가야 한다. 산에 가야한다. 교회에 가야한다."로 고정되어 있기 때문에 자신 안에 관심을 두지 않습니다. 자신의 마음 안에 관심을 두지 않기 때문에 예수를 믿으면서도 변화되지 못하는 것입니다. 그렇다고 교회나 기도원에 가서 기도하지 말라는 말로 이해하면 안 됩니다. 교회에 가서 기도에 대하여 바르게 배우고 바르게 해야 합니다. 교회에 가서 성령으로 세례도 받아야 합니다. 필자는 자신 안에 계신 하나님께 관심을 가지고 온몸으로 기도하라는 것입니다.

우리가 온몸기도의 단계에 들어가기 전에 통과해야 할 관문이 있습니다. 이는 부르짖는 기도의 단계입니다. 부르짖는 기도를 하지 못하는 성도가 온몸기도를 하면 영이 막힐 수가 있습니다. 반드시 부르짖는 기도를 하여 막힌 영의통로를 연 다음에 온몸기도의 단계에 들어가야 한다는 것을 강조하고 싶습니다. 부르짖는 기도를 너무나 어렵게 생각할 필요는 없습니다. 호흡을 코로 배꼽아래까지 들이쉬고 내쉬면서 주여! 주여! 하면서 연속적으로 하면 영의 통로가 열리게 됩니다. 호흡을 코로 배꼽아래까지 들이쉬고 내쉬면서 주여! 주여! 주여! 를 연속적으로 하면 성령의 역사로 영의통로가 열리게 되는 것입니다.

온몸으로 하는 기도는 "쏘다, 던지다, 또는 숨쉬다, 호흡하다."에서 나온 말로 하루에 몇 번이라도 화살을 쏘듯이 하나님께 바쳐 올리는 짧은 기도, 한 번 숨쉬고, 두 번 숨 쉬는 가운데 호흡처럼 함께 계속적으로 자연스럽게 반복하여 온몸으로 자신 안에 하나님께 기도하는 것입니다. 온몸기도에 이르는 방법은 이렇습니다. 깊어져 가는 순서에 따라 3단계로 구분합니다.

온몸으로 하는 기도의 첫 단계는 소리를 내며 기도하는 육의 기도입니다. 두 번째 단계는 마음으로 하는 마음의 기도 단계입니다. 세 번째 단계는 온몸기도의 마지막 단계로서 두 번째 단계 마음의 기도를 계속하여 마음의 기도에 몰입할 때 자신도 모르는 순간에 자신의 전인격이 성령의 지배가운데 들어가서 온몸으로 기도하는 기도입니다. 온몸기도는 자신의 영-혼-육체의 전인격이 성령의 지배가운데 성령의 이끌림을 받으면서 기도하는 것입니다.

1.온몸으로 하는 기도 1단계

자신 안에서 성령의 불이 나오고 성령의 권능이 강하고 면역력이 강해져서 불치병이 치유되는 온몸기도의 1단계는 소리내어 하는 기도입니다. 온몸기도의 첫 단계는 소리를 내어 또박또박 천천히 기도하는 것입니다. 이때 급하게 하지 말고 정신을 집중하여 기도 문장의 의미를 깊이 의식하면서 반복해야 합니다. 이 단계는 [영] [혼] [육]중에서 "육으로 기도하는 단계"입니다. [영] [혼] [육]이란, 사람을 삼등분(삼분)하여 표현한 말입니다. "평강의 하나님이 친히 너희를 온전히 거룩하게 하시고 또 **너희의 온 영과 혼과 몸이** 우리 주 예수 그리스도께서 강림하실 때에 흠 없게 보전되기를 원하노라."(살전 5:23)

이는 앞으로 온몸기도를 배우는데 핵심적이고 가장 중요한 요소이며 구별하고 알기가 무척 어려운 부분입니다. 필자가 기도문을 온몸기도를 숙달하기 위하여 훈련할 때 현실 수행에 맞게 효과적으로 만들어 사용한 기도문입니다. "하나님 사랑합니다.""하나님 도와주세요.""하나님 용서해 주세요.""하나님 감사합니다." 이 4단어 만 숙달하시면 됩니다. 기도문이 간단해야 온몸기도에 도달할 수가 있습니다.

여러 문장을 가지고 기도해 보았으나, 너무 길어서 효율이 떨어지고 나중에 자동으로 반복할 시에도 장애가 됩니다. 한번 자신이 정한 문장을 자주 바꾸면 반복하는데 어려움과 습관화시키는데 오랜 시간이 걸리므로 한번 정할 때에 간단명료하게 정하고 자주 바꾸지 말아야 합니다. 나중에 이 "한번 기도하는 데 걸리는 시간"이 "걸을 때에 오른발과 왼발을 한번 내딛는 데 걸리는 시간"과 또는 "호흡 시 들이쉬고 내쉬는 시간"과 잘 맞아야 합니다. 그래서 필자가 바로 전에 말씀드린 간단한 기도문이 적절하다고 생각합니다. 자기 나름대로 기도문을 만들어 사용해도 됩니다. 자주 바꾸지는 마세요. 나중에 힘들어집니다. 이 소리내어 하는 음성기도는 무의식에 심기어 자동으로 반복되어지는 것을 경험할 때까지는 계속되어야 합니다. 나중에 2, 3단계 기도에 어려움이 생길 때에는 다시 1단계의 음성기도로 돌아와서 집중력을 길러 다시 올라가야 합니다.

2.온몸으로 하는 기도 2단계

자신 안에서 성령의 불이 나오고 성령의 권능이 강하고 면역력이 강해져서 불치병이 치유되는 온몸기도 2단계는 마음의 기도입니다. 온몸기도 2단계 기도를 숙달 할 때 "호흡법"을 기도와 연결하면 쉽게 습관화시킬 수 있습니다. 즉 숨을 들이쉬고 내쉬는 동작을 한 사이클로 해서 반복합니다. 조용하고 편안한 곳, 기도에 방해받지 않고 집중하여 기도할 수 있는 자세를 취하시기를 바랍니다. 의자 등거리에 등과 엉덩이를 밀착하여 앉거나, 무릎을 꿇고 하는 것도 좋습니다. 본인이 하기 좋고, 편안하고, 자기를 낮추어 겸손하게 만드는 자세를 취하는 것이 좋습니다. 예를 들면, 숨을 코로 아랫배까지 들이쉬면서,

"하나님!" 하고, 숨을 천천히 내쉬면서 "사랑합니다." 하세요. 숨을 내쉴 때에 더 천천히 하여, "사랑합니다." 라고, 말한 뒤에도 계속 기도 내용에 집중하여 머물러 있으면 좋습니다. 또 다른 방법은 숨을 들이쉬면서, "하나님 도와주세요." 하고, 숨을 천천히 내쉬면서 "하나님 용서해 주세요." 이렇게 하는 것은 특별한 왕도가 없고 본인이 편안하고 오래 집중적으로 할 수 있으면 됩니다. 절대로 남이 그렇게 했다고 따라서 할 필요는 없다는 것입니다.

2단계는 목소리를 죽이고 우리 머리의 생각을 죽이고 마음에 고도로 집중하여 기도합니다. 즉 우리의 '마음'을 이용하여 하는 기도입니다. 1단계 음성기도가 깊어지면 2단계 마음의 기도는 자연스럽게 반복됩니다. 오랜 시간 기도할 때 소리 내어 기도하는 발성기도로 오래하면 피곤하고 힘들어 지치므로 1시간은 발성기도, 1시간은 마음의 기도를 하면 서로 조화를 이루는 기도가 됩니다. 마음을 열고 마음으로 기도할 때 성령님이 감동하시어 충만하게 하시기 때문입니다.

이 마음의 기도가 안 되고 정신이 산란해지면 발성기도로 다시 돌아가야 합니다. 잘못하면 잡념에 사로잡히고 기도문이 막히는 경우도 생깁니다. 잡념을 해결하는 방법은 소리를 내어 발성 기도를 하든지, 계속적으로 예수님을 찾든지, 또는 찬양을 계속해서 부르든지, 성경을 읽고 잡념을 몰아내든지, 지옥이나 예수님의 십자가 죽음을 묵상하든지 등등으로 해결책을 찾아야 합니다. 필자는 계속해서 예수님을 찾아서 성령충만하게 하여 잡념이 떠나가게 합니다. 잡념의 원인은 내 안의 죄악과 세상에 대한 정욕들 상처 스트레스 때문입니다. 회개하고 용서하고 겸손해지면 잡념은 물러갑니다. 그렇지 않으면 예수 이름으로 대적하는 방법도 있습니다. "예수 이름으로 명하노니 잡념은 물러갈지어다." "자꾸 잡념에 빠지게 하는 악한 영은 예수 이름으로 명하노니 떠나갈지어다." 그러나 이 방법은 사용하지 않는 것이 좋습니다. 일시적으로 잠잠해지기 때문입니다. 기도를 방해하던 악령들이 순간 숨기 때문에 영원하지 못합니다. 세상에서 말하는 사이다와 같은 상태가 됩니다.

3. 온몸으로 하는 기도 3단계

자신 안에서 성령의 불이 나오고 성령의 권능이 강하고 면역력이 강해져서 불치병이 치유되는 온몸기도 3단계는 가장 어려운 단계로 온몸이 성령으로 지배되어 성령으로 하는 기도입니다. 온몸으로 기도하는 단계입니다. "정신의 핵심" 영이 거처하는 마음 안에 내려가 영과 하나가 되는 성령의 기도입니다. 즉 혼의 가장 깨끗한 핵심 부분인 "누스"(마음-정신-지성)가 영과 결합하여 성령으로 드리는 온몸기도입니다. 이 기도는 1,2단계 기도가 충분히 발전되어 자동으로 온몸 기도가 24시간 쉼 없이 이루어질 때에 일어납니다. 쉬지 않고 하나님을 찾으며 기도하는 단계입니다. 항상 성령의 지배와 임재 가운데 있는 상태입니다. 즉 회개와 겸손과 희생으로 영-혼-육이 충분히 정화되고 성령의 조명을 받을 때에 일어납니다. 이때에 하나님을 대면하며 그의 현존과 임재를 느끼며, 우리의 전인(영-혼-육)이 치유되고 통합되는 신비한 체험을 합니다. 쎄오리아(Theoria), 즉 하나님을 "바라봄"(Contemplation: 봄, 임재하심을 느낌, 현존을 체험)이라는 최고의 단계에 이릅니다. 이것은 어떤 부정적 의미의 신비주의나 엑스타시가 아니라, 내 전인이 변화를 받아 지혜와 사랑을 얻기 위한 성령하나님의 은총을 온몸으로 체험합니다. 이 바라봄의 결과로 하나님이 주신 성령의 불과 권능이 흘러나오며, 마음의 스트레스가 치유되며, 면역력이 강화되며, 불치병이 치유되며, 하나님이 주시는 참 지혜가 생기며, 세상을 향해 베풀 수 있는 사랑을 하나님으로부터 받게 됩니다. 저는 이 기도를 통하여 저의 영육의 치유와 깊은 영성을 유지하며 사역을 하고 있습니다. 이 온몸기도 3단계에 의식적으로 들어가야 하겠다고 생각하면 절대 들어갈 수 없습니다. 2단계 마음의 기도를 집중적으로 몰입해서 계속하다가 보면 어느 순간에 온몸기도에 들어갑니다. 온몸기도의 최고의 경지로서 여러 가지 영적 변화를 느낄 수 있습니다. 이 단계에 들어가려면 많은 훈련과 의지와 노력이 필요합니다.

4.온몸으로 하는 기도를 숙달하는 여러 방법

1) 심장기도: 심장박동에 맞추어 온몸기도를 하는 것입니다. '예수여 나를 도우소서'라는 한 문장의 기도문을 심장 박동에 맞춤으로 기도에 다른 생각이 들어가지 못하게 하는 것입니다. 심장박동에 맞춤으로 생각과 마음을 분리시키는 것입니다. 그

리고 이 간단한 문장에 트럭에 짐을 실어 보내 듯 문제를 실어서 자신 안의 예수님에게 보내시기 바랍니다.

① 자신의 심장박동에 정신을 집중하세요.

② 손을 심장부분에 대어서 박동을 감지하세요.

③ 심장의 박동에 한 단어 또는 절반을 실어서 마음으로 기도문을 외우세요.

④ 기도문을 박동에 실어서 규칙적으로 기도하세요. 짧게 또는 길게 하여도 무방합니다.

2) 시계 초침 소리에 맞춰서: 코로 숨을 아랫배까지 들이쉬고 내쉬면서 예수님…. 사랑합니다…. 반복하며 기도. 먼저 십자가에 달리신 주님과 부활하신 주님을 생각하세요. 영광중에 다시 오실 예수님을 상상하세요. 모든 권세를 예수님은 지니고 계십니다. 그 분을 내 마음에 담고 내 마음에 충만히 거하시게 하며 예수님의 사랑을 마음에 가득히 소유하세요.

3) 숨을 쉬면서 기도: 코로 호흡을 아랫배까지 들이쉬고 내쉬는 것입니다. 기도문을 호흡을 할 때, 숨을 가만히 들어 마시면서 예수님을…. 길게 부릅니다. 그리고 약 3-4초 호흡을 멈춘 후 호흡을 내 쉬면서 사랑합니다…. 계속 반복하면 마음이 안정되며, 정신이 맑아지며, 마음이 평안해지며, 자신의 영-혼-육체의 온몸 곳곳에서 주님의 임재 터치가 시작됩니다.

4) 걸으면서 기도: 한 발자국씩 걸을 때 '예수님' 다음 발자국에 '사랑합니다.' 이렇게 계속 걸어가면서 기도합니다.

5) 맥박 기도: 한 손을 가슴에 대거나 맥박을 느낄 수 있는

손목에 대거나 해서 한번 맥박이 뛸 때 예수님…. 다음번에 사랑합니다…. 를 반복하세요.

6) 잠자기 전에 잠자면서 기도: 음악을 잔잔하게 틀어 놓는 것이 좋습니다. 순수한 악기로만 연주된 찬양반주기나 악기로 연주되는 CD가 좋습니다. 가슴에 손을 얹고 예수님 사랑합니다. 를 반복하세요. 그리고 잠을 자는 것입니다.

7) 전철에서 기도: 전철을 타면 기차 레일에서 반복적으로 나는 소리에 한 번에 '예수님' '사랑합니다.'를 반복하세요.

8) 일을 하면서 하는 기도: 마음으로. 예수님 사랑합니다. 예수님 도와주세요. 우리의 모든 공간(생각, 마음, 영혼)을 거룩한 이름으로 가득히 채워야 합니다. 우리 안에 이름이 채워져 있으면 있을수록 혼돈, 부질서, 음란, 욕심, 불안함, 두려움, 좌절감과 같은 부정적이며 나에게 피해를 주는 나쁜 감정, 생각들이 나에게 영향을 주지 못하게 되고 주님이 주시는 평안과 위로와 소망이 늘 나의 마음과 생각을 주장하게 됩니다. 처음에는 온몸으로 하는 기도가 무료하게 느껴질 수 있습니다.

그러나 인내하며 계속하면 자신의 메마른 심령에서 맑은 물이 어디선가 흘러 들어오는 것을 느낄 수 있습니다. 내 영혼 온몸 깊은 곳에서 마치 새벽이 오는 것처럼 마음이 밝아오는 것을 내면에서 느껴집니다. 온몸 기도를 반복하여 자신의 영혼에 불을 피어나게 해야 합니다. 온몸으로 기도하여 치유를 받을 수 있다는 것은 자신 안에 주인이신 하나님과 관계가 열린 것입니다. 온몸 기도하며 마음의 상처와 스트레스를 정화하여 전인격이 하나님의 나라가 되어 면역력이 강하다는 표징입니다.

5. 온몸 기도의 실천. 성령님을 먼저 요청하세요. 손을 가슴에 얹고. 편안한 자세, 간편한 옷을 입고, 배가 고프지도 않고, 너무 부르지도 않은 상태에서, 조용한 시간으로 잠자기 직전, 직후의 1-2시간을 택해서 하면 좋습니다. 부부가 같이 하면서 서로 기도해 주면 더욱 좋습니다. 조용한 장소로서 소파 같은 곳, 약간 딱딱한 곳이 좋습니다. 찬양 음악이 있으면 좋습니다. 순수한 악기로만 연주된 찬양이 좋습니다.

시작 전에 조용한 찬양을 하거나 들으세요. 그러면서 자신 안의 성령님에게 집중하세요. 자신 안에 계신 성령님을 자꾸 찾으세요. 단조롭게 성령님을 부르세요. 도움을 요청하세요. 감사와 사랑을 고백하세요. 성령님의 사랑을 느끼세요. 그러면서 가만히 있으세요. 마음속에 성령님을 느끼세요. 호흡이 약간 빨라집니다. 긴장이 풀리면서 눈까풀이 떨거나 표정이 평안하게 됩니다. 불이 심령에서 올라오고, 약간 몽롱한 상태, 그러나 마음이 부풀어 오르는 것 같은 상태를 느낄 수 있게 됩니다.

포근함, 안락함, 짐을 내려놓은 느낌을 가지게 됩니다. 그러면서 계속 성령님을 찾으세요. '성령님, 저의 전인격을 사로잡으소서'하고 자꾸 성령님을 부르세요. 그러면서 시간의 개념으로부터 분리 되려고 해야 합니다. 외부적인 감각이 꺼지면서 내면의 활동이 강하게 됩니다. 그 자체가 이미 기쁨이 넘치며 많은 은혜가 임하게 됩니다. 온몸기도는 우리에게 신비한 체험을 하게 합니다. 온몸기도를 하여 마음의 상처를 치유하고 마음이 정화하여 면역력이 강화되었다고 간증하시기를 바랍니다.

6.마음으로 예수님을 찾는 온몸 기도간 체험사례. 2001년도 어느 날이었습니다. 제가 이렇게 능력도 나타나고 열심히 해도 교회가 성장하지 않아 하루는 전도하고 돌아와 하나님에게 저 목사 못하겠다고 하소연을 하며 마음으로 예수님을 찾으며 온몸 기도를 했습니다. 어느 정도 기도가 깊어진 다음에 하나님 저를 아마도 잘못 부르신 것 같습니다. 그리고 기도할 때 환상 중에 만나게 한 십자가에 달린 주님도 거짓이구요. 저 지금도 건강하고 힘이 있습니다. 세상으로 내 보내 주셔서 세상일을 하면서 장로되어 하나님을 주인으로 섬기게 하여 주세요. 이거 가장 체면이 무엇입니까? 전도를 아무리 해도 온다고 하기만 하고 한명도 오지 않으니 이제 내 말은 다 거짓으로 판명이 나고 있습니다. 저를 도와주세요. 어떻게 합니까? 계속 그렇게 예수님을 찾으며 하소연을 하다가 온몸이 깊은 경지에 들어갔습니다. 그때 저는 한창 내적치유를 받으면서 마음으로 예수님을 찾으며 온몸 기도에 이를 줄을 알았습니다. 한참 하소연을 하는데 갑자기 제 속에서 찬양이 올라오는 것입니다.

1절. 죄짐 맡은 우리 구주 어찌 좋은 친군지 걱정 근심 무거운 짐 우리 주께 맡기세 주께 고함 없는 고로 복을 얻지 못하네 사람들이 어찌하여 아뢸 줄을 모를까

2절. 시험 걱정 모든 괴롬 없는 사람 누군가 부질없이 낙심

말고 기도 드려 아뢰세 이런 진실하신 친구 찾아볼 수 있을까 우리 약함 아시오니 어찌 아니 아뢸까

3절. 근심 걱정 무거운 짐 아니 진 자 누군가 피난처는 우리 예수 주께 기도드리세 세상 친구 멸시하고 너를 조롱하여도 예수 품에 안기어서 참된 위로 받겠네. 아멘.

아멘까지 불러주셨습니다. 그 찬양을 들으니까 가슴이 시원하고 정말 날아갈 것 같았습니다. 그래서 이것이 찬송인가 복음송인가하여 찾아서 자랑을 하려고 우선 찬송가부터 들고 찾았습니다. 1장부터 한 구절 한 구절 읽으면서 찾아갔습니다. 그러다 마침내 찾아냈습니다. 찬송가 구487(신369)장 "죄 짐 맡은 우리 구주"였습니다. 찬송을 읽어보고 부르고 읽어보고 부르니까, 결론이 내가 전부 다 하려니까 힘이 드는 것이었습니다.

그래서 이제 주님에게 맡기고(예수님께서 하라는 대로 순종하고) 열심히 전도하고 치유 받고 능력이 나타나게 하자. 하나님이 나와 함께 하시면서 찬양으로 위로를 해주시니 얼마나 감사한가! 정말로 하나님은 살아 계시다는 것을 느꼈습니다.

저를 한 시도 떠나지 않으시면서 저의 주인으로 계신다는 것을 알게 하셨습니다. 하나님의 사랑을 깨달았습니다. 나는 하지 못한다고 떼를 쓰는데, 나 같으면 발길질을 하면서 "너 같은 놈 없어도 내일 할 수 있다," 가라 하겠습니다만, 하나님은 저를 찬양으로 위로하여 주셨습니다. 정말 주님의 마음은 깊고도 넓습니다. 감사합니다. 예수님!

24장 영적 진단을 주기적으로 받아야 건강

(롬 12:2)"너희는 이 세대를 본받지 말고 오직 마음을
새롭게 함으로 변화를 받아 하나님의 선하시고 기뻐하
시고 온전하신 뜻이 무엇인지 분별하도록 하라"

예방신앙이라고 하는 것은 영-혼-육체에 질병이 생기기 전
에 미리 진리의 말씀과 성령으로 진단하여 치유하라는 것입니
다. 영-혼-육체에 질병이 생긴 다음은 치유가 오래 걸리고 자칫
치유를 못하고 고생하다 영원한 천국에 갈 수 있기 때문입니다.
　중국의 전국 시대 명의 편작은 인도의 기파와 함께 명의의 대
명사로 불리는 인물입니다. 그런 편작이 채나라의 왕 채환후를
만난 적이 있습니다. 편작은 잠시 환후의 안색을 살피더니 "왕
께서는 피부에 병이 있는 것 같습니다. 보아 하니 지금 치료하
지 않으면 깊어지겠습니다."라고 말했습니다. 그러자 환후는
"과인은 이렇게 건강하오. 피부병이라니 이건 별거 아니오."라
고 말하였습니다.
　편작이 나가자, 환후는 이렇게 말했습니다. "의원은 우쭐거
리기 좋아해서 병이 아닌 것을 치료해 자신의 공으로 삼으려
하는 것이 문제야." 열흘 뒤 편작은 다시 환후를 만나게 되었
습니다. "아! 왕께서는 이제 그 병이 위장으로 깊어졌습니다.
지금 당장 치료하지 않으면 그 병이 더욱 깊어질 것입니다."
라고 염려하며 말했습니다. 그러나 환후는 일체 대꾸도 하지

않고 자꾸 자신이 환자라고 말하는 편작을 불편한 표정으로 돌려보냈습니다.

열흘 뒤, 우연히 궁궐 내에서 환후는 편작과 마주치게 되었습니다. 그런데 이번에는 편작이 아무 말도 않고 환후를 바라보더니 인사만 나눈 채 발길을 돌려 궁에서 나가는 것입니다. 이것을 이상하게 여긴 환후는 사람을 시켜 그 이유를 물었습니다.

그러자 편작은 환후의 사신에게 이렇게 말했다고 합니다. "병이 피부에 있으면 찜질로 치료하면 되고, 살 속에 있으면 침으로 고치면 되고, 위장에 있으면 약을 달여 먹으면 됩니다. 그러나 골수에 있으면 수명을 맡은 하늘이 관장하게 되니, 어찌할 도리가 없습니다. 이제 왕께서는 병이 골수에 파고들었으므로 내가 아무것도 권하지 않는 것입니다." 닷새가 지난 후 환후는 온몸에 통증이 오기 시작했고, 온몸에 염증과 독이 퍼져서 결국 그 병을 치료하지 못하고 죽고 말았습니다. 우리 속담에 "호미로 막을 것을 가래로 막는다"는 말이 있습니다.

이처럼 우리 그리스도인들도 우리 안에 들어온 죄를 가볍게 여기다가 그 죄가 결국 나의 삶을 흔드는 큰 문제가 되어서 그로 인하여 감당할 수 없는 고난을 경험하게 되는 경우가 적지 않습니다. 그렇기 때문에 건강한 인생은 예방이 중요합니다. 예방신앙이 중요합니다. 몸도 미리 미리 건강을 챙기는 습관을 가진 사람은 무병장수 할 수 있습니다. 마찬가지로 우리의 영혼도 미리 미리 말씀과 성령으로 치유로 관리한다면 큰 시험 따위는 우리에게 일어나지 않는 것입니다.

그리스도인에게 가장 위험한 죄는 영적인 방심입니다. 이것은 자신의 믿음과 도덕성에 대한 교만함으로부터 나오는 것입니다. 그래서 주님께서는 "늘 깨어 기도하는 신앙을 유지하라"고 말씀하십니다. 또한 예수님께서도 새벽마다 한적한 곳을 찾아 기도하는 습관을 놓지 않으셨습니다. 여기서 새벽이라는 시간은 중요하지 않습니다. 중요한 것은 자신의 영적인 상태를 마치 다이어트를 하는 여성이 매일 체중계 위에 올라가듯, 혈압이 높은 어른이 매일 혈압계로 자신의 상태를 체크하듯, 자신의 영적인 상태를 매일매일 점검하는 거룩한 습관이야말로 모든 그리스도인들에게는 가장 중요한 삶의 지혜입니다.

필자가 집필하여 출판한 책들을 읽고 상담 전화를 하시는 분들이 있습니다. 이분들이 이구동성으로 하는 말이 기도가 되지 않는 다는 것입니다. 기도가 되지 않는다는 것은 영혼의 상처로 마음의 병이 깊어져서 영의 질병으로 발전한 것입니다. 이때에 치유법은 막힌 기도를 성령의 역사로 뚫는 것입니다.

절대로 혼자 기도하려고 해도 기도가 열리지를 않습니다. 반드시 영적인 사역자의 안수를 받아 막힌 영의 통로를 뚫는 것이 급선무입니다. 문제는 기도가 되지 않는 지경에 까지 진전되지 않게 하기 위하여 영적진단을 주기적으로 하는 것입니다.

육체를 건강하게 하기 위하여 건강진단을 주기적으로 합니다. 20세가 넘으면 건강보험 공단에서 2년에 한 번씩 건강 검진을 받게 합니다. 이때 자신의 건강 상태를 확인하고 문제가 있는 곳은 치유합니다. 그래서 건강을 유지하게 합니다. 이처럼 하나님의 자녀인 성도가 건강한 영적 삶을 살기 위해서는 주기적으로 성령님으로부터 영적 진단을 받을 필요가 있습니다.

그럼 성도들의 영적검진은 어디에서 해주어야 합니까? 육체의 건강검진은 국가 건강보험 공단에서 해준다고 다들 알고 계실 것입니다. 그럼 건강보험공단은 어디에 소속이 되어있습니까? 국가에 소속이 된 것으로 알고 있습니다. 그럼 성도들의 영적 건강검진은 어디에서 해야 할까요? 필자는 자신이 등록된 교회에서 해주어야 한다고 생각합니다. 등록된 교회 담임목회자가 관심을 가지고 성도들의 영적건강검진을 해주는 것이 옳다고 생각합니다. 자신이 소속된 교회에서 주일날 영적건강검진을 받아야 합니다.

저는 주기적인 영적진단을 아주 많이 강조합니다. 성령의 역사가 강한 장소에 가서 자신의 영적인 상태를 주기적으로 진단하는 것입니다. 암은 조기에 진단하면 100% 치유가 되지만, 검진을 하지 않으면 말기가 될 때까지 우리 몸은 암을 느끼지 못합니다. 그래서 의사들이 하는 말이 암을 발견하는 것은 주기적인 검진 밖에 없습니다. 라고 말을 합니다. 영적인 병도 이렇습니다. 병의 바이러스인 마귀나 귀신이 들어왔는데도 우리의 몸이 느끼지 못하는 경우가 많습니다. 영은 신호를 보내는데도 무지해서 그 신호를 놓치는 경우가 많습니다.

그러므로 주기적으로 자신의 영적인 상태를 점검할 필요가 있습니다. 주기적인 영적 상태 점검은 무엇보다 중요합니다.

세대에 역사하는 영적인 존재들은 태중에서 들어옵니다. 이것들이 평소에는 잠복하여 있다가 영-혼-육의 취약한 시기가 되면 고개를 들고 일어나 문제를 일으키는 것입니다. 이를 예방하기 위하여 주기적인 영적 검진이 필요한 것입니다. 저는 평소에 이렇게 말합니다. 예수를 믿고 교회에 들어오면 먼저 성령으로 세례를 받아야 합니다. 성령께서 자신의 영적검진을 하시기 때문입니다. 성령으로 세례를 받은 다음에 말씀과 성령으로 심령의 상처를 치유하는 것입니다. 상처를 치유 받으면서 병행하여 자아를 십자가에 매다는 것입니다.

성령의 역사로 혈통에 대물림되는 악한 영을 축귀하는 것입니다. 그리하여 영적체질을 만드는 것입니다. 이는 어려서부터 적용해야 되는 것입니다. 세대에 역사하는 악한 영을 성령의 역사로 드러내어 미리 축귀하는 것입니다. 그래서 서는 우리 충만한 교회에 다니고 있는 성도들과 청년들을 코로나19 시대에도 매월2-3회 날을 정하여 집중안수해서 영적으로 맑은 상태를 유지하게 하려고 노력합니다. 주기적으로 안수를 받으니 영적으로 깨끗해지는 것은 물론이고 육적으로도 건강하게 지냅니다.

기존 성도들은 주일날 영적점검을 받는 것입니다. 성령의 역사가 강하게 나타나니 세대에 대물림 되던 악한 영이 더 이상 숨어있지 못하고 정체를 폭로하는 것입니다. 폭로되어 떠나가게 하고 매 주일 성령의 역사를 체험하며 영적 상태를 유지하는 것입니다. 저는 항상 이렇게 말합니다. 성도들은 주일날이 아주 중요하다고 말입니다. 요즈음 세상 살아가는 것이 힘이 들어 주일 하루 밖에 교회를 나오지 못하는 분들이 많습니다. 이 중요한 주일을 성령으로 충만하게 예배를 드려서 영성을 유지하는 것입니다. 이렇게 신앙생활을 하지 못하니 세대에 역사하던 악한 영들이 예수를 믿어도 꼼짝하지 않고 숨어 있다가 영육으로 취약한 시기에 고개를 들고 나와 문제를 일으키는 것입니다. 취약한 시기는 스트레스를 많이 받을 때입니다. 제가 지금까지 성령치유 사역을 하면서 체험한 바로는 세대에 역사하던 악한 영이 장로가 된 다음에도 영육으로 이해 못하는 고통을 가하는 것입니다. 우리 충만한 교회 성령치유 집회와 주일 예배에 참석하여 성령의 강한 역사를 체험하고 자신 안에 도사리고 있던 중풍의 영들이 정체를 폭로하여 떠나보낸 분들이 부지기수입니다. 또 무속의 영들이 숨어 있다가 정체를 폭로하여 떠나보낸 성도 목회자가 많습니다.

이는 현재 진행형입니다. 지금도 성령의 살아계신 역사가 일어난다는 것입니다. 오늘도 일어날 것입니다. 오셔서 직접 체험해 보시기를 바랍니다. 이렇게 사전에 성령의 역사로 정체를 폭로하여 떠나보내지 않고 영-혼-육체가 취약한 시기에 드러나서 고통을 당하다가 찾아오는 분들 또한 부지기수입니다.

또 매주 월화수목금토요일 진행하는 집중정밀치유기도 시간에 자신도 모르고 지내던 영적인 문제가 드러나 치유가 됩니다. 어떤 분은 무당의 영이 정체를 밝히고 떠나갑니다. 어떤 분은 중풍의 영이 드러나 떠나갑니다. 어떤 분들은 관절염을 일으켜서 걷지 못하게 하려고 숨어있던 귀신들이 정체를 폭로하고 떠나가기도 합니다. 저는 모든 성도와 목회자가 집중 치유를 받아서 자신의 영적인 상태를 진단 받아야 한다고 강조합니다. 영적인 진단은 나이가 젊을 때 받는 것이 아주 좋습니다. 저는 아이들은 초등학교 다닐 때 받는 것이 가장 좋다고 생각을 합니다. 영적인 진단을 주기적으로 하시기를 바랍니다.

고통을 당하다가 이렇게 해도 안 되고, 저렇게 해도 안 되니, 할 수 없이 저희 교회 같은 곳에서 치유를 받는 것입니다. 그런데 때는 이미 늦은 것입니다. 이미 정체를 드러냈기 때문에 치유하려면 시간이 많이 걸리는 것입니다. 집중치유가 필요합니다.

세대에 역사하는 악한 영은 태중에서 침입을 합니다. 침입하여 정체를 드러내는 시기는 두 가지가 있습니다. 첫째, 성령세례 받을 때 성령의 역사에 의하여 정체를 드러냅니다. 이것이 제일로 좋은 현상입니다. 두 번째는 상처와 스트레스를 해소하지 못하고 쌓여서 영-혼-육체의 상황이 좋지 못하여 약해져 영육으로 취약한 시기에 드러내는 것입니다. 이 상황이 제일로 나쁜 것입니다. 이런 취약한 시기에 드러나는 것을 방지하기 위하여 주기적인 영적 점검을 하여 악한 영들을 드러내는 것입니다.

그래서 성도는 교회를 잘 정해야 합니다. 그리고 주일을 효과적으로 보내면서 주기적인 영적 점검을 받아야 합니다. 많은 성도들이 이렇게 주기적인 영적 점검을 받지 않음으로 인하여 불필요한 고통을 당하고 있습니다. 어떤 분은 목사가 된 다음에 악한 영들이 드러나 고생을 합니다. 어떤 분은 안수 집사가 된 다음에 악한 영이 드러나 말로 표현 못하는 고통을 당하기도 합니다. 저는 하나님의 은혜로 성령치유 집중기도사역을 하고 있습니다. 집중기도 온몸치유 사역을 하다 보면 영적으로 무지하여 예수를 잘 믿으면서도 불필요한 고통을 당하면서 사는 분들을 볼 때 참으로 안타깝기 짝이 없습니다. 기독교 신앙은 예방 신앙입니다. 주기적인 영적검진이 필요한 것입니다.

다시 한 번 강조합니다. 우상 숭배가 혈통에 대물림되는 성도는 반드시 드러납니다. 어떤 사람은 15-16세(중2) 어떤 사람은 17세(고1)에 발생합니다. 어떤 사람은 20세에 발생합니다. 어떤 분은 26세에 발생하기도 합니다. 어떤 분은 34세에 발생할수도 있습니다. 대략 이런 증상이 발생하는 사람의 유형을 보니집안에 우상의 숭배가 심한 집안의 내력이 있는 가문에서 발생합니다. 그리고 태중에서나 유아시절에 충격과 상처를 많이 받은 분들이 많이 발생됩니다. 대개 심장이 약하여 잘 발생합니다.

그러므로 제가 강조하는 것과 같이 불같은 성령을 체험하고내적치유를 미리 받아야 합니다. 그러면 성령의 지배로 사전에상처가 드러나서 치유가 됩니다. 정기적인 영적 진단이 아주 중요합니다. 그리고 병이 들었을 때 주변에서 안다고 해서 그 사람이 고치지 못하듯이 영적 질환도 같은 이치입니다. 병이 들면전문의의 도움이 필요하듯이 영적 질병 역시 전문 사역자의 도움이 필요한 것입니다. 영적 병은 자랑해야 합니다. 목회자는부분적으로 고칠 수는 있습니다. 그러나 전문가가 접근하는 방식과는 다릅니다. 전문가는 총체적으로 접근하며 병의 뿌리를제거합니다. 그래서 전문가가 있는 것입니다. 영적 진단은 주기적으로 받아볼 필요가 있습니다. 병의 근원을 조기에 발견하면 치유가 쉽습니다. 그러나 그 시기를 잃게 되면 거의 치유가 되지 않습니다. 치유가 된다하더라도 시간과 노력이 많이 듭니다. 조기 검진 이것이야말로 효과적인 치유의 지름길입니다. 자신의 귀중한 영혼을 관리하기 위하여 영적진단을 주기적으로 받는 습관을 들이시기를 바랍니다.

주기적 영적진단을 하려면 본인이 마음의 정비 정화와 치유의 중요성을 알고 영적진단을 받으려고 해야 합니다. 본인이 마음의 세계와 영적진단 중요성을 느끼지 못한다면 주기적인 영적진단은 할 수 없는 것입니다. 영적진단을 주기적으로 하려면 다음과 같은 본인의 적극성이 있어야 합니다.

1.마음이 자신의 전인격에 영향을 미친다는 것을 알아야 한다. 심령의 중요성을 알아야 마음을 열고 영-혼-육체의 진단을 받아들이기 때문입니다. 성령의 역사가 심령을 정비하고 정화하면서 영적인 상태를 진단하기 때문입니다. 성령의 역사는 마음을 열고 사모하며 받아들여야 역사하십니다. 많은 목회자와 성도들이 심령에 대하여 알지 못합니다. 눈에 보이지 않기 때문입니다. 알지 못하니 심령을 관리를 할 수가 없습니다. 심령에 대하여 알지 못하는 성도가 주기적으로 영적인 진단을 받는 다는 것은 어불성설이 되는 것입니다. 영적인 진단을 주기적으로 받는 것에 앞서서 심령의 정비와 정화에 대하여 알고, 중요성을 인식해야 합니다. 그래서 마음이 열려서 자신의 심령을 진단하기 위하여 시간을 투자하여 진단받는 것입니다. 거기다가 심령의 세계가 있다는 것조차 알지 못하는 성도가 어떻게 영적인 진

단을 받겠습니까? 그럼 언제 영적인 진단을 받으려고 할까요? 앞에서 설명한 대로 자신이 영적으로 정신적으로 육체적으로 환경적으로 문제가 있으면 그때서야 자신에게 찾아온 문제를 해결하기 위하여 이리 뛰고 저리 뛰다가 마음의 정비와 정화와 치유에 대하여 알게 되고, 마음을 정비와 정화를 하려면 성령의 역사가 있어야 한다는 것을 깨닫게 됩니다. 이때가 되면 영적검 진의 중요성을 이해하고 마음을 열고 받아들이는 것입니다.

기독교는 체험의 종교입니다. 필자가 지난 20여 년간 성령치 유 사역을 하다가 체험한 결론은 목회자나 성도들이 자신에게 문제가 발생해야 영적인 눈이 열리기 시작하더라는 것입니다. 자신의 마음을 투시하는 영적인 눈에 대하여는 이 책의 앞부분 에 많이 설명했습니다. 성도가 하루라도 빨리 심령의 세계와 영 적인 면을 깨닫는 것은 축복 중에 축복입니다.

2. 개인이 영적진단을 받으려면 성령의 역사를 알고 있어야 한다. 성령의 역사에 대하여 알아야 성령으로 세례도 받고 성 령으로 충만 받으면서 영적인 진단을 받는 것입니다. 성령의 역 사가 없이는 영적진단이 불가능합니다. 영적인 진단을 받으면 서 성령으로 충만 받아야 예수님께서 하신 일도 하는 성도로 성 숙하게 됩니다. 예수님이 하신 일을 할 수 있는 성도가 되는 길 은 어떤 길입니까? 그것은 먼저 말씀과 성령으로 거듭나야 합 니다. "예수께서 대답하시되 진실로 진실로 네게 이르노니 사 람이 물과 성령으로 나지 아니하면 하나님의 나라에 들어갈 수 없느니라"(요 3:5). 물과 성령으로 거듭나려면 성령으로 세례를

받아야 합니다. 성령의 세례는 성령에 대하여 바르게 알고 있어야 받을 수가 있습니다. 바울이 예배소의 교회에 가서 성도들에게 성령에 대하여 질문을 합니다. "이르되 너희가 믿을 때에 성령을 받았느냐"(행19:2상). 예배소 교회 교인들이 이렇게 대답을 합니다. "이르되 아니라 우리는 성령이 계심도 듣지 못하였노라"(행 19:2하). 예배소 교인들이 성령에 대하여 듣지 못하여 알지 못하니 성령세례를 받지 못한 것입니다.

그래서 바울이 예수님에 대하여, 복음에 대하여, 성령의 세례에 대하여, 상세하게 설명하면서 말씀을 전하고 안수를 하니 성령을 받았다고 말씀하고 있습니다. "바울이 그들에게 안수하매 성령이 그들에게 임하시므로 방언도 하고 예언도 하니"(행 19:6). 이로보아 싱령으로 세례를 받으려면 성령님에 대하여 바르게 알고 믿어야 합니다. 그런데 성령님은 보이지 않습니다. 보이지 않기 때문에 성령을 실제로 체험해보지 않은 목회자나 성도라면 설명하기가 난해 합니다. 그러니까 두루뭉술하게 말씀 몇 구절로 설명하고 지나갑니다.

그러한 이유로 교회예배당에 성령의 세례가 아주 귀한 것입니다. 체험해 보지 않으면 설명하기가 곤란하기 때문입니다. 말씀을 아무리 많이 알아도 권능 있는 성도가 되지 못합니다. 말씀 안에서 살아계신 성령님의 역사가 자신을 지배해야 권능 있는 성도가 되는 것입니다. 성령님은 보이지 않기 때문에 살아계신 성령하나님이라고 믿어야 밖으로 나타나는 역사가 일어납니다. 성령님이 살아계신다는 것을 믿는 성도에게 나타내 주시는 것입니다. 그래서 기독교는 체험의 종교입니다.

3. 영적검진의 중요성을 알고 성령의 역사가 일어나는 교회 예배당에 참석해야 한다. 심령을 정비하고 정화하면서 영적상태를 진단 받으려면 성령의 역사가 있는 장소에 가는 것이 빠릅니다. 저의 경험으로는 심령을 정비하고 정화하려면 성령으로 세례를 받고 성령으로 충만 받으면서 성령께서 투시하며 심령의 상태를 진단하는 체험을 했다는 것입니다. 심령을 정비하고 정화하려고 성령의 역사가 있고 심령을 성령으로 치유하는 은혜의 장소에 갔을 때 성령의 강한 지배와 체험이 있었습니다.

그러므로 자신의 심령을 진단하고 영적인 상태를 진단 받으려면 성령의 역사가 있는 장소에 가는 것이 좋습니다. 성령의 역사가 있어야 마음이 치유되기 때문입니다. 자신이 과거 한번 성령의 세례를 체험했었다면 혼자 기도해도 심령의 상태를 진단할 수가 있다고 생각됩니다. 자신이 한 번도 성령의 세례를 체험하지 못했다면 성령의 기름부음심이 있고 성령의 불의 역사가 나타나는 장소에 가서 성령의 불로 충만 받으면서 영적진단을 받는 것이 맞습니다. 성령께서 자신을 보게 하십니다. 성령의 체험과 장악은 장작불의 원리와 같습니다. 성령의 불로 충만하고 성령의 역사를 체험한 사람들이 많이 모이는 장소는 성령의 역사가 강합니다. 성령은 어디에 계시는가, 먼저 내 안에 계십니다. 그리고 성령 세례받은 우리 안에 계십니다. 또 성령으로 충만한 상태에서 목회자가 전하는 말씀 안에 계십니다.

그러므로 성령체험을 하지 않았다면 성령의 역사가 있는 장소에 가셔야 성령을 쉽게 체험하고 장악 당할 수가 있습니다. 그리고 또 한 방법은 성령 받은 자에게 가셔서 말씀을 듣고 안수를 받는 방법이 있습니다. 위로부터 임하시는 성령의 역사는 오순절 마가의 다락방에서 임하셨습니다. 그 이후는 그때 성령 받은 사람이 말씀전하고 안수 할 때 임했습니다(행19:1-7). 성령의 불로 충만한 사람에게 안수 받으며 전이 받는 것입니다.

성도가 영적인 진단을 받으면서 영적으로 변하려면 인간적인 욕심은 적이 됩니다. 그래서 성경은 야고보서 1장 14절로 15절에서 이렇게 말합니다. "오직 각 사람이 시험을 받는 것은 자기 욕심에 끌려 미혹됨이니 욕심이 잉태한즉 죄를 낳고 죄가 장성한즉 사망을 낳느니라." 성령의 세례를 체험하고 불로 충만 받으면서 심령을 정비하고 정화하면서 영적인 상태를 진단 받으려면 모든 인간적인 욕심을 버리시기를 바랍니다. 성령의 인도로 성령의 세례를 받아 성령의 불이 임하고 지성소에서 올라오는 기도를 하여 심령을 정비하고 정화하면서 영적인 진단을 하는 것은 하나님의 자녀답게 권세를 가지고 하나님의 나라 확장에 큰일을 감당하기 위해서 그렇게 하는 것입니다.

그리고 성도를 성도되게 하는 것은 전적으로 성령께서 하시는 일입니다. "너희는 주께 받은바 기름 부음이 너희 안에 거하나니 아무도 너희를 가르칠 필요가 없고 오직 그의 기름 부음이 모든 것을 너희에게 가르치며 또 참되고 거짓이 없으니 너희를 가르치신 그대로 주 안에 거하라."(요일 2:27)

조금이라도 인간적인 욕심이 결부된다면 성령으로 충만하

던 성도도 육체로 돌아가게 됩니다. 육체로 돌아가면 그 심령에는 마귀가 역사를 하는 것입니다. 그래서 마귀는 항상 인간적인 욕심을 추구하게 하려고 성도들을 미혹하는 것입니다. 그 미혹에 아담과 하와가 넘어졌습니다. 왜 넘어졌습니까? 성령의 인도 없이 육체적으로 행동했기 때문입니다. 그러나 예수님은 마귀의 시험을 이기셨습니다. 어떻게 이겼습니까? 육적인 욕심이 하나도 없이 오직 말씀으로 하나님의 영광을 구했기 때문입니다. 그리고 성령의 인도를 받았기 때문에 승리한 것입니다.

우리도 성령으로 세례를 체험하고, 지성소에서 기도하여 성령의 불이 올라와 성령으로 충만 받는 기도를 하며 심령을 진단하여 사람들에게 자랑을 하려하는 인간적인 욕심이 조금이라도 결부되면 가차 없이 마귀의 밥이 된다는 것을 명심해야 합니다.

오로지 하나님의 영광을 위하여 성령의 세례를 구하시기 바랍니다. 어린아이와 같이 사심 없이 성령 하나님의 인도를 받으면 성령으로 세례도 받고 성령으로 충만 받으면서 성령으로 장악 당하게 됩니다. 그러면서 영적인 진단을 할 수가 있는 것입니다. 그리하여 기도를 할 때 성령의 충만이 임하고, 깊은 영의 기도를 할 때 성령의 불이 마음에서 올라오게 될 것입니다. 그러면서 심령이 정비되고 정화되면서 성령의 지배 속으로 들어가면서 성령께서 자신의 영적인 진면모를 정확하게 투시하여 보게 하십니다. 자신의 상태를 정확하게 보고 치유해야 되겠다고 마음을 열으니 성령께서 치유하시는 것입니다. 절대적으로 인간적인 욕심이 아닌 성령의 인도를 받아야 합니다.

25장 예배를 영과 진리로 즐겨 드려야 건강

(요 4:23-24)"아버지께 참되게 예배하는 자들은 영과 진리로 예배할 때가 오나니 곧 이 때라 아버지께서는 자기에게 이렇게 예배하는 자들을 찾으시느니라. 하나님은 영이시니 예배하는 자가 영과 진리로 예배할지니라"

불치병에서 기적적으로 치유를 받으려면 예배를 거룩한 산 제물이 되어 영과 진리로 드리는 것을 즐겨해야 합니다. 그래야 성령의 지배와 장악이 되어 불치의 질병이 치유가 되는 것입니다. 예수를 믿고 성령으로 거듭난 성도들이 세상에서 기뻐하면서 예수님의 평안을 누리려면 어디서나 영과 진리로 예배를 드리는 수준이 되어야 합니다. 온몸으로 산 제물이 되어 영과 진리로 예배를 드릴 때 성령으로 충만하여 예수님의 평안을 누리면서 살아갈 수가 있습니다. 하나님께서는 크리스천들에게 영과 진리로 예배를 드리라고 말씀하십니다.

왜 하나님에게 예배를 영과 진리로 거룩한 산 제물이 되어 드려야하느냐는 것입니다. 예배란 "예수 그리스도 안에서 자신을 계시해 주신 하나님과 그 하나님 앞에 뜨겁게 응답하는 만남의 현장"이라고 말할 수 있습니다. 즉 예배란 언제나 우리를 인도하시고, 찾아주시며, 구원해 주신 하나님의 놀라우신 사랑과 은혜에 응답하는 행위라고 말할 수 있을 것입니다.

예배를 통하여 하나님을 경배하고, 하나님으로부터 은혜와 사랑과 축복과 치유를 받는 것입니다. 예수를 믿는 성도는 예배를 통하여 하나님이 자신의 주인이라는 것을 증명하며, 경외하고, 하나님으로부터 형통의 복을 받는 시간입니다. 모든 것이 예배를 통하여 이루어지는 것입니다.

그렇기 때문에 사단이 인간에게 예배를 받으려고 기를 쓰는 것입니다. 사단이 자신을 예배하게 하기 위하여 여러 가지 이해하지 못하는 일들을 일으키는 것입니다. 이방인의 제사, 무당 굿, 법당의 법회, 이방신들을 섬기는 자들의 제사행위, 기우제, 고사 등등이 여기에 해당이 되는 것입니다. 예배는 이렇게 중요합니다. 그래서 하나님을 경외하고 주인으로 인식하기 위하여 매주 첫날(주님이 부활하신 날) 교회에 모여서 하나님에게 예배를 드리는 것입니다.

어느날 충만한 교회 예배당에서 있었던 이야기입니다. 어느날 젊은 청년이 집회에 참석하여 필자에게 질문을 했습니다. "예수님의 믿고 성령의 인도를 받는 사람 가운데서도 어떤 사람은 훌륭하고 어떤 사람은 훌륭하지 않습니다. 이들은 왜 그러합니까? 또 어떻게 훌륭한지 그렇지 않은지를 알 수 있습니까?" 이 젊은이의 질문은 요컨대 예수를 믿고 성령으로 거듭나면 다 훌륭하게 되어야 할 것인데 왜 그렇지 않느냐는 것입니다. 자신의 소견으로 의문이 풀리지를 않는다는 것입니다.

이에 대해 필자는 달(月)을 비유해 그 원인과 결과를 설명해 주었습니다. "청년이여! 보름달은 처음에는 비록 조그맣지만, 날이 갈수록 광명이 더해 마침내 둥글고 원만해져서 세상을 환하게 비춥니다. 그러나 그믐달은 처음에는 둥글고 환하지만 한 번 기울기 시작하면 밤낮으로 줄어들어 나중에는 완전히 빛을 잃고 맙니다. 예수를 믿고 성령으로 깨달으면서 인도를 받은 사람도 이와 같습니다.

어떤 사람이 예수를 믿고 교회에 와서 성령의 깨닫게 하심을 받고 바른 믿음과 기뻐하는 마음과 평안한 마음을 갖기 시작했다고 합시다. 그 사람은 바른 소견으로 생명인 진리를 따르며, 착한 친구를 가까이하고, 성령의 인도를 받으며, 바른 진리를 깨닫고, 남에게 은혜를 베풀고 성령의 지배와 성령의 인도를 받아 예수님의 이름으로 봉사할 것입니다. 그리하여 마침내 보름달처럼 얼굴도 환해지고 인격도 훌륭해질 것입니다.

그러나 어떤 다른 사람은 처음에는 잘 했으나 어느 순간 초심을 잃고 바른 소견과 바른 믿음을 잃게 됩니다. 그런 뒤에는 점점 성령과 생명인 진리를 따르지 않고 믿음 있고 착한 친구를 멀리하며 세상을 좋아하고 바른 진리를 깨닫기를 게을리 합니다. 몸으로는 나쁜 행동을 하고 입으로는 나쁜 말을 하며 뜻으로는 나쁜 생각을 합니다. 이렇게 나쁜 인연을 만들어냅니다. 그는 목숨을 마친 뒤 나쁜 세상(지옥)에 떨어지게 됩니다. 그래서 사람을 잘 만나야 합니다. 성령께서 인도하시는 목회자와 친구를 만나야 합니다. 사람 잘 만나게 기도해야 할 것입니다.

그러면 예배를 어떻게 드려야 하는지를 밝히 알고 행해야 합니다. 하나님은 이렇게 말씀을 하십니다. "아버지께 참되게 예배하는 자들은 영과 진리로 예배할 때가 오나니 곧 이 때라 아버지께서는 자기에게 이렇게 예배하는 자들을 찾으시느니라. 하나님은 영이시니 예배하는 자가 영과 진리로 예배할지니라."(요 4:23-24). 영이신 살아계신 하나님만을 주목하는 예배, 하나님께 참되게 예배하는 것은 무엇을 의미합니까? 어떻게 드리는 예배를 가리켜 아버지께 참되게 예배하는 것입니까?

1. 하나님께 참되게 예배하는 자는 영으로 예배합니다. 영으로 드리는 예배가 무엇입니까? 우리가 이를 바르게 알기 위해서는 먼저 성경말씀을 바르게 알아야 합니다. 원래 헬라어 성경을 보면 24절에서 "하나님은 영이시니… 영으로 예배하라." 하는 구절의 '영'을 가리켜 '성령'(pneuma)으로 표기했습니다. 복잡하게 설명하지 않겠습니다. "하나님은 영이시니." 즉 하나님은 성령 하나님이십니다. 하나님은 눈에 보이지 않지만 살아계시면서 영이십니다. 영으로 예배를 드린다는 것은 자신은 죽어 없어지고 눈에 보이지 않지만 살아계신 성령님을 주인으로 모시고 드린다는 것입니다. 즉, 자신이 성령님의 지배와 장악된 가운데 드리라는 것입니다. 자신이 없어지고 성령의 이끌림을 받는 산 재물이 되어 예배를 드려야 합니다. 그러므로 "영으로 예배할지니라." 즉 성령 하나님으로 예배하라는 말씀입니다.

더 쉽게 설명을 드리면 자신이 성령과 똑같은 영적인 상태로 '성령의 인도함 가운데, 성령님 안에서 예배하라.'는 것입니다. 우리가 믿고 잘 알고 있듯이 하나님은 삼위일체 하나님이십니다. 성부 하나님의 고유 사역은 창조사역(계획)입니다. 성자 하나님, 예수님의 고유 사역은 구원사역(이루심)입니다. 성령 하나님의 고유 사역은 인도, 지지의 사역(알게 하심)입니다.

성부 하나님이 이스라엘 백성들과 늘 동행하셨습니다. 성자 예수님이 임마누엘의 하나님으로 우리 가운데 임재 하셨습니다. 성령 하나님이 우리들과 세상 끝날 까지 함께 하십니다. 그러므로 하나님을 가리켜 성령님이라고 하는 것입니다. 그러므로 성령님의 감동 가운데 하나님께 예배하라는 것입니다. '성령님의 감동 가운데 드리는 예배'에 대해 설명을 드리겠습니다.

예배드리는 가운데 다른 생각이 나는 것, 성령님의 감동이 아닙니다. 마귀가 방해하는 것입니다. 예배를 드리면서 세상 생각하는 것이 아닙니다. 예배드리는 가운데 마음 속 깊은 곳에서 솟아나오는 기쁨, 성령님의 감동입니다. 그렇게 성령님이 주시는 감화와 감동 가운데 예배드리라는 것입니다. 예배 찬송을 부르는데 주님의 은혜가 감사하여 눈물이 흐릅니다. 성령님의 감동입니다. 찬송을 크게 부르고 싶은데 주위 사람들이 신경이 쓰입니다. 성령님의 감동이 아닙니다. 사람을 의식하는 인본주의 행위입니다. 설교말씀을 들으면서 무엇인가 깨달음이 있습니다. 성령님의 감동입니다. 그런데 그 말씀을 가만히 생각해보니 많은 희생과 양보가 있어야 할 것 같습니다. 성령님의 감동입니다. 그대로 양보와 희생하며 성령님의 인도를 따르라는 것입니다. 예수님이 주시는 은혜도 좋지만 내 것을 내려놓기가 싫습니다. 아깝습니다. 성령님의 감동이 아닙니다.

영으로 드리는 예배는 성령으로 드리는 예배, 성령님의 감동

가운데 드리는 예배를 뜻합니다. 자신이 없어지고 성령님이 주인 되어 드리는 것입니다. 영이신 성령님의 지배와 장악된 가운데 드리는 것입니다. 살아있지만 자신의 의지를 발휘하지 않고 성령의 인도를 받는 상태입니다. 우리 모두는 하나님을 예배할 때마다 영이신 하나님께 늘 성령의 감동 가운데 예배하는 성도들이 되기를 바랍니다. 영으로 예배하는 것과 또 어떻게 드리는 예배를 가리켜 아버지께 참되게 예배하는 것입니까?

2. 하나님께 참되게 예배하는 자는 진리로 예배합니다. '진리로 드리는 예배'의 뜻을 바르게 알기 위해서 역시 성경말씀을 바르게 알아야 합니다. 헬라어 성경을 보면 "진리로 예배할지니라."는 구절에서 '진리'는 헬라어 이 단어 역시 '진리'를 뜻합니다. 그런데 성경을 보면 '진리'라는 말이 유독 많이 나오고 있음을 볼 수 있습니다. 특히 구약성경의 잠언서에 '진리, 지식, 지혜'라는 표현이 많이 나옵니다. (잠 3:3)"인자와 진리가 네게서 떠나지 말게 하고 그것을 네 목에 매며 네 마음 판에 새기라" (잠 16:6)"인자와 진리로 인하여 죄악이 속하게 되고 여호와를 경외함으로 말미암아 악에서 떠나게 되느니라" 기억하십시오. 구약성경에서 지식, 지혜, 진리는 살아계신 하나님을 뜻합니다.

오늘의 본문인 요한복음을 보면 '진리'라는 단어가 아주 많이 나오고 있습니다. (요 1:14)"말씀이 육신이 되어 우리 가운데 거하시매 우리가 그의 영광을 보니 아버지의 독생자의 영광이요 은혜와 진리가 충만하더라" (요 1:17)"율법은 모세로 말미암아 주어진 것이요 은혜와 진리는 예수 그리스도로 말미암아 온 것이라" (요 3:21) "진리를 따르는 자는 빛으로 오나니 이는 그 행위가 하나님 안에서 행한 것임을 나타내려 함이라 하시니라" 어쩐지 '진리'가 예수님과 어떤 깊은 관계가 있는 것 같지 않습니까?

(요 5:33) "너희가 요한에게 사람을 보내매 요한이 진리에 대하여 증언하였느니라" (요 14:6) "예수께서 이르시되 내가 곧 길이요 진리요 생명이니 나로 말미암지 않고는 아버지께로 올 자가 없느니라" 요한복음의 기자는 '진리'가 바로 예수님이라고 선언합니다. 그래서 예수님께서 이렇게 말씀하셨다고 증거합니다. (요 8:32) "진리를 알지니 진리가 너희를 자유롭게 하리라" 이제 '진리로 예배할지니라'는 말씀의 의미가 분명해졌습니다. 그렇습니다. 바로 '예수님을 주인으로, 예수님 안에서 예배하라'는 의미입니다. 예수로 죽고 예수님을 주인으로 모시고 살아가는 성도답게 예수님으로 드리라는 말입니다. 사람이 주목받는 예배, 이는 진리로 드리는 예배가 아닙니다. 예수님이 드러나지 않기 때문입니다. 우스갯소리로 사람들의 귀를 즐겁게 하는 예배, 이는 진리로 드리는 예배가 아닙니다. 우리 주님의 이야기, 복음은 우스개 이야기가 아니기 때문입니다. 사람이 영광을 받고 갈채를 받는 예배 역시 진리로, 예수님으로 드리는 예배가 아닙니다. 진리로 드리는 예배, 예수님으로 드리는 예배, 예수님 안에서 드리는 예배는 오직 예수님만이 나타나는 예배입니다. 진리로 예배를 드리라는 말은 예수 안에서 말씀으로

드리라는 것입니다. 자신은 예수를 믿을 때 죽었고 다시 예수로 태어났으니 성령으로 거듭난 죄가 없는 의인(예수)된 상태에서 드리라는 것입니다. 하나님은 영과 진리로 드리는 예배만 받으십니다. 하나님은 영이시기 때문입니다. 성령의 임재 하에 영으로 예배를 드리기를 바랍니다. 오늘날 드려지는 예배는 교단별로 각각의 개 교회마다 순서와 형식의 다양한 방법을 통해 드려지고 있습니다. 순서와 형식의 다양한 방법에 대해 옳다 그르다의 기준은 없습니다. 그러나 반드시 하나님에 대한 예배에 포함 되어야 할 요소들이 있습니다.

3. 예배에 포함되어야 할 요소들이다. 하나님께 대한 예배에 포함되어야 할 요소들은 다음과 같습니다.

첫째로, 찬양과 신앙고백입니다. 예배의 궁극적인 목적은 하나님을 영화롭게 하는 것입니다. 그리고 찬양은 하나님의 영광을 높이는 수단입니다. 그러한 점에서 찬양은 예배에서 빠질 수 없는 요소입니다. 구약 시대 성전 제사에서도 찬송은 빠질 수 없는 필수 요소였습니다. 그래서 '다윗'은 아예 '레위인'으로 구성된 찬양대를 조직하여 하나님을 찬양하게 하기도 하였습니다. 지금 코로나19로 따로 찬양대를 세워 예배의 한 순서로 하나님을 찬양하게 하지 못하고 있습니다. 오늘 우리는 찬양대가 되어 찬송가를 부름으로서 하나님을 찬양하였습니다.

우리가 하나님을 찬송하는 것은 성도의 마땅한 의무임과 동시에 특권이므로 즐거운 마음으로 찬송을 드려야 하는 것입니다. "우리 능력 되신 하나님께 높이 노래하며 야곱의 하나님께 즐거이 소리할지어다."(시편81:1), 말씀했습니다.

둘째는 신앙 고백입니다. 예배는 분명한 대상이 있어야 합니다. 예배의 대상이 분명하지 않는 예배는 다 헛된 몸짓에 불과합니다. 우리들의 예배의 대상은 천지만물을 창조하시고 주관하시는 하나님이십니다. 우리는 이 하나님에 대한 신앙 고백을 하는 것입니다. 다른 종교와 달리 우리는 특별히 예배시간에 사도신경을 꼭 암송을 합니다. 사도신경은 기독교의 핵심 진리를 요약한 것이라 할 수 있습니다. 그래서 이는 모든 교회와 성도 각 개인의 공적인 신앙고백으로 삼고 있는 것입니다. 우리가 예배시간에 교회와 성도 개인의 신앙고백으로 사도 신경을 암송하는 것도 이 때문입니다. 하나님께 속한 자는 바로 예수를 주로 고백하는 자들 입니다. "그러므로 내가 너희에게 알게 하노니 하나님의 영으로 말하는 자는 누구든지 예수를 저주할 자라 하지 않고 또 성령으로 아니하고는 누구든지 예수를 주시라 할 수 없느니라(고전12:3)에"했습니다.

셋째로 말씀의 선포와 화답입니다. 하나님은 예배를 통해서 성도들을 만나 주시고 우리에게 필요한 말씀들을 주십니다. 물론 하나님께서 구약 시대처럼 직접 말씀 하시는 일은 없습니다. 하나님은 항상 대언의 종들을 세우시고 그들을 통하여 말씀을 주십니다. 예를 들어 더불어민주당, 국민의 힘… 등 각 정당 대변인이 발표를 하는 것이 곧 그 정당의 뜻인 것처럼 하나님은 인생들 중 대언할 심부름꾼을 세워 하나님의 뜻을 전달하시는 것입니다. 구약 시대에는 주로 제사장과 선지자들을 통하여 택한 선민 이스라엘 백성들에게 하나님으로부터 직접 계시를 받아 하나님의 뜻을 전하여 주셨습니다.

신약 시대이후에는 목회자를 통하여 하나님의 말씀을 주십니다. 물론 신약 시대의 목회자들은 구약 시대의 선지자들과 달리 직접 계시를 받아 말씀을 전하는 것이 아닙니다. 바로 하나님의 말씀이 기록된 성경을 성령의 조명을 받아 이를 잘 이해할 수 있도록 풀어서 전하는 것입니다. 물론 성도라면 누구나 갖고 있는 것이 성경 말씀입니다. 그러나 성경을 읽는다고 다 하나님의 말씀을 깨닫는 것은 아닙니다. 또 말씀을 깨달았다고 해서 그 말씀이 항상 동일하게 적용되는 것은 아닙니다. 그렇기 때문에 그때그때 마다, 하나님은 성령으로 감동케 하시고 성경을 재해석하게 하심으로서 우리에게 필요한 말씀을 주시는 것입니다.

넷째로 간구와 호소입니다. 만남은 당사자 간에 대화가 있을 때 비로소 그 의미가 있는 것입니다. 대화가 없는 만남은 진정한 의미의 만남이라고 할 수 없습니다. 우리는 세상을 살아가면서 수많은 사람들과 만나게 됩니다. 출근길의 지하철이나 버스 안에서도 만나고, 길거리에서도 만납니다. 그러나 우리는 그러한 만남을 만남이라 부르지 않습니다. 왜 그렇습니까? 그 만남에는 진솔한 대화가 없기 때문입니다. 그러한 의미에서 예배가 참 예배가 되려면 하나님과 성도 간에는 반드시 진솔한 대화가 있어야 합니다. 목회자의 말씀 선포는 하나님의 말씀이 성도들에게 전해지는 과정입니다.

그에 반해 성도들의 기도나 호소는 하나님께 말씀드리는 방편이라고 할 수 있습니다. 따라서 예배에 말씀의 선포가 있어야 하는 것처럼 성도의 간구와 호소도 반드시 있어야 하는 것입니다. 우리는 하루하루 매일 같이 하나님의 도움이 없이는 살아갈 수 없는 존재들 입니다. 예배가 하나님의 영광을 구하고 하나님의 은혜를 힘입는 시간이라면 간구와 호소는 그 은혜가 우리 각자의 삶에 어떤 방식으로 펼쳐 저야 할지를 정하는 것, 즉 은혜를 구체화하는 것이라 할 수 있습니다. 그렇기 때문에 성령의 인도를 받으면서 간구와 고백은 예배를 드릴 때 반드시 필요한 요소 중 하나라 할 수 있습니다. 잘 알고 있듯이 기도는 하나님과의 교제의 통로입니다.

다섯째로 감사와 헌신입니다. 우리는 매 순간 하나님의 은혜가 없이는 살아갈 수 없는 사람들 입니다. 다시 말해서 우리가 매 순간 살아가고 있는 것이 하나님의 은혜의 결과입니다. 하나님은 시시때때로 우리에게 필요한 은혜를 베푸사 광야같은 세상을 살아갈 수 있도록 힘과 용기를 주십니다. 더욱이 우리는 본래 다 죄로 인하여 영원히 멸망할 운명에 처하였던 존재로서 감히 하나님께 나아갈 수 없었던 신분이었습니다.

그러나 죄인을 구원하기 위해 독생자를 아끼지 않으신 하나님의 그 크신 은혜와 우리를 위하여 자기 몸을 기꺼이 희생하신 예수 그리스도의 사랑으로 우리가 죄 사함을 받고 하나님께 나아갈 수 있는 것은 물론, 하나님의 영원한 기업의 후사가 된 것입니다. 그런즉 우리가 하나님께 감사하는 것은 지극히 당연한 것입니다. 봉헌(헌금)도 하나님의 은혜에 대한 감사의 표시입니다. 헌금은 자신의 모든 것이 하나님의 소유임으로 주신 은혜 감사해서 자원하여 드리는 것입니다. 또 하나님을 위하여 헌신을 하는 것도 감사의 표시입니다.

하나님을 영화롭게 하는 자는 바로 감사로 제사를 드리는 자라고 했습니다. "감사로 제사를 드리는 자가 나를 영화롭게 하나니 그 행위를 옳게 하는 자에게 내가 하나님의 구원을 보이리라(시편50:23)"했습니다. 믿음도 현재형이고 감사도 현재형입니다. 표현되지 않은 사랑은 더 이상 사람이 아닌 것처럼 표현되지 않는 감사 또 한 더 이상 감사가 아닌 것입니다. 감사는 해도 그만, 안 해도 그만이 아니라 살아있는 모든 날들이 다 감사의 조건이 되는 것입니다.

저와 우리 모두가 하나님에 대한 찬양과 신앙고백, 말씀의 선포와 화답, 간구와 호소, 감사와 헌신을 통한 풍성한 복을 내 것으로 만들어 가는 믿음의 주인공들이 다 되시기를 진심으로 소원합니다.

결론적으로 신앙의 첫째도, 둘째도, 셋째도 예배입니다. 예배를 멀리하는 것은 하나님을 멀리하는 것입니다. 내가 하나님을 멀리하면 하나님과 거리가 멀어집니다. 그리고 교제가 끊기게 되고, 하나님과 상관없는 사람이 되고 맙니다. 그러므로 우리는 하나님께 예배에 최선을 다해야 합니다.

예배에 참석하라고 하니까 억지로 몸만 와서 드리면 이 예배는 드리나 마나한 예배이고 오히려 하나님의 진노를 사는 예배가 될 수도 있습니다. 예배를 드리고 나면 어떤 성도들 중 어떤 분들은 "오늘 찬송 박자가 틀려서 예배를 제대로 못 드렸어요, 바깥이 시끄럽게 떠들어서 집중을 못했어요! 교회 안이 너무 더워서, 너무 추워서, 모기가 물어서, 어떻게 예배를 드렸는지 모르겠어요, 목사님이 설교를 잘못해서 예배가 지루했어요." 자신이 예수님을 믿고 죽지않고 살아있기 때문에 예배드리면서 예배에 집중하지 않고 인간적으로 평가하는 것입니다.

그러나 이러한 대답은 모두 예배의 핵심을 잘못 이해해서 생긴 것입니다. 예배를 잘 드렸느냐, 못 드렸느냐는 결코 설교의 문제도, 성가대의 문제도 아닙니다. 내가 하나님 앞에서 "얼마나 간질한 마음으로 드렸는가? 영과 신리로 드렸는가? 얼마나 감사함으로 경배하였는가?"에 의해서 결정되는 것입니다. 분명하게 하나님은 로마서 12장 1절에서 "그러므로 형제들아 내가 하나님의 모든 자비하심으로 너희를 권하노니 너희 몸을 하나님이 기뻐하시는 거룩한 산 제물로 드리라 이는 너희가 드릴 영적 예배니라" 강조하고 계십니다.

다윗은 평생 하나님께 예배드리는 삶에 충실했습니다. 다윗처럼 예배를 중요시했던 사람도 없을 것입니다. 시편 27:4절에 보면 다윗이 고백하기를 "내가 여호와께 바라는 한가지 일 그것을 구하리니 곧 내가 내 평생에 여호와의 집에 살면서 여호와의 아름다움을 바라보며 그의 성전에서 사모하는 것이라" 고 했습니다.

다윗의 시를 보면 구구절절이 성전에 대한 그리움, 사모함으로 가득 차 있습니다. 다윗은 그렇게 평생을 하나님으로 인하여 행복했던 사람입니다. 그리고 매일같이 자신을 죽이려고 찾아다니는 사울로부터 쫓겨 다니는 삶을 살면서도 오직 하나님만 바라보고 의지했습니다. 그러니까 다윗은 점점 강성하여지고 사울은 점점 쇠하여 갔습니다. 예배는 성도의 삶에 있어서 가장 중요한 것입니다. 예배보다 더 소중한 것은 아무 것도 없습니다. 예배 없는 믿음, 예배 없는 충성봉사는 헛된 열심입니다. 그리고 예배보다 더 급한 것도 아무 것도 없습니다.

예배는 가장 영광스러운 일입니다. 하나님을 사랑하는 적극적인 행동입니다. 세상에서 성공하고 출세해서 영광을 받을 수 있습니다. 그러나 그것은 얼마 있지 않아 다 사라집니다. 들에 피어있는 꽃과 같습니다. 그러나 거룩하신 주님 앞에 몸과 마음을 다하여 드리는 예배는 죄 많은 우리들이 하나님의 은혜와 축복과 능력을 덧입는 가장 영광스러운 자리입니다.

하나님은 예배를 통해서 우리를 만나시고 용서해 주시고 은혜를 주시며 축복을 주십니다. 우리의 신앙의 최고의 관심은 예배입니다. 예배 성공이 인생 성공이 됩니다. 하나님을 만나면 모든 것이 해결됩니다. 그래서 예배가 축복입니다. 하나님께서는 영과 진리로 드리는 예배를 통하여 역사하십니다. 불치병에서 기적적으로 치유를 받으려면 예배를 거룩한 산 제물이 되어 영과 진리로 드리는 것을 즐겨해야 합니다. 그래야 성령의 지배와 장악이 되어 불치의 질병이 치유가 되는 것입니다.

이 책을 통해 예수님이 땅끝까지 전파 되기를 소원합니다.
(출판으로 인한 이익금은 문서선교와 개척교회 선교에 사용합니다.)

불치질병 이리하면 완치된다.

발 행 일 l 2022. 2. 10초판 1쇄 발행

지 은 이 l 강요셉

펴 낸 이 l 강무신

편집담당 l 강무신

디 자 인 l 강요셉

교정담당 l 강무신

펴 낸 곳 l 도서출판 성령

신고번호 l 제22-3134호(2007.5.25)

등록번호 l 114-90-70539

주   소 l 서울 서초구 방배천로 2길 53(방배동)

전   화 l 02)3474-0675/ 3472-0191

E-mail l kangms113@hanmail.net

유   통 l 하늘유통. 031)947-7777

ISBN l 978-89-97999-84-2 부가기호 l 03230

가   격 l 16,000원